U0479282

蓝图
BLUEPRINT

勒布朗·詹姆斯的伟大征程

LEBRON JAMES,
CLEVELAND'S DELIVERANCE,
AND THE MAKING OF THE MODERN NBA

【美】贾森·劳埃德 著　　虎扑翻译组 译

文化发展出版社
Cultural Development Press

图书在版编目（CIP）数据

蓝图：勒布朗·詹姆斯的伟大征程/（美）贾森·劳埃德著；虎扑翻译组译．－－北京：文化发展出版社有限公司，2018.6
ISBN 978-7-5142-2349-1

Ⅰ.①蓝… Ⅱ.①贾…②虎… Ⅲ.①勒布朗·詹姆斯—生平事迹 Ⅳ.① K837.125.47

中国版本图书馆 CIP 数据核字（2018）第 134241 号

版权登记号图字：01-2018-4571

The blueprint : LeBron James, Cleveland's deliverance, and the making of the modern NBA by Jason Lloyd
© 2017 by Jason Lloyd
Simplified Chinese translation copyright ©2018 Cultural Development Press
Published in agreement with Dutton, an imprint of Penguin Publishing Group, a division of Penguin Random House LLC
Through Bardon-Chinese Media Agency

蓝图 ：勒布朗·詹姆斯的伟大征程

著　　者：［美］贾森·劳埃德
译　　者：虎扑翻译组
出 版 人：武　赫
选题策划：一　晨
责任编辑：尚　蕾
责任印制：邓辉明
责任校对：岳智勇
封面设计：［美］亚历克斯·莫杜（Alex Merto）
装帧设计：侯　铮

出版发行：文化发展出版社（北京市翠微路 2 号　邮编：100036）
网　　址：www.wenhuafazhan.com
经　　销：各地新华书店
印　　刷：北京印匠彩色印刷有限公司
开　　本：710mm×1000mm　1/16
字　　数：254 千字
印　　张：19.25
印　　次：2018 年 8 月第 1 版　2018 年 8 月第 1 次印刷
定　　价：58.00 元
ＩＳＢＮ：978-7-5142-2349-1

◆ 如发现任何质量问题请与我社发行部联系。发行部电话：010-88275710

献给阿莱西娅、阿历克斯、AJ和艾娃
我爱你们

献给妈妈和爸爸
谢谢你们替我担负艰辛

序
PREFACE

作为一个在克利夫兰西郊长大的男孩,乔丹在NBA季后赛用"那一投"淘汰骑士队的那一天,我哭了。无数个夏夜,我坐在空旷破旧的克利夫兰市立体育场,为籍籍无名的印第安人队呐喊,队里都是派特·泰布勒、肯·施罗姆、科里·斯奈德、布雷特·巴特勒、汤姆·坎迪奥蒂和厄尼·卡马乔这样的家伙。

对庆祝冠军从来不抱真正的希望。只要在场就心满意足了。随着时间的推移,我开始对体育场上的突然崩盘和巨大灾难有了心理准备,所以1997年当印第安人队在世界大赛第七场失败,或者布朗队在1995年输出新境界,导致克利夫兰失去这支球队时❶,我并未感到意外。

---

❶ 因为战绩太差,当时的球队老板阿特·莫德尔宣布将球队迁移到巴尔的摩。

蓝图
BLUEPRINT

在克利夫兰，毁灭和心碎是家常便饭。支持那些球队，你就得接受这些条件。大学毕业之后，我对这些事情的兴趣没那么多了，虽然有很多机会离开，但我没有那样做。这让报道2015-16赛季骑士队变得十分光彩和荣幸。从勒布朗·詹姆斯2014年回归骑士队开始，我就在他身边记录这段旅程的每一步，先是为《阿克伦灯塔日报》，现在为"体育"网站。

人们挤在爆满的"明智决策"体育场欢迎他们回头的浪子，那个夏夜我也在那儿。2015年总决赛输给金州勇士队，被击倒的詹姆斯脸上蒙着毛巾，在更衣室待了将近一个小时，那一夜我也在那儿。最重要的是，他不在的四年我也在。

当詹姆斯在迈阿密为热火队夺冠，我看着骑士队艰难地制定一个让他回家的大胆计划。这涉及很多失败、很多金钱还有很多好运。他们一路上错误不断，但最终2016年会以克利夫兰体育五十多年来最伟大的一年载入史册。

从詹姆斯离开到他回来，无论主场还是客场，我是每天报道骑士队的唯一一人。《蓝图》是四年计划的顶点，是一个男孩回家履行承诺，是一座城市摆脱失败者心态走向辉煌。我希望你们读这本书时怀有和我一样的热情。

目 录
CONTENTS

序 / 001
Preface

前言 / 001
Introduction

01 故事开启，国王詹姆斯模式 / 009
In the Beginning, King James Version

02 "他走了" / 025
"He's Gone"

03 从头再来 / 043
Starting Over

04 乐透抽签、运气以及乒乓球 / 061
Lottery, Luck, and Ping-Pong

05 旧的回忆，新的希望 / 079
Old Memories, New Hopes

06 老面孔 新错误 / 093
Old Faces, New Mistakes

07 格兰特之"死" / 103
Grant's Tomb

08 大Z / 117
Z

09 跳出圈外，世界的另一头 / 125
Outside the Box, Other Side of the World

10 三巨头 / 137
The Big Three

11 现代NBA / 151
The Modern NBA

目 录
CONTENTS

12 回家的国王 / 163
Homecoming King

13 拐杖，腿伤，合同 / 177
Crutches, Calves, and Contracts

14 肩伤，悬带，战斗机飞行员 / 191
Shoulders, Slings, and Fighter Pilots

15 泳池风光 / 205
Pool Views

16 圣诞之殇 / 217
Christmas Mourning

17 赌徒 / 231
Gambling Man

18 向西，扼住媒体的咽喉 / 247
Go West and Strangle the Media

19 第七场 / 263
Seven

20 拉里·奥布莱恩杯 / 275
Larry

后记 / 281
Epilogue

致谢 / 297
Acknowledgments

BLUEPRINT

INTRODUCTION

前言

蓝图
BLUEPRINT

在一个完美的夏日清晨，一位成年男子扑通一声跪在自己办公室的地板上，四肢伏地，既高兴又害怕，而他身后的电视机在嗡嗡作响。

空荡荡的克利夫兰诊所球馆里大多数的灯都关着，球场上一片昏暗，篮球已经被搁到了一边，2013-14赛季结束了，又是精疲力竭的一年，然而克利夫兰骑士队仍旧是NBA中最烂的球队之一。经历了多年的筹划，他们做了细致入微的准备，就是为了2014年夏天——那个男人最终赌上自己的职业生涯以及一支球队全部资产的时刻。但因为又一个支离破碎的赛季，所有的希望似乎都要化为泡影。克利夫兰的气温徘徊在80华氏度（27摄氏度）上下，骑士队的总经理大卫·格里芬穿着高尔夫球衫和牛仔裤，踩着人字拖在办公室里来回踱步，此时他手下的大部分员工都在拉斯维加斯，他身后的电视则锁定在ESPN[1]频道，但是音量很低。

---

[1] Entertainment and Sports Programming Network，娱乐与体育节目电视网。

前言
INTRODUCTION

2014年7月11日，喧嚣的NBA自由球员市场基本尘埃落定，即将落下帷幕。所有响当当的名字都已经签订了新的合同，除了最鼎鼎有名的那颗最璀璨的钻石。四年前，他离开克利夫兰，置骑士于尘埃与灰烬之中，现如今，他有机会重回家乡。几乎没人知道——球迷们肯定更不知道了，詹姆斯在迈阿密的四年里，骑士队一直在不知疲倦地开展工作，就是为了有朝一日能把勒布朗·詹姆斯迎接回来，并且为他提供一个终结克利夫兰长久以来冠军荒的机会。只是没有人知道这个计划是否能奏效。

最后的准备工作在两周之前就已经开始了。先出马的是丹·吉尔伯特[1]。四年前，因为詹姆斯前往迈阿密效力的决定，吉尔伯特写了一封言辞激烈、恶语相向的公开信，恨不得把他大卸八块。从那以后，这两人就再也没有面对面说过话。吉尔伯特知道，如果想要詹姆斯回来，他必须道歉。2014年7月，自由球员市场刚刚开启的时候，吉尔伯特就向詹姆斯发出了会面的请求，并秘密飞往迈阿密，希望能和那个自己曾经拥有的球星来次一对一的交谈。

但当吉尔伯特到达的时候，詹姆斯的豪宅里满是他的朋友和生意伙伴。在那封信中被冠以恶名之后，他才不会让吉尔伯特轻易过关。吉尔伯特只能单刀赴会，独自走进詹姆斯家中。按照计划，他为"决定"事件——詹姆斯用一小时的电视秀宣布自己离开克利夫兰前往迈阿密的那个决定——数小时后自己写的那封信中的极端言论道了歉。之后，詹姆斯也就那个大场面的电视秀以及他离开克利夫兰的方式表达了歉意。两个男人成功地将他们破裂已

---

[1] 丹尼尔·吉尔伯特，2005年成为克利夫兰骑士队老板。

蓝图
BLUEPRINT

久的关系重新黏合在了一起,但当吉尔伯特登上飞机回家的时候,依旧没有得到任何承诺,他并没有得到勒布朗一定回归的保证。

整个自由球员的招募过程中,格里芬一直都处于悲观之中。勒布朗真的有回家的想法吗?在他离开的四年里,骑士的总战绩联盟垫底,并且刚刚经历了又一个谜一样的赛季——没有达到预期、更衣室失控、制服组和教练组有诸多失误。他们刚刚雇用了来自世界彼端的大卫·布拉特,一位鲜为人知而且毫无NBA经验的教练。在格里芬最完美的设想中,詹姆斯会回到迈阿密,签下一份为期一年的合同,这样骑士队就有更多的时间来整顿后院,如果他们能在2014-15赛季达到预期,能依靠一支青年军和一位新教练来竞争季后赛席位,格里芬猜想也许在接下来的一个夏天,他们就能真正拥有吸引詹姆斯回家的机会。

格里芬也知道自己并非詹姆斯唯一的追求者。吉尔伯特与他秘密会晤的三天前,詹姆斯就已经和热火队主席帕特·莱利在拉斯维加斯见过面了。正是莱利在2010年前往克利夫兰游说,最终说服詹姆斯同意拿更少的薪水并且背井离乡前往南海岸,从而组建"三巨头",赢得总冠军。现在,他死缠着詹姆斯一路追进了沙漠❶,求对方留下来,并且好好看看球队的计划。但莱利离开赌城的时候,也并没有和詹姆斯达成任何协议。

詹姆斯不会再去一个全新的城市从头来过,他要么留在南海岸,要么就回家。他的经纪人里奇·保罗在7月11日一大早给格里芬打了电话,讨论球

---

❶ 拉斯维加斯位于美国内华达州的沙漠边缘。

前言
INTRODUCTION

队的人事运作，以及如果詹姆斯回归的话，骑士队必须围绕他引进有天赋的球员，增强球队的可塑性。保罗想要了解骑士队的蓝图，他们准备如何在詹姆斯身旁嵌入赢取胜利的必要拼图。但是，保罗没有给出任何詹姆斯真的会重回骑士队的暗示。于是，格里芬依旧拒绝相信他们确实严肃考虑过回归的事，继续埋头干自己的工作。

7月的那个清晨，格里芬仍然是在克利夫兰诊所球馆——骑士队价值2500万美元的训练馆，位于独立城的郊区，2007年建成，面积5万平方英尺（4645平方米），配置了数不清的办公室、一个力量房、冷热水浴缸以及17000平方英尺（1579平方米）的篮球场——自己的办公室中来回踱步。事实上，这个场馆就建在77号州际公路旁，从詹姆斯坐落在巴斯镇附近的"宫殿"开车过去很快就能到达，这一点绝非巧合。格里芬坐在办公室里，做着最坏的打算——詹姆斯更倾向于留在迈阿密。骑士队原本想要招募戈登·海沃德，但他早就定下了去向。钱德勒·帕森斯和钱宁·弗莱也是一样。所有格里芬认为适合骑士队的自由球员都已经和其他球队签订了新合同。如果詹姆斯不回家，骑士队面临的将是一套过于年轻的阵容以及根本用不掉的薪金空间。"我们手上根本没有下一步计划了。"格里芬说。

格里芬在2010年加入骑士队的制服组，也就是在詹姆斯前往迈阿密的几个月后，但是直到2014年5月，他才正式被任命为球队的全职总经理。在正式接手这项工作的第61天，他接到了情绪激动的内特·福布斯的一通电话。福布斯是骑士队的小老板，而且从大学时起，就是吉尔伯特的好友。

"国王要回家了！"福布斯只需要说这么多，足以让格里芬震惊。他马上转过身去，几秒钟之内，他就看到ESPN突然开始插播同样的新闻。在迈阿

蓝图
BLUEPRINT

密四年赢下两座总冠军奖杯以后，勒布朗·詹姆斯要游子归家了。格里芬挂掉了电话，这样他就能认真聆听新闻播报了，再之后，他就瞬间四肢伏地，开始声嘶力竭地狂欢。"刹那间，我体会到了人生中最快乐的时刻，而仅仅11秒以后，'天啊，这下我们必须要拿下总冠军了'的压迫感从天而降。这两种情绪之间的转变完全没有过渡期，"格里芬说，"从通透全身的喜悦到彻头彻尾的恐慌，只在一瞬之间。"

詹姆斯和保罗天衣无缝地执行了计划，他们让一切悬念保持到了最后一刻。这一周的大部分时间里，詹姆斯都待在拉斯维加斯。他在周四早上与《体育画报》的李·詹金斯私下会面，后者帮助他起草了一篇完美的文章。这篇由詹金斯"记录并代笔"的文章将以勒布朗的名义发表。在拉斯维加斯大道上58层楼高的地方，詹姆斯一边翻弄着炒鸡蛋、吸着胡萝卜汁，一边和詹金斯进行着交流。在永利酒店的这个房间里，他可以远眺斯普林山。格里芬后来才知道，这就是詹姆斯正式高声宣布他要回家的地方。

詹金斯把所有必要的元素捏合进文章以后，把它发给了詹姆斯，等待他审核批准。詹姆斯也在飞往迈阿密的漫长行程中对文章做了几处修改。星期五一早，《体育画报》就做好准备发布这篇足以震动整个NBA的文章。詹姆斯首先给热火队的主席帕特·莱利打了电话，告知后者他不会回归球队了。保罗则先后致电吉尔伯特和福布斯，告诉他们那个游子要归家了。五分钟之后，消息就传到格里芬这儿。彼时彼刻，格里芬目瞪口呆、难以置信地盯着电视，而在詹姆斯家中，当ESPN将新闻报道出来的时候，满是亲朋的房间里掌声雷动。一声"我靠！"回荡在詹姆斯的豪宅中，计划实在是执行得太完美了。事实上，不论是对骑士队还是对詹姆斯来说，都是如此，因为骑士队的计划原本只有默默等待更长时间、承受更多痛苦。

前言
INTRODUCTION

詹姆斯2010年离开克利夫兰前往迈阿密的时候，球迷们都跑到街上去烧他的球衣。这使得包括詹姆斯在内的每一个人都想知道迈阿密球迷会有怎样的反应。但这一次，当詹姆斯离开的消息传开以后，所有安静地架在他家门口的摄像机都在顷刻之间被收拾好，就那么悄无声息地离开了。在一个天天阳光明媚、泳装戏水的热带乐园，少了国王，生活照常。他的离开也就引起了不到24小时的哀怨。

与此同时，格里芬马上忙碌了起来。他原本计划周五下午飞往拉斯维加斯与即将参加夏季联赛的球队会合，但他错过了航班，因为他的生活已经在顷刻之间发生了改变。骑士不能再只为了迎回詹姆斯和打造球队未来而进行策划了，他们现在就必须取得胜利。格里芬最终在周五晚上晚些时候到达了拉斯维加斯，但是他错过了球队的庆祝宴。骑士队的老板们喷洒香槟的时候，格里芬的妻子梅雷迪斯代他出席了活动。对于大卫·格里芬和骑士队来说，这正是抓紧一分一秒开展工作的时候。

BLUEPRINT

IN THE BEGINNING KING JAMES VERSION

01

故事开启，国王詹姆斯模式

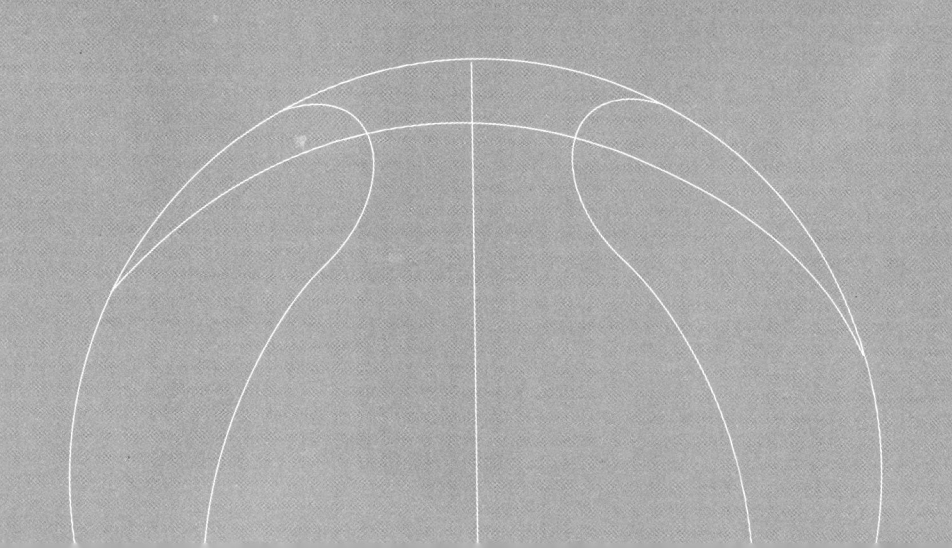

蓝图
BLUEPRINT

克利夫兰的体育史中满是悲痛、哀伤和心碎，但也并非一直如此，他们的竞技体育队在19世纪中叶曾经取得过足够引以为傲的成功，当时NFL（美国国家橄榄球联盟）的克利夫兰布朗队赢得了1964年的冠军。然而在接下来的50年中，克利夫兰体坛发生了太多以这座城市为华丽背景的灾难事件，它们甚至都有属于自己的、极具传奇色彩的名字，比如说"那一投"❶"那一攻"❷以及"那次掉球"❸。

在这样的背景下，勒布朗·詹姆斯被寄予厚望，这座城市期待他能够力挽狂澜改变一切。这位在阿克伦和克利夫兰市街头长大的青年才俊，还在上

---

❶ "那一投（The shot）"。1989年5月8日，NBA季后赛第一轮第五场，乔丹以一记长留空中的跳投在骑士主场20273名观众面前完成绝杀，将骑士队淘汰出局。这也是NBA历史上第一场进了就晋级不进就淘汰的比赛。

❷ "那一攻（The drive）"。1986赛季，克利夫兰布朗队与丹佛野马队会师美国橄榄球联合会（AFC）决赛，野马以一个经典进攻在常规时间最后一分钟扳平比分，并最终在加时取得胜利。

❸ "那次掉球（The Fumble）"。1988年1月，克利夫兰布朗队同丹佛野马队这对冤家再次相遇，争夺AFC的冠军。此役可以说是布朗队的复仇之战。可在终场前1分12秒，布朗队跑锋拜纳明明有机会完成达阵，却在3码线处莫名其妙把球弄掉了，布朗队痛失冠军。

故事开启，国王詹姆斯模式
IN THE BEGINNING, KING JAMES VERSION

高三的时候，就被认为是最具潜力的篮球苗子，他以圣文森特-圣玛丽高中高三学生的身份登上了《体育画报》，并且被称为"天选之子"，被视为NBA下一代的超级巨星。詹姆斯已经做好了一飞冲天的准备，而克利夫兰骑士队则十分渴望搭上他这班极速飞船。

1998—1999赛季，也就是勒布朗刚刚引起媒体关注的时候，骑士队开始走向胜少负多的泥潭。他们逐渐下滑为一支平庸的队伍，没有足够的实力去争夺总冠军，但也没烂到能在选秀大会中摘下超级天才的地步。战绩最差的球队获得高顺位选秀权的概率最高，所以在NBA的环境中，绝对糟糕的处境其实是一直不上不下。詹姆斯升入高四的时候，很明显已经成为才华横溢的2003年选秀大会的龙头人物，无数球探、教练和总经理都被他迷得神魂颠倒。

"那届选秀大会，随着抽签日和选秀日逐渐接近，简单的乐透抽签结果只是表面，暗地里其实有很多准备工作在进行，"骑士的高级媒体副总监泰德·卡珀说，"那届选秀是史上最强之一，历史最终也证明了这一点。我们当时也预见到了。那是一届满是天才的选秀，我们很清楚它能够给我们带来天翻地覆的变化。"

卡梅隆·安东尼作为大一新生带领雪城大学拿到了NCAA（全国大学体育协会）的全国冠军。克里斯·波什是大西洋海岸联盟（ACC）的最佳新秀，并且得分、篮板、盖帽和命中率都在佐治亚理工领跑。德怀恩·韦德是马奎特大学出产的爆发力十足的双能卫，在整个选秀的准备过程中，他的模拟顺位一路飙升。达科·米利西奇是一位撩人心弦的欧洲球员，在试训的时候大放异彩。总而言之，2003年选秀一共产生了9位全明星球员，2位NBA总

蓝图
BLUEPRINT

决赛最有价值球员。不过,在这届群星闪耀的选秀中,最璀璨的那颗明星,就是詹姆斯。骑士队已经下定决心要竭尽所能拿下他。

1997年的骑士队风雨飘摇,他们无比怀念拥有超级巨星的感觉,于是交易来了肖恩·坎普,并且开出了他的老东家不愿意提供的7年1亿700万美元的高价。之后,坎普的体重就像被吹起来的气球一样,一下涨到了300磅(136千克)以上,而他的球技也一日不如一日。骑士花了将近两年的时间尝试摆脱这个窘境,最后终于把还剩4年价值7100万的合同甩给了波特兰开拓者。清理掉臃肿的坎普以后,骑士队也失去了阵容中唯一一位球星,这也导致球迷的看球兴致大减。但这不仅仅是骑士队面临的问题,那时候整个NBA都在为此发愁:缺乏强有力的球星。

1998年迈克尔·乔丹退役以后,NBA的收视率就大大降低。乔丹打败犹他爵士拿下个人第六个总冠军的那场比赛,有超过2900万人观看。从那之后收视率就一落千丈,在詹姆斯读高四的2003年,甚至只有不到1000万人收看了圣安东尼奥马刺队击败新泽西篮网赢得队史第二座总冠军奖杯的比赛。在克利夫兰,球赛的上座率在下降,门票收入自然也是一样,骑士队在这方面的收入至少减少了100万美元。克利夫兰以及整个联盟都迫切地期望2003年的选秀大会能够带来可以把球迷们拽回这项运动的明星。

"大家都非常敏锐地觉察到了勒布朗的天赋,很清楚他会朝着哪个方向前进,也明白一切最终交汇在一起会产生怎样的结果,"卡珀说,"也就是我们常常说的'球星们都已就位'的时刻。球员和教练走进球馆,就是要赢下每一场比赛,我们当时的情况就是这样。我觉得,我们所做的一切都是按照

故事开启，国王詹姆斯模式
IN THE BEGINNING, KING JAMES VERSION

既定方针，让我们最终能够处于让'球星们就位'的位置。"

1985年，为了防止球队故意输球，以垫底的战绩获取一号签，NBA开始设立乐透抽签的规则。这样一来，成为一支绝对的烂队也就不再那么有利了。球队既要足够烂，还要运气好，二者缺一不可。战绩最差的球队在乐透抽签中有25%的概率拿到状元签，而所有未进季后赛的球队中战绩最好的则只有不到1%的机会赢得第一顺位。

詹姆斯进入高四的时候，骑士队就知道他们的后院有一个未来的超级巨星。在他上高一和高二的时候，骑士队分别赢得了32场和29场比赛。他们正朝着正确的方向前进，但速度并不够快。之前的五个赛季，联盟最差战绩平均在15胜左右。在2002年选秀大会中，克利夫兰处于第六顺位，但如果想在下一个夏天处于能够选到詹姆斯的位置，他们必须变得更烂。他们需要为了联盟排名倒数的位置而"竞争"。

至关重要的2002—03赛季（也就是詹姆斯在圣文森特-圣玛丽高中的第四年）开始之前，骑士队交易走了队中的前三得分手——拉蒙德·默里、安德烈·米勒、韦斯·珀森。这三位球员都是联盟中非常不错的老兵，但他们都无法成为一支冠军球队的顶梁柱。骑士队在这几笔交易中获得的回报很少。米勒大概是他们最好的球员，曾创造了球队单赛季的助攻纪录，但他刚好迈入了合同年，并且想要寻求一份顶薪合同。骑士队知道用顶薪留住他不值，同时还清楚他有让球队少输球的实力，有可能降低他们得到詹姆斯的机会。因此，他们和洛杉矶快船进行了交易，用米勒换来了达柳斯·迈尔斯，一位还在为成为职业球员做准备、潜力十足但是缺乏即战力的年轻人。迈尔斯的跑跳能力不亚于任何人，但在防守端却连个死尸都防不住，没过多久大

蓝图
BLUEPRINT

家就意识到，他完全无法在NBA立足。

克利夫兰以联盟最年轻的阵容开始了新赛季。包括斯马什·帕克、蒂耶尔·布朗以及选秀中摘下的壮汉德萨盖纳·迪奥普在内，他们一共有七名球员在NBA打球的经历不超过两年。球员和教练都很拼，想要努力赢下每一场比赛，但是老板和制服组的关注点完全在尽量多输球从而获得选择詹姆斯的机会上，或者说至少能够在这届天赋满满的选秀中选到另外一位未来之星。一切似乎都在按计划进行，但是当球队战绩来到8胜34负的时候，约翰·卢卡斯教练在赛季中期被炒了鱿鱼，接替他的则是临时教练基斯·斯马特。

骑士从来没有把卢卡斯当作长期计划中的教练人选，让他在一个以输球为目的的赛季里带领球队完全是权宜之计。然而，这位主教练的下课让詹姆斯非常恼火，因为卢卡斯曾经允许他和球队一起训练。詹姆斯升入高四前的暑假，曾在冈德球馆（也就是现在的速贷球馆）和骑士队中的一些职业球员还有几个大学球员打过球。詹姆斯面对一帮NBA老江湖展现出了自己的实力，甚至来了一次隔扣。因为詹姆斯还在读高中，这次试训其实是违反当时联盟规定的，《克利夫兰老实人报》将它报道出来以后，卢卡斯被禁赛两场，而骑士则被罚款15万美元。

尽管遇到了这样的小波折，但其他的事情依旧在按计划进行，直到骑士以最后三战两胜、最后七战三胜的战绩结束了赛季。最后一战，他们十分需要一场失利，这样才能锁定联盟最差战绩，以获得引进詹姆斯的最大机会。然而事与愿违，帕克拿下了17分，布朗也得到了16分，骑士以96：86击败了猛龙。

故事开启，国王詹姆斯模式
IN THE BEGINNING, KING JAMES VERSION

"能让球迷们看到这样的收官阶段真是一件非常棒的事情，我们在主场拿下了一些比赛，"斯马特在最后一战的赛后说，"我们经历了一个艰难的赛季，能让这批球员感受到取胜的机会并且体会到胜利的感觉实在是太好了。他们能够带着赢下最后一场比赛的喜悦回到家中，安心开始假期。"

并非每个人都像斯马特一样开心。球队的总法律顾问兼小老板迪克·沃特森就无比愤怒，赢下比赛以后，他气冲冲地跑进教练办公室。"你把一切都搞砸了！"沃特森边拍桌子边朝着斯马特咆哮。"我们为这事儿花了好几个月，结果你却在最后一天把它给毁了。"

由于那场胜利，骑士队以17胜65负与丹佛掘金打成平手的联盟最差战绩进入到乐透抽签。这也就意味着他们和掘金拿到一号签的概率相同，均为22.5%。那时候还没人知道，卡珀已经准备好了一件在背上缝有"JAMES"字样的骑士新配色球衣。当时球队老板戈登·冈德站在台上代表骑士抽签，而总经理吉姆·帕克森则留在家中照料承受脑癌化疗痛苦的妻子。当NBA执行副总裁拉斯·格拉尼克揭晓状元签得主是骑士的时候，整个克利夫兰都沸腾了。卡珀立马把手伸进自己的公文包，抓起詹姆斯的球衣，冲上了台，而此时电视转播恰好开始插播广告。卡珀兴高采烈地把那件球衣递给冈德。这是这支球队历史上最重要的一场胜利。

"没有人知道我准备了那件球衣，没有人！"卡珀说，"我冲上台，把它递给了戈登，然后我转身走下台——此时还在插播广告，在场的媒体人员都目瞪口呆地看着我，对我说，'天呐！我不敢相信你刚刚那么做了！你知道那意味着什么吗？会不会显得过于傲慢或者霸道了？'我仍旧记得自己站在台边说，'并非霸道，只是做好了准备而已。'事实就是这样，只是做好了准

蓝图
BLUEPRINT

备,竭尽全力为取得成功做准备。我们所有的努力最终开花结果了。如果状元签没有落到我们手上,那件球衣会留在我的公文包里,永远不会有人知道它的存在。事情非常明显也十分清楚,我们毫无保留,没给自己留退路。如果我们在乐透抽签中获胜,这件事一定会发生,詹姆斯也绝对会成为我们的选择。我们不带一点迟疑,这在NBA选秀史上是十分罕见的。哪怕一支球队已经想好要选谁,不提前把自己的意向透露出来也是合理且必要的,这能让你占据先机。而我们的那个举动绝对是最骇人听闻的事情之一,因为它既不会让我们取得任何优势,也不会给我们带来任何好处。我们也十分清楚这一点。"

***

勒布朗·雷蒙·詹姆斯出生在俄亥俄州阿克伦市最穷困的街区之一山胡桃街——速贷球馆以南40英里(64千米),而赋予他生命的是一位年仅16岁的单亲妈妈。他由母亲格洛丽亚和外祖母弗蕾达抚养长大,直到1987年圣诞节,他的外祖母因心脏病去世,此时詹姆斯还差一周就年满三岁。由于无法承担住了好几辈人的老房子的维护费用,格洛丽亚和勒布朗最终被赶离了祖宅,而那栋房子也随之被夷为平地。整个童年,詹姆斯都往返于出租屋和朋友家之间,三年时间里,他一共搬了12次家,这使得他在四年级大概错过了100天的学校课程。

当詹姆斯为生存而挣扎的时候,骑士队的境遇也差不多。这支球队直到1970年才正式成立,然后没过多久就成了克利夫兰竞技体育史上最愚蠢的存在。特德·施特平在1980年买下了球队,随后便恶行累累,成为NBA历史上最遭人唾弃的混蛋之一(愿上帝宽恕他的灵魂)。第二次世界大战期间,施特平曾在美国空军服役,他非常喜欢跟人显摆自己从飞机上掉落而得以幸存的

故事开启，国王詹姆斯模式
IN THE BEGINNING, KING JAMES VERSION

经历。据他说，那架飞机当时在500英尺（152米）的高空飞行。前《阿克伦灯塔日报》的写手谢尔登·奥克尔在施特平买下球队的时候刚好负责跟随报道骑士队，于是他接触了这位球队老板，想要约他几个小时的时间，为一篇周日的杂志报道做一些采访。"做完礼拜以后吧，"施特平对奥克尔说，"让我们一起坐在泳池旁边看黄片。"

施特平这样的烂事儿罄竹难书。那天奥克尔到他家的时候，他根本不在家。奥克尔反倒是在城东的一家夜总会跟踪到了他，当时他正在为史无前例的啦啦队选拔做"评委"。施特平和两位朋友一起在给这次"选美比赛"打分，并且还煞有介事地做着笔记。施特平会问那些女孩诸如"你最喜欢的颜色是什么？""你有什么特点没有？""你曾经去过裸体海滩吗？"之类的问题。当其中一位参选者回复说自己曾经和丈夫一起去过裸体海滩，施特平就有点不耐烦了。"我可没问什么需要你提及你丈夫的问题，"他嗤之以鼻。

"选美"结束以后，"评委们"和奥克尔一同回到施特平家中进行统分。每个"评委"都对每一位参选者从1至10进行了打分，并且写下了一些评论。当施特平拿到一张他看不上的选手的卡片时（"靠，胸太小！"），他就会把这张卡片往房间中间随意一丢。他们最终在40位参选者中选出了12位，但这时候还有一个问题：她们全是白人。有人向施特平指出他得挑选几个少数族裔出来，于是他只好在之前丢弃到地上的一堆卡片中再次挖掘人选。"我觉得这个应该是黑人，"施特平对着一张卡片说，"胸不错，屁股也不错，就她了！"最终，施特平增加了两个非裔美国人，结束了选拔工作，啦啦队就此组建完成。

蓝图
BLUEPRINT

在篮球方面，施特平向来不看重选秀权的价值，像口香糖包装纸一样把它们随意丢弃，同时不停地追逐一些没啥水平的球员。1980年，他用布奇·李和一个未来的首轮选秀权从湖人队换来了名不见经传的唐·福特和那个夏天的首轮选秀权。接着，骑士队用这个选秀权选择了来自北卡罗来纳大学夏洛特分校的得分后卫查德·欣克。欣克新秀赛季才打了29场就被骑士交易掉了，赛季结束后，他被达拉斯小牛队裁掉，又过了一年，他的职业生涯就草草结束了。反观湖人队，他们用从骑士队交易来的选秀权摘下了后来进入名人堂的球星詹姆斯·沃西。事实上，施特平在1982—1986年期间，成功地交易掉了手上所有的首轮选秀权，而所获寥寥。

施特平把球队经营得乱七八糟，甚至到了骑士队差点被赶出克利夫兰的地步——这座城市对他的唾弃逼迫他产生了将球队搬到多伦多的想法。里奇菲尔德球馆的上座率在1982-1983赛季联盟垫底，超过20000个座位的场馆平均每场比赛只能吸引来3916位球迷。"我记得当时整个场馆里空荡荡的，"沃尔德·B. 弗里回忆说，他在骑士效力的第一年也是施特平掌控球队的最后一年。"因为回声不绝，明明场上只有一个球，却听着像有17个球在同时跳动一样。人们基本上就是呆呆地坐在球馆里，没有任何人有哪怕一点儿兴奋感。"骑士队在施特平治理下做了太多糟糕透顶的交易，甚至到了联盟为避免他自取灭亡特地出台"施特平条款"的地步，即禁止球队做出让他们连续两年没有首轮选秀权的交易。直到今天，该条款依然有效。

听说那个条款的时候，施特平大发雷霆。奥克尔给他打了电话，询问他对此的反应，施特平回答说，现在他完全没有办法交易来"精英"——他一直这么称呼名人堂球员卡里姆·阿卜杜勒·贾巴尔。"如果'精英'想要来克

故事开启，国王詹姆斯模式
IN THE BEGINNING, KING JAMES VERSION

利夫兰，我将没有办法用选秀权把他换过来。"施特平对奥克尔说。他绝对是认真的。

NBA总裁大卫·斯特恩极度渴求将施特平赶出联盟，于是他几乎是以恳求的态度找到冈德兄弟（乔治和戈登），想说服他们买下球队。冈德兄弟拥有骑士的主场冈德球馆，但是施特平把球队在篮球场上的资本经营得一团糟，这让他们对收购球队完全提不起兴趣。斯特恩并没有放弃，在他的不懈努力下，双方最终达成了交易：冈德以2000万美金的价格买下球队，但只需要支付250万美元的预付款，其余款项则在未来十年内结清。交易中还包括施特平旗下的全国广告公司，同时冈德兄弟还以100万美元的价格从联盟手中买到了4个首轮选秀权，用来取代被施特平挥霍掉的选秀权。正是冈德兄弟的收购拯救了克利夫兰篮球。

1980年代末，戈登·冈德任命韦恩·恩布里为球队总经理，伦尼·威尔肯斯为主教练，骑士队开始走向崛起。以马克·普莱斯、布拉德·多尔蒂、拉里·南斯和约翰·"飞车手罗德"·威廉姆斯为核心班底的阵容在1988—1993年之间有三个赛季至少拿到50胜。然而每个赛季他们都以令人心碎的记忆结束，因为他们从未能跨越迈克尔·乔丹和他的芝加哥公牛。詹姆斯四岁的时候，骑士队在1988-89赛季赢下了57场常规赛，却在季后赛首轮败给了后来闻名于世的"那一投"，惨遭乔丹的公牛队淘汰。1993年，当骑士在东部半决赛被乔丹横扫出局的时候，这也是7年来公牛队第5次终结掉克利夫兰的赛季。

***

往前回溯30年，克利夫兰体育迷则生活在一个完全不同的世界。那段时

蓝图
BLUEPRINT

间所有人都对成功充满期待。在名人堂跑锋吉姆·布朗的带领下，布朗队以27∶0的比分痛击巴尔的摩小马队，赢得了1964年的NFL冠军（超级碗❶的前身）。那时候甚至没有人特地去组织一次庆祝游行，因为这已经是布朗队在15年内的第4个冠军了。在决赛结束几个小时后，球员和球迷们就是简简单单地聚集在位于公共广场的克利夫兰喜来登酒店，举办一场宴会。然后所有人就各回各家了。如果有人能预知这是克利夫兰体育迷数十年中最后一次庆祝冠军的机会，也许他们会戴上一些特别定制的帽子和手套，重新考虑组织一次游行的事情。

从几年到几十年，从阵容管理不善到赛场上突然丢了魂儿引起致命失误，克利夫兰的球队创造了各种各样惊世骇俗的失败方式。布朗，可能是NFL历史上最伟大的球员，却在1965年布朗队输掉和绿湾包装工队的NFL决赛以后，与球队老板阿特·莫德尔陷入了纠缠不清的斗争之中。当时布朗成为刚刚崭露头角的好莱坞演员，并且在1966年出演了拍摄期十分漫长的《十二金刚》❷，这也就意味着他将要错过赛季前集训的开头部分。愤怒的莫德尔公开批评了布朗，并且给他下达了向球队报到的最后期限，如果他不能按时归队，就会受到严惩。布朗并没有理会莫德尔的威胁，而是立马选择了退役。就这样，16年间9次冲击冠军奖杯以后，一直到2017年，克利夫兰布朗队再也没有获得过争夺冠军的机会——但他们却在不断努力的过程中创造了各种各样让球迷失魂落魄的新花样。

---

❶ 超级碗（Super Bowl）于1967年首度举办，参与球队为该球季的美国橄榄球联合会（AFC）冠军以及国家橄榄球联合会（NFC）冠军，是NFL年度冠军赛，胜者被称为"世界冠军"。

❷ 《十二金刚》（The Dirty Dozen），1967年上映的好莱坞战争片。

故事开启，国王詹姆斯模式
IN THE BEGINNING, KING JAMES VERSION

在一场AFC季后赛的最后一分钟，布莱恩·希普甩向达阵区的一次传球最终成为被世人铭记的"红，右，88"，正是这个战术布置终结了布朗队的1980赛季。当时他们已经推进到了可以通过射门得分取得胜利的范围，但是希普按照教练的要求选择强行将球传向奥奇·纽瑟姆，结果被半路杀出的突袭者队安全卫迈克·戴维斯抢断，布朗队也因此以12∶14输掉了比赛。但这只是布朗队接下来几十年迷幻盛宴的开胃鸡尾酒。

第一道菜是"那一攻"。伯尼·科萨尔长达48码（43.9米）的达阵传球精准地找到了布赖恩·布伦南，这也帮助布朗队在1986年AFC决赛还剩5分43秒结束的时候以20∶13领先丹佛野马队。紧接着，野马队新秀吉恩·兰搞砸了开球回攻，克利夫兰体育场的球迷们瞬间沸腾了。野马队被困在了己方的二码线处，布朗队距离自己的第一次超级碗之旅只有不到6分钟了。然而，传奇四分卫约翰·埃尔韦在接下来的15次进攻尝试中带领野马队完成了98码（89.6米）的推进，把比赛逼入了加时。常规时间最后一分钟，埃尔韦成功找到马克·杰克逊，这一记达阵传球让所有布朗队球迷都瞪大了眼睛。加时赛中，赤脚踢球手里奇·卡尔利斯在33码（30米）处的射门得分让布朗队离死亡更近了一步。卡尔利斯踢出了足够的弧线，让球刚刚好从球门左上角飞入——多年以后，布朗队的死忠粉们仍然在为这一球叹息，幻想着卡尔利斯没能踢进。典型的克利夫兰体育故事，他们就这样与超级碗决赛差之毫厘。

第二道菜是"那次掉球"。布朗队很快就迎来了自己的救赎时刻，第二年就和丹佛野马在里高体育场❶再决高下，但最终以欧内斯特·拜纳在得分线

---

❶ 丹佛野马队的主场。

蓝图
BLUEPRINT

前的掉球结束了赛季。AFC决赛还剩1分钟的时候，他们以38∶31落后于野马队，而拜纳获得了直接冲向达阵区的机会，前方一片坦途。但随后球莫名其妙地被杰里迈亚·卡斯蒂尔抢走，野马队大难不死。在这场比赛中，拜纳一共完成了197码（180米）的推进，并且两次达阵得分，冲球和接球两项数据都是布朗队最高。但他令人难以置信地自己摔倒在了达阵区。"我无话可说，只能说已经全力以赴了，"拜纳赛后说，"我把我的一切都倾注在了球场上。"没错，也包括被他丢掉的那个橄榄球。依然是典型的克利夫兰体育故事。布朗队再次与超级碗决赛失之交臂。毋庸置疑，拜纳是一位极其出色的跑锋，但是那次意外掉球毁掉了一切。布朗队在1989年把他交易到华盛顿红皮队交换迈克·奥利芬特，而后者在克利夫兰的两年中掉球数据（3次）比达阵次数还多（1次）。奥利芬特在克利夫兰的最后一年，也就是1991年，拜纳与红皮队一同赢得了超级碗。这故事不能更克利夫兰了。

克利夫兰的职业棒球队印第安人队也好不到哪里去。1960赛季还有几天就要开始的时候，他们竟然交易掉了备受欢迎的强力长打手洛基·科拉维托。科拉维托在之前两个赛季分别完成了41、42次全垒打，正好迈入职业生涯的巅峰，但是当时负责经营印第安人队的弗兰克·莱恩不想为科拉维托支付太多薪水。在克利夫兰昏庸无能掌权者的冗长名单中，莱恩不过是其中的又一张面孔。在他接手这份工作的第一个365天，莱恩就做了10笔交易，总共涉及32名球员。他送走了全垒打王罗杰·马利斯以及未来的名人堂球员厄利·温。但是给球队带来最大伤害的还是科拉维托的交易，他最受球迷爱戴，也是最深爱着克利夫兰的球员。科拉维托在1959赛季与另外一名球员一起领跑美国棒球联盟的全垒打榜单，但是莱恩把他送到了底特律老虎队，换来打击王哈维·柯恩。然而，莱恩只留了柯恩一年，就把他交易掉了。印第

故事开启，国王詹姆斯模式
IN THE BEGINNING, KING JAMES VERSION

安人队曾在1948年赢得过世界大赛冠军❶，1954年他们也曾闯入决赛（虽然最终败北）。但在交易掉科拉维托之后的33年里，他们的最高排名仅仅是一次第三名，再也没有获得过进入世界大赛的资格。科拉维托的诅咒就这样诞生了。

这个诅咒在1997年差一点被打破，当时印第安人队离击败佛罗里达马林鱼队、赢得世界大赛冠军只差3次出局。迈阿密职业球员球场的工作人员已经开始忙着往克利夫兰的更衣室运香槟了，并且开始在前排观众头顶上布置防水布。但是，中继投手乔斯·梅萨出现了和拜纳掉球同样的灾难级表现。他没能守住2∶1的领先，使莫伊塞斯·阿洛乌和查尔斯·约翰逊分别完成了一次一垒安打，随后克雷格·康塞尔的牺牲打扳平了比分。马林鱼队在第11局查尔斯·纳吉投球的时候赢下了比赛，纳吉本来应该作为先发投手出战，但本场比赛他担任的却是中继投手。纳吉站在了失败的那一刻，但梅萨才是球迷们炮轰的核心。他是1995年棒球界最好的中继投手，而且还获得了赛扬奖❷和最有价值球员。然而，与拜纳的遭遇相同，在一手酿成灾难之后，他的克利夫兰生涯就立马画上了句号。在接下来的一个赛季，他就被交易掉了。

"世界大赛的第七场比赛总会让人陷入困境，"前印第安人队总经理约翰·哈特说，"我们只是没想到这会发生在何塞身上。"

---

❶ 世界大赛（World Series）是美国职棒大联盟在每年10月举行的总冠军赛，是美国以及加拿大职业棒球最高等级的赛事。美国联盟冠军和国家联盟冠军通过7战4胜制的比赛争夺冠军。

❷ 赛扬奖（Cy Young Award）是美国职棒大联盟每年颁给投手的最高荣耀，用来纪念1955年过世的棒球名人堂投手赛·扬。

蓝图
BLUEPRINT

"那一攻"和"那次掉球"发生的时候,詹姆斯还是个婴儿,但是梅萨毁掉世界大赛时,他距离年满13岁只差两个月。在阿克伦经历过童年,让詹姆斯对俄亥俄州东北部面临的挑战有了极其深刻的体会。这座城市并不是人们向往的地方。

在纽约、芝加哥或者洛杉矶长大的人,根本不会想要有一天搬到克利夫兰去住,这座城市最好的时光一直停留在20世纪四五十年代,进入60年代以后,当人们离开城市前往郊区,种族冲突日益紧张,这里便一日不如一日。污染问题让凯霍加河数次燃起熊熊烈火❶,1969年的那一次尤为严重;这座城市的负债也在1978年达到了3000万美元,这也让克利夫兰成为经济大萧条结束以后美国第一个拖欠债务的城市。

简而言之,这里的人往往都是土生土长的。也因此,克利夫兰难以承受人才流失之痛,尤其在这位人才是一棵身高6尺8(203厘米)体重250磅(113千克)的摇钱树的时候。那次让詹姆斯跻身克利夫兰体育之谜的人才流失绝对是最让人受伤的决定。

---

❶ 19世纪美国克利夫兰地区工业化迅速发展,钢铁、炼油等成为支柱产业,当地的凯霍加河变成了工矿企业的排污水沟,多次因为轮船或火车通过溅落火种引发大火。

BLUEPRINT

"HE'S GONE"

02

"他走了"

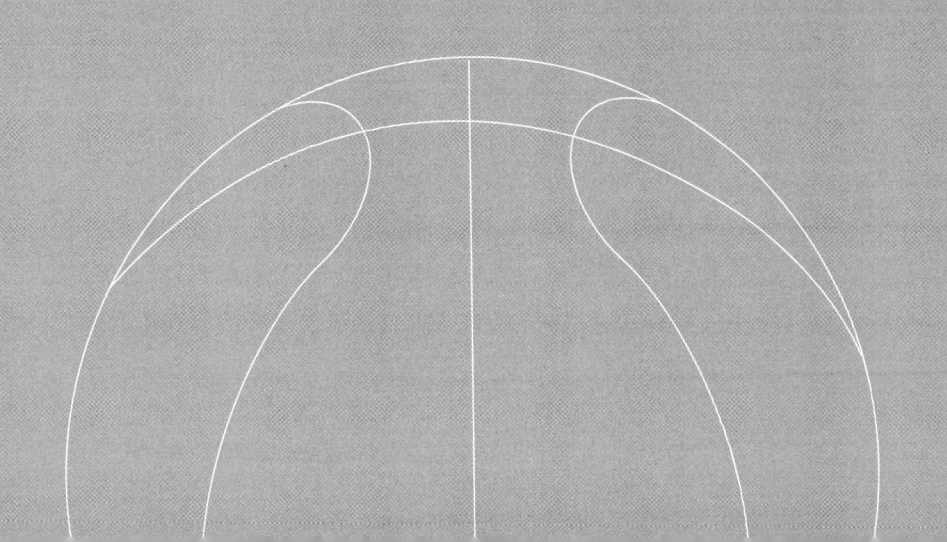

蓝图
BLUEPRINT

2009—10赛季季后赛开始前，安德森·瓦莱乔在自己6年的NBA生涯中总共尝试过25次三分球。他只命中过一次。而他的第26次三分出手，则是骑士队在该赛季的最后一次投篮，同时这也是詹姆斯穿着骑士球衣看瓦莱乔投出的最后一球，又一个抱着夺取总冠军期待的赛季，他们却在季后赛第二轮倒在了波士顿北岸花园球馆。这个波士顿击败克利夫兰的系列赛疑点重重，其中就包括愤怒的丹·吉尔伯特在骑士被淘汰之前公开问责球队。

"我们整个制服组动用了全部的力量才组成这么一套阵容、一个教练组，就是为了在紧要关头打出执行力，以最大的概率赢下比赛，"吉尔伯特对《克利夫兰老实人报》说，"过去两场主场季后赛我们都输了，而且还是以那样的方式输掉，这与我们对整支球队的期望相距甚远。"

吉尔伯特是在第五战主场尴尬地以88∶120惨败给凯尔特人队赛后说的这番话，比赛中，詹姆斯在自己的地盘被嘘。而那场比赛最终也成为他"游子归家"前最后一个主场比赛，虽然当时还没有人知道他会离开。但现在回头看，这绝对是詹姆斯和骑士缘分走向尽头的先兆。他在第五战拿到15分而且命中率只有14中3，看起来也有些懒懒散散的。第六战他的表现也没有多

"他走了"
"HE'S GONE"

大好转。詹姆斯虽然拿到三双——27分、19个篮板、10助攻，但他也失误了9次。波士顿的夜色中，骑士队不知不觉地落后了。最后一分钟落后9分，克利夫兰的主教练迈克·布朗恳求某位球员能够犯规，迫使比赛停表，但是没人响应。球场上的五个人已经接受了赛季戛然而止的事实。骑士以85∶94输给了凯尔特人，而在出席那个充满坏兆头的新闻发布会之前，詹姆斯还没进入更衣室就扯掉了身上的球衣。

赛后采访中，"我的团队"这个说法7分钟里3次出现在了詹姆斯的讲话中。只是，他没有提到骑士的队友，也没有提到吉尔伯特、丹尼·费里或迈克·布朗，他没有提到球队里的任何人。在这个时刻，他第一次谈到了他的密友兼经纪人——利昂·罗斯。

詹姆斯准备进入自由球员市场的时候，也是我逐步进入《阿克伦灯塔日报》骑士随队记者这个角色的时候。我为《灯塔日报》工作的第一个夜晚就是詹姆斯对阵凯尔特人的那场最后主场之战，也就是他在主场被嘘的那场比赛。换句话说，我刚一出现，这支球队就突然混乱不堪了。

这个职业带我去过31个州，也让我去过加拿大和南美。它也曾迫使我取消饭局、错过生日聚会以及改变休假计划。NBA随队记者的日程安排是残酷无情的。我们很少在一座城市待超过一天，我们每次回家停留的时间也往往少于四天。我们一般都是在家两天，出门三天，再回家待四天，然后又出去跑六天。对于婚姻来说，这样的生活很困难；对于孩子们来说，更是如此。

我倒不是在这儿抱怨。正是因为这份职业，我去过两次白宫，跟拜伦·斯科特打过一轮高尔夫（同时我还嘲笑了他湖人紫金配色的高尔夫球

蓝图
BLUEPRINT

杆），我也曾为了跟踪丹·吉尔伯特的私人飞机一路冲向了停机坪。为了从辛辛那提赶往夏洛特，我曾彻夜窝在一辆出租车里；为了赶上第二天的一场季前赛（只是因为安德鲁·拜纳姆可能出战），我在肯塔基蓝草地中差点开车开到没油。然而拜纳姆并没有上场。我想悄悄潜入室内停车场，却在毫不知情的情况下闯进了一个私人机场。我报道了成千上万场比赛，写了数以百万的文字。这些都是这份工作的一部分，这份美妙的、烦人的，有时享有特权的、充满诅咒的工作，这份全国各地到处飞只是为了看一群成年男人在那儿拍球的工作，一份美国专属的工作。

***

回顾2006年夏天，詹姆斯和骑士签订了一份续约合同，让他能够在2010年夏天成为一名自由球员。他本来是能够直接续约五年的，但他精心运作了一番，好让自己在新秀合同结束三年之后获得自由身。这其实是计划的一部分，他想要早点进入自由球员市场，这样他就可以更快占据球队薪金空间的更大份额。

从最后的结果来看，正是这份偏短的合同给骑士队设定了一个无比紧张的倒计时。尽管詹姆斯成长为联盟最佳球员，两次获得最有价值球员，但是在现代NBA，仅仅靠一个超级巨星是无法赢得冠军的。骑士队每年在交易截止日前的一系列操作以及两次将关键的选秀权作为筹码并没有为他们带来赢球模式。

基本上来说，骑士队努力了七年，就是为了在詹姆斯身边安插足够有天赋且适合他打法的球员，以赢取总冠军。要记得，詹姆斯高二的时候，骑士队就已经在为他拆散球队了，他们在2003年选秀开始一年之前将队内前三号得分手都交易了出去，只是为了拿下能够选到他的签位。而当他们得到

"他走了"
"HE'S GONE"

他的时候,已经没有可以用来围绕他构建球队的球员了。他们在詹姆斯的新秀赛季没能进入季后赛,然后又搞砸了颇具潜力的大前锋卡洛斯·布泽尔的续约事宜,在还拥有他的优先续约权的时候,就放他进入自由球员市场了。同年,他们用10号签——詹姆斯时代他们的最后一个乐透签——选择了来自俄勒冈大学的小前锋卢克·杰克逊。这个选择其实是有意义的。杰克逊在俄勒冈鸭队的最后一年,场均能拿到21.2分,并且三分线外的命中率达到了44%。但是他在新秀年就遭遇了伤病,背部有两处椎间盘突出,这也是接下来发生的一切的不祥之兆。杰克逊只为骑士队出战了46场比赛,在两个赛季以后就离开了。又过了两年,他就彻底在NBA销声匿迹,伤病让他曾经充满希望的职业生涯脱离了轨道。

2005年,也就是詹姆斯在联盟的第二年,吉尔伯特以3亿7500万美元的价格买下了骑士队。3月1日,他们的战绩还有31胜24负,但在常规赛的最后六周,他们突然掉链子了,以42胜40负结束了赛季。他们输掉了竞争季后赛席位的关键比赛,这也意味着詹姆斯在进入季后赛这方面0∶2落后。吉尔伯特随即在主教练保罗·赛拉斯的合同墨迹未干时就炒掉了他。总经理吉姆·帕克森也在赛季结束后被解雇。吉尔伯特用丹尼·费里和迈克·布朗分别取代了他们的位置,前者担任总经理,后者则成为新任主教练。

五年共同奋斗的岁月中,吉尔伯特、费里以及布朗带领一套仍有不少缺陷的阵容到达了东部联盟的顶端。詹姆斯带着萨沙·帕夫洛维奇、德鲁·古登、扎伊德鲁纳斯·伊尔戈斯卡斯、拉里·休斯这些帮手闯入了总决赛,但是被蒂姆·邓肯和马刺队横扫出局。为了给詹姆斯提供更多帮助,脑子里总能听见倒计时在响的费里随后交易来了年迈的球星沙奎尔·奥尼尔和安托万·贾米森。这样的运作也起到了一定的效果,至少在常规赛是如此。骑士

蓝图
BLUEPRINT

队在2008-09赛季赢下了66场常规赛，但是奥兰多魔术却让他们在分区决赛中扫兴而归。2009-10赛季，也就是詹姆斯的合同年，他们又赢了61场常规赛，却如前文所述，最终苦涩地败给了凯尔特人。很明显，骑士队在季后赛中的走向是错误的，然后便有了詹姆斯坐在北岸花园球馆新闻发布厅里那番有关成为自由球员的讲话。

"对我来说，胜利就是一切，"2010年被凯尔特人淘汰的赛后，詹姆斯说道，"我认为骑士队有这样的雄心壮志，但与此同时，我也有我自己的选择。我和我的团队已经制定好了一个将要执行的计划，我们非常想知道我们会去往何处。"

骑士队立马进入了紧张的争夺模式。吉尔伯特从未真正想要炒掉布朗，但是没人能从詹姆斯那里得到答案，知道他想要什么。吉尔伯特相信，牺牲掉布朗以及他过分简单的进攻体系能够取悦詹姆斯，因为这位球星时不时会暗示他想要打节奏更快的篮球。2010年5月25日，也就是赛季苦涩终结两周以后，吉尔伯特解雇了他接手球队以来任命的第一位全职教练。费里不赞同炒掉布朗的决定，而他与吉尔伯特之间的关系也已经难以维持了。于是，费里在合同结束几天后就离开了球队。

※※※

2010年6月4日，骑士队正式宣布了费里离职的消息。我永远会记得那一天，因为那也是我儿子AJ出生的日子。我的妻子阿莱西娅正在产房里等待接受剖腹产，而这时我的电话突然响了。费里就要走了，一个小时内要召开电话会议。我开始像发了疯一样给我的上级发短信、发电子邮件，因为骑士队那边想要联系上《灯塔日报》的负责人，也就是我当时的雇主。很明显我

"他走了"

"HE'S GONE"

是顶替不了这个角色的。我的儿子就要降生了,医生和护士推着我的妻子走进手术室,而我的注意力还牢牢地锁定在手机上。"你不会真的这样做,对吗?"阿莱西娅喊道,拼命把头朝着我的方向扭过来,尽管以她目之所及,并没有办法真正看到我,"在我为你生下孩子的这一天,你不会真的还要工作吧?"

(费里离开克利夫兰以后,回到圣安东尼奥马刺队担任助理教练。再次见到他的时候,我跟他说了那天在产房的窘境,这让他哈哈大笑起来。"抱歉了,抱歉了,"他说,"你不会因为记恨我而给你儿子起名为'讨厌鬼'吧?")

前任教练下课,新任总经理克里斯·格兰特又是个新手,手下超级巨星的命运还悬而未决,吉尔伯特急需一位新的主教练。作为密歇根州立大学的毕业生,他开始疯狂地追求斯巴达人队❶的教头汤姆·伊佐。公众对骑士寻找主教练的兴趣永远得不到满足,媒体也前所未有地关注着此事。每个人都想知道伊佐什么时候会降临克利夫兰,记者也在各显神通,想尽一切办法获取准确的地点和时间——而骑士队也在拼了命地掩藏他们的行踪。伊佐计划到访的那一天,他们在密歇根和俄亥俄之间安排了多个航班。吉尔伯特当时在一架前往伯克湖畔机场的飞机上。伊佐本来也会降落在那里,但是当骑士队听到风声,获悉所有记者都在伯克湖畔机场守株待兔,他们便重新安排了伊佐的飞行路线,让飞机前往很少使用的凯霍加郡机场。

在吉尔伯特用来飞往伯克湖畔机场的飞机之中,我跟踪了其中一架的机

---

❶ 密歇根州立大学在NCAA篮球联赛中的队名。

蓝图
BLUEPRINT

尾编号。我马上给当时刚好跑去我家看刚出生的AJ的嫂子打了电话，告诉她我需要她担任一天的临时记者。她一定要立即抓起相机赶往伯克湖畔机场。与此同时，我开车穿过了一个敞开的机场大门，开始寻找吉尔伯特的飞机。刚过大门，我就看到一个红色按钮，上面红色醒目大字写着"寻求帮助"。当时我的确需要帮助，于是我按下了按钮，与一位内部系统的工作人员通上了话："我正在找一架应该会在20分钟之内离开的飞机。"

"退后，退后，"他回答道，同时大门也响起了警报声。"我们会帮您找到它的。"

太棒了！这正是我需要的。在停机坪附近左顾右盼了几分钟以后，我发现那架飞机隐藏在一个类似于登机门或乘客候机厅的建筑后面。但是新的问题来了：我的嫂子没办法沿我之前的路线跟过来。很明显，我刚刚穿过的那个大门原本就是专门用来把我这样的人挡在外面的。当其他媒体同行还待在他们本该待的地方，也就是围栏之外，我已经不经意地闯入了"禁区"，而现在那个大门已经关闭了。因此，我的嫂子卢恰娜没办法找我复命。但当另一个司机停在大门口的时候，门又打开了，我的嫂子紧随其后跟了进来。我们在一个储藏室里坐了将近一个小时，就是为了等待某个关键人物的到来。伊佐？吉尔伯特？格兰特？我当时觉得来的会是伊佐的航班，但我也不能百分百确定。在这段折磨人的时光里，我的老板给我打了个电话，问我在哪儿。"就在那架飞机旁边，"我说，然后他就叫了起来。

等了一个小时以后，一辆装着有色玻璃的黑色SUV朝着那架飞机开了过去。吉尔伯特出现在车的后座上，我立马叫卢恰娜赶紧尽可能快地多拍照片。转瞬之间，吉尔伯特下车，然后上了那架飞机。他的司机发现了我，走

"他走了"
"HE'S GONE"

上前来问我是否需要帮助。"不，我很好，"我跟他说，然后他便说我不该出现在那儿。当机场工作人员发现我到底是谁的时候——嗨，明明是他们从来没问过——他们要求我马上离开。

跟错了飞机，两手空空而归，失望的我被堵在了克利夫兰城区东九街的晚高峰，就在这时，我的手机响了，是我在密歇根州立大学的消息源打来的。学校当晚会在校园里为伊佐举办一次聚会，如果我速度够快的话，也许能赶上。没有人能确定伊佐什么时候会从克利夫兰回到密歇根，也不知道他会不会在那个聚会上讲话，但他有一定几率会出现。对那种情况下的我来说，一个机会就足够了。

从克利夫兰开往东兰辛，就算交通顺畅也要三个半小时。我的时间将会非常紧张。我先给妻子打了个电话，告诉她我暂时不回家，而要开车前往密歇根尝试找到伊佐。她本来是筹备了一次家庭晚宴的，邀请双方父母一同前来庆祝孩子的出生，但现在我却没办法到场。我挂掉了电话，然后开始向身后的文字人员口述将要写的故事的部分内容，同时飞驰在俄亥俄公路和75号州际公路上，一路向西。到达目的地以后，我和几个手持蜡烛、恳求伊佐留下的学生进行了一些交流，我很快就意识到东兰辛和克利夫兰有很多的共同之处。当地最闪耀的明星，那个身为城市体育命脉的标志性人物，正在经受诱惑，他们随时可能离开，而无助的球迷们在乞求他们留下。

伊佐声称自己的确是被NBA吸引了。吉尔伯特钢笔里的墨水也还充足，所以薪水多少并不是问题。但伊佐是校园里的神。他可不想在放弃成为不朽传奇的机会以后，只是沦为NBA里的一张大众脸。没有詹姆斯回归的保证，他是绝对不会和克利夫兰签约的。然而，在与詹姆斯进行沟通方面，伊佐和

蓝图
BLUEPRINT

骑士队一样一筹莫展。詹姆斯不和任何人交流。伊佐不得不自己做决定，这也最终让选择变得很容易。伊佐留在了东兰辛。

骑士队知道詹姆斯比较青睐球员派教练，于是他们追求了布莱恩·肖和拜伦·斯科特。他们最终选定了斯科特，"表演时间"（Showtime）时期湖人队的元老，曾经3次获得NBA总冠军。斯科特相信自己的计划能把詹姆斯拉回来，他要求管理层必须全力支持并且坚定相信他。不过在之前的执教生涯中，斯科特在和手下球星的冲突方面可以算是经历丰富，其中就包括JR.史密斯和巴伦·戴维斯。在共同效力新奥尔良黄蜂期间，斯科特与戴维斯之间的关系变得越来越不可调和，甚至到了斯科特禁止戴维斯的私人训练师进入更衣室的地步。戴维斯最终释然了，但那是在好几年之后，他为当年共事时自己的表现向斯科特道了歉。

现在，斯科特渴望一个执教詹姆斯的机会，而且他狂妄自信（甚至近乎疯狂），甚至没有得到任何詹姆斯回归的承诺就接手了这份工作。骑士队在7月2日一早宣布了雇用斯科特的消息，那时自由球员市场刚刚打开。詹姆斯在2010年夏天自由市场与各支球队相继会面的三天堪称NBA历史上最奇异、最超现实的三天。一支球队接着一支球队，一些NBA中最有权势的人——还有流行天王——争相进入克利夫兰市中心的IMG娱乐公司大楼的LRMR（由勒布朗以及他的密友里奇·保罗、马弗里克·卡特、兰迪·米姆斯名字的首字母组成）办公室，向他陈述为什么他要加盟他们的球队。纽约尼克斯运作了两年，很大程度地清理了他们的阵容并且坐拥可观的薪金空间，就是为了赌一赌詹姆斯想要来曼哈顿打球这样的小概率事件。新泽西篮网是第一个与詹姆斯面谈的，他们派出了亿万富翁老板米哈伊尔·普罗霍罗夫以及嘻哈天王Jay Z。而在这三天中，最后一个前来拜会的则是芝加哥公牛。在两支球

"他走了"
"HE'S GONE"

队中间，到访的还有迈阿密热火、洛杉矶快船。没错，当然也还有克利夫兰骑士。

吉尔伯特和骑士队的工作人员竭尽全力地提醒詹姆斯克利夫兰才是他的家。他们租用的广告牌遍布整个城市，上面写满了"HOME"（家乡）。成百上千的球迷在东九街组成了人肉通道，当詹姆斯开车驶过的时候，他们就举着带有"HOME"标志的牌子高声欢呼。他们模仿詹姆斯老派的赛前仪式，将白色粉末抛向空中。就像密歇根州立大学的球迷专门为伊佐设立了一个节日一样，克利夫兰人也满怀期待地恳求着詹姆斯留下。詹姆斯和各支球队之间的会议有时会长达两个多小时，而那些管理层人员见完他后总是对媒体说同样的话：交流非常顺利，他们很乐观，有信心引进詹姆斯。骑士队的会谈则稍微有些短，总共只持续了90分钟。完事以后，格兰特不得不面对媒体。不过当时出了个问题：没人能把大门打开。聚集在门外的记者们在那儿谈笑风生的时候，格兰特和卡珀正等着大楼里的工作人员拿门禁卡过来开门。经历一番周折，格兰特终于出了大楼，然后他对着记者们做了一分钟的发言，但是没有回答任何问题。

"毫无疑问，我们是很了解勒布朗的。我可以用乐观来形容当下的情形，"格兰特谈到与詹姆斯的见面时说，"我倒是觉得詹姆斯选择在克利夫兰，在他的家乡处理这些会面，有些令人难以置信。"

那个词又出现了——家乡。骑士队球场的一部分也变成了一张有趣的卡通图，上面画的是詹姆斯和几个队友在一起讲内部笑话。然而，更重要的是，骑士队给他带来了一条消息。他们已经基本和多伦多猛龙达成了协议，可以通过先签后换获得克里斯·波什。时任猛龙队总经理的布莱恩·科兰杰

蓝图
BLUEPRINT

洛知道波什不会回归球队，因此他愿意和任何NBA球队进行谈判，用这位即将离开的球星换取点剩余价值。波什是五届全明星球员，并且正处于职业生涯的巅峰。他还是骑士队极度渴望的那种能够和詹姆斯球风搭配的球员，但是一直求之不得。哪怕是当下，在他们的最后期限，他们依旧无法完全达成有关波什的交易。因为他们无法接触到波什，评估他是否有兴趣来克利夫兰，所以他们只能找詹姆斯牵线搭桥。他们对他说，如果你能说服波什和我们签约，那么交易就已经达成了。詹姆斯坐回到自己的椅子上。"伙计，我跟他并不熟。"他说道。

在"决定"发生的那一天，詹姆斯先是参加了他在阿克伦大学举办的耐克篮球训练营。骑士队能感到与他渐行渐远，所以斯科特也跑到校园里去，希望抓住最后一个和他当面聊聊的机会。但这位新任主教练依然没有办法接近詹姆斯。斯科特在那儿看着詹姆斯和几个骑士球员打了大约一个小时的训练赛以后，眼睁睁地目送他离开了。"我总是充满着希望。"斯科特在离开体育馆的时候说。

走出球场的詹姆斯接着去了他的母校圣文森特-圣玛丽高中，在那里拍摄了几个用于他个人网站建设的场景。之后他花了几个小时开车在阿克伦转了转，去了一些他充满儿时回忆的地方，同样为他的个人网站拍了一些镜头。整个行程给人一种欢送会的感觉，而且很快我们就知道了，这的确是一场欢送会。詹姆斯最后还是走了，他乘飞机前往康涅狄格，ESPN的大本营，去直播他的"决定"。7月8日晚上9点，詹姆斯说出了那句著名的话：把天赋带去南海岸。

克利夫兰的酒吧里挤满了詹姆斯最忠诚的球迷，那一刻，他们无法相信

"他走了"
"HE'S GONE"

自己听到的一切，全部哀嚎了起来。詹姆斯2010年的出走带来的伤害是无与伦比的，甚至比施特平短暂的恐怖统治之下这家俱乐部遭受的所有苦难都要严重。这一次，克利夫兰这座曾经繁华但最终被经济拖垮的钢铁之城被自己人捏碎了灵魂。

***

对于骑士队来说，听到这个消息就没有那么震惊了。在克利夫兰市中心和詹姆斯见面后几天，骑士队的管理层就能够感觉到詹姆斯马上要从他们手中溜走了。因为詹姆斯方面一直在回避交流，整个过程中，骑士队管理层只能通过勒布朗的母亲格洛丽亚进行沟通。

但在"决定"电视秀发生的那天早上，就连格洛丽亚·詹姆斯这条线也断掉了，她挂断了所有骑士队方面打来的电话。制服组找到了詹姆斯的密友马弗里克·卡特和经纪人利昂·罗斯，但从他们那里得到的回复也像水龙头滴水一样，又慢信息量又少。当詹姆斯走进直播"决定"的演播厅时，格兰特的手机响了。电话那头是詹姆斯另外一个极其亲近的朋友里奇·保罗。"他要离开了，他不会留下。"保罗说。于是格兰特问詹姆斯会去哪里。"抱歉，我不能告诉你，得让他亲自公开，"保罗回答道，"但他肯定要走了。"

那时候可能还没人在意，但事后诸葛亮来看，就是保罗打给格兰特的这通电话为詹姆斯最终回归克利夫兰迈出了第一步。哪怕是在双方关系水火不容的时期，这两个人之间也保持着相互尊敬。保罗要经营自己的体育经纪人事业，但他也是生在克利夫兰长在克利夫兰的孩子。他支持了自己的好兄弟，但也伤了家乡的心。在接下来的几年中，保罗个人与骑士、与格兰特之间的关系并没有被遗忘，反而还有所发展。

蓝图
BLUEPRINT

但在2010年,在"决定"发生的那一刻,愤怒才是一切。吉尔伯特当时正在参加爱达荷州太阳谷举行的一个亿万富翁论坛——一年之前的夏天正是他带着詹姆斯出席了这个活动——与此同时,其他骑士队的管理层人员以及教练们正守候在克利夫兰诊所球馆,等待观看"决定"。一整天里,所有重量级的参会者都可以在开放式的会议流程中与他人进行深入交流。而当詹姆斯坐上康涅狄格州格林威治市男孩女孩俱乐部里的专属座位时,格兰特把那个消息告诉了他的老板以及他手下的工作人员。"他已经离开了。"格兰特告诉他们。克利夫兰的心此时不只是破裂了,它已然粉碎。

正在观看电视的球迷们,尤其是酒吧里那群骨灰级支持者,都几近崩溃地跑上街去。新闻镜头捕捉到了球迷们在速贷球馆外的人行道上焚烧詹姆斯球衣的画面。警察也被紧急召集到一起,以保护球馆旁办公大楼悬挂的那张十层楼高的勒布朗巨幅海报。第二天,它就被扯了下来。回到康涅狄格,看到自己的球衣被家乡球迷焚烧,坐在转播席上的詹姆斯也有些心神不宁。

"决定"宣布后,不到90分钟,吉尔伯特那封臭名昭著的信件就被挂在了骑士队的官网上,同时很快就传到了整个国家的媒体圈里。永远不会有人知道吉尔伯特花了多长时间起草那封信,但它在被公布出来之前确实被编辑修改过。信件是由一个名为加林·纳拉因的电子邮件账号发出的,而他正是骑士队媒体关系办公室的工作人员。不过纳拉因是没有权力按下"发送"按钮的,于是他让他的上级卡珀最后拍板。那封信件如同辐射一般迅速扩散,引起了轩然大波。

吉尔伯特把詹姆斯的离开称作是"懦夫一般的背叛",而且他保证骑士队

"他走了"
"HE'S GONE"

会比詹姆斯在迈阿密更早拿到总冠军。他写道,詹姆斯带去南海岸的其实是克利夫兰的诅咒。"在我们家乡长大的'天选之子'做出如此令人震惊的不忠行为,这与我们想教给孩子们的相悖,是绝对的反面教材,"吉尔伯特写道,"我们也不希望孩子们长大成人以后变成这副模样。"事实上,对于那些最了解吉尔伯特的人来说,他写这么一封信一点都不让人惊讶。吉尔伯特言辞尖锐的信件已经成为这支球队内部的传奇故事。吉尔伯特当时火冒三丈,他的发泄还远没有结束。当美联社记者汤姆·威瑟斯给身在爱达荷州的他打电话时,吉尔伯特一直在丢炸弹,他坚持说在对阵凯尔特人的系列赛中詹姆斯主动放弃了比赛。

"他是有赦免权的,"吉尔伯特对威瑟斯说,"人们为詹姆斯掩饰太久了。今晚我们看清楚了他的真面目……他放弃了,他退出了。不只是在第五战,在第二、四、六场比赛都是一样。回去好好看看录像带吧。历史上任何一位超级巨星都不会打出对阵波士顿那样的系列赛。"

联盟为吉尔伯特的言论开出了10万美元的罚单,同时这还意外引发了一场种族斗争。杰西·杰克逊牧师❶指控吉尔伯特把詹姆斯视为逃跑的奴隶。

"正是这些控告让勒布朗处于风口浪尖之上。他的球衣作为他的象征被焚烧,他还被球队老板塑造成了一个叛徒。"杰克逊在一份声明中写道,他认为吉尔伯特的用词刻薄、傲慢而且自以为是。"他说话的语气更像是把自己

---

❶ 美国著名的黑人运动领袖,继马丁·路德·金之后又一位具有超凡魅力的黑人民权领袖和演说家。

蓝图
BLUEPRINT

视为勒布朗的主人,而非克利夫兰骑士的老板。他那种强烈的被背叛的感觉体现了一种奴隶主思想。他把勒布朗看作一个逃跑的奴隶。他们明明是商业合作伙伴之间的雇佣关系,而且勒布朗绝对遵守了合同……勒布朗不是个孩子,他也不是只能在吉尔伯特的种植园里务农,他的身份地位不应该低吉尔伯特一等。他反倒是一位模范公民,一直在激励着阿克伦、克利夫兰、俄亥俄州乃至整个美国的孩子们。"

骑士队最终和热火队达成了先签后换的协议。勒布朗名义上和骑士队签订一份合同,但是立马被交易到了迈阿密,用来换取两个未来的首轮选秀权。在遵守联盟规定的前提下,通过这样的操作,詹姆斯能够拿到更多的薪水。与此同时,骑士队至少获得了一些可能转化为顶级球员的未来资产。就当时来看,这份回报其实并不丰厚,但也聊胜于无。骑士队本来可以直接放走詹姆斯,让他直接和迈阿密签一份小一点的合同,从而迫使他少赚几百万。但是吉尔伯特明智地选择一切以球队利益为重。最终,这些选秀权的重要程度超越了所有人当时的想象。

"决定"过去的数天、数周乃至数月之中,所有人都像是在经历一场葬礼。詹姆斯离开的那一晚,骑士队就陷入了部分瘫痪。一支之前两个赛季一共赢下143场比赛(包括季后赛)的球队在短短几周之内就彻底散掉了。费里走了,布朗和大部分他的教练组成员也一样。制服组官员兰斯·布兰克斯和迈克·温格都选择了跳槽。詹姆斯的离开对这支球队来说就是一次小行星撞击,而吉尔伯特的那封信则起到了火上浇油的作用,将残存的一切付之一炬。只有格兰特一人还手持斧头和水管,试图救骑士于水火之中。

虽然刚刚经历巨大动荡的格兰特仍旧有些懵,但他立刻就开始努力重建

"他走了"
"HE'S GONE"

球队。看完"决定"之后开车回家的路上,他就给火箭控球后卫凯尔·洛里的经纪人打了电话。没过几天,骑士队就和受限制自由球员洛里达成了4年2400万美金的协议。不过休斯敦很快就匹配了合同。格兰特也试图签下马特·巴恩斯来顶替詹姆斯,但是为了有机会赢取总冠军,巴恩斯宁愿在湖人拿更少的薪水。

如果骑士队在有詹姆斯的时候签自由球员都那么费劲,那就更别说现在失去他之后了,他们完全没有办法把任何人带到克利夫兰。骑士队的希望跟随着詹姆斯一同离开了。骑士队,甚至可以说整个克利夫兰,都彻底崩塌了。

但其实还有一点微弱的希望——只是星星之火,当时只有克里斯·格兰特和其他少数几个人会默默对自己承认,他们有那样的想法:立马采取行动,也许,只是也许,他们能够在未来吸引詹姆斯回家。2014年他就将再次成为自由球员,这也给了骑士队四年的时间去打造一支未来某天对詹姆斯有吸引力的青年近卫军。要达成这个目标,他们需要花上好几年,还需要不少运气,甚至需要和几个死敌修复已经被摧毁得只剩残骸的桥梁。

BLUEPRINT

STARTING OVER

03

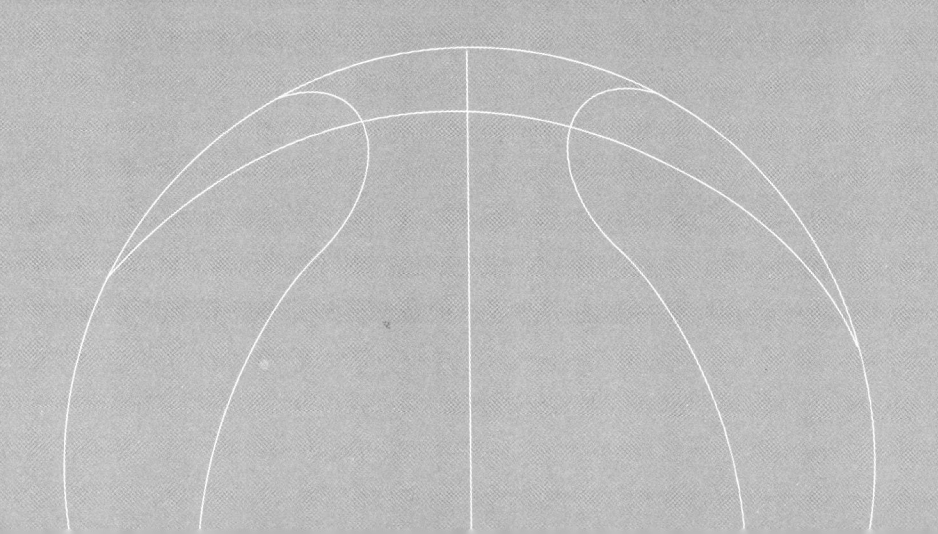

从头再来

蓝图
BLUEPRINT

没有詹姆斯的第一个赛季成为这支球队历史上最昏暗的时光。拜伦·斯科特积极的态度是他们在最难熬的暴风骤雨中的灯塔,正是他帮助骑士队迈出了重建过程中最初的、尝试性的几步。

跟随湖人队赢下数次总冠军以后,斯科特身上有了冠军的气质和洛杉矶的酷劲儿。在新泽西和新奥尔良,他都在球队重建期接手了主教练职位。他上任的第一个赛季,篮网只赢下了26场比赛。但在他上任的第二年和第三年,新泽西篮网两度赢得东部冠军。他在黄蜂队的经历也很相似,第一个赛季只赢了18场。但在接下来的三年,他带领球队取得了稳固的进步,分别赢下38场、39场和56场,并且在2008年分区半决赛与马刺队大战7场才遗憾出局。18个月之后,新赛季才开始9场,斯科特就被炒掉了。客场输给太阳队以后,黄蜂队以3胜6负开局,球队包机还在菲尼克斯的跑道上准备起飞之时,他就给当时的妻子安妮塔打了电话:"我马上就要下课了。"

"他们不可能解雇你的,"她笑道,"赛季才打了9场比赛。"

然而第二天,斯科特真的下课了。他选择暂时远离教练工作,成为

从头再来
STARTING OVER

ESPN的一位分析员,直到骑士队在2010年6月向他抛去橄榄枝。

"拜伦已经证明了他能够处理好重建工作,他没有兴趣再接手类似的职位了,"骑士队寻找新任主教练的时候,斯科特的经纪人布莱恩特·麦金纳尼对我说,"我们的下一份工作必须是在一个他能够赢得总冠军的地方。"

伊佐高调地从新任主教练人选中公开退出让骑士队非常尴尬。他们担心斯科特也会半路退出,尤其是菲尔·杰克逊将要退休的说法在洛杉矶广为流传以后。斯科特和湖人队老板杰里·巴斯的关系很铁,所以让他接任主教练也是顺理成章的事情。骑士队仍旧处于说服詹姆斯续约的关键时期,若是再经历一次公开被拒,会给他们带来毁灭性打击。骑士队的工作人员一直在问斯科特会不会把自己的名字从候选名单上划掉。"从哪儿划掉?"一脸错愕的斯科特在某个时间点对他们说。"你们甚至什么都还没提供给我呢。"

斯科特和安妮塔,加上麦金纳尼和他的妻子伊丽莎白,一同前往内特·福布斯位于密歇根富兰克林的家中,参加一个父亲节聚会。骑士队的所有股东都出现在那里,克里斯·格兰特也在。斯科特一生之友麦金纳尼恰巧就在离富兰克林40英里(64千米)的格罗斯伊尔岛拥有一所宅院,它建于1874年,和之前的海军基地机场挨得很近。麦金纳尼喜欢这个位置,因为他可以在完全隐秘的条件下乘坐比奇400(或者更大的飞机)上下岛屿,当你最要好的一位朋友是"表演时间"时期湖人队的首发得分后卫,并且喜欢每年夏天来岛上度假钓多利鱼,这一点将带来很大帮助。也就是为了同一个人,这所宅院还能够帮助他安排40英里以外的一次工作面试。

两对夫妻一起享受了一个多些舒适少些紧张的周日,他们更多地关注乒

蓝图
BLUEPRINT

乓、泳池、保龄球、飞镖、多米诺骨牌以及扑克牌上,与骑士队相关的事情就暂时被搁在了一边。两位妻子坐在一起聊孩子,聊怎么做他们最喜欢的菜肴。直到进入深夜,这个欢快的夜晚才结束,随后麦金纳尼的妻子在一个施工区因为超速行驶被拦住了,不过那位密歇根警官警告了她两句就放她离开了。"加利福尼亚的车牌配上巴尔博厄岛的外框,还放在一辆外国车上面,这样的搭配让我们每次都会被拦下来,"麦金纳尼开玩笑地说。整个夜晚都只是一场轻松惬意的社交聚会,根本谈不上是一次工作面试。斯科特离开的时候,也没人向他许诺过主教练的职位。

7月1日詹姆斯就正式成为自由球员,骑士队想要在这之前让主教练到位,而6月马上就要过去的时候,斯科特和湖人队助理教练布莱恩·肖进入到了视野之中,成为排名前两位的候选人。肖是当时最炙手可热的助理教练之一,也是骑士队面试的最后一人。考虑到斯科特和湖人队的关系以及肖是杰克逊手下的首席助教,对于所有相关人员来说,这件事都有点微妙。有关杰克逊的传闻并没有消散,没人知道他到底是退休还是继续执教。如果他退休,湖人会更倾向于谁:斯科特还是肖?要回答这个问题并不简单,詹姆斯进入自由球员市场的重压步步逼近,骑士队承受不起犯任何错误的代价。

肖的经纪人杰尔姆·斯坦利当时在克利夫兰诊所球馆代替他参加工作面试,随后就有媒体开始爆料骑士队和肖正在商讨一份合同。骑士方面相信斯坦利还坐在球队总部里的时候就把消息泄露给了记者,这引发了一系列的混乱事件。麦金纳尼给了我一份祝贺肖获得那份工作的声明以及肖以领跑者身份开始浮出水面的相关报道。但事实上问题只有一个:骑士队从未正式向肖确认过主教练的席位,更别提合同谈判了。泄露事件激怒了格兰特,他立刻中止了面试,并且把肖从候选名单上删除了。这份工作只能是斯科特的

从头再来
STARTING OVER

了——只要有人能找到他告诉他这件事就行。

7月1日，也就是自由球员市场的第一天，斯科特突然人间蒸发。他当时正驱车前往南方，没有人能联系上他。骑士队急于让斯科特接受合同条款，但也只能和他的经纪人花了一整晚商谈。直到午夜，斯科特才露面。7月2日早些时候，球队官方宣布斯科特成为新任主教练——大约11个小时之后，在克利夫兰，已经成为自由球员的詹姆斯与帕特·莱利以及迈阿密热火展开了会谈。

斯科特跑到克利夫兰来是希望执教詹姆斯，结果接手的却是萨马尔多·萨缪尔斯、塞米赫·埃尔登以及克里斯蒂安·埃延加。交到他手上的是施特平时代以来最烂的骑士队，但他从未公开抱怨过，一次也没有。

在过去几年帮助骑士队走向东部联盟之巅的班底所剩无几，要么是退出了，要么就是被炒了。作为合同中的基础条款，大部分布朗手下的教练组成员斯科特都没有留下。费里在合同结束以后离职了，而另外两位管理层成员——兰斯·布兰克斯和迈克·温格——也离开骑士队前往其他球队工作，格兰特的制服组和斯科特的教练组一样，也是废墟一片。他还需要一位有经验的管理层助手，所以雇用了数月之前刚从家乡球队菲尼克斯太阳离职并且已经收到丹佛掘金总经理职位邀请的大卫·格里芬。

还没有为骑士队工作的时候，作为一个局外人，格里芬整个2010年夏天都相信詹姆斯就要离开克利夫兰了。两个月以后，他坐在克利夫兰的饭店里与格兰特和斯科特共进晚餐，第二天他就坐进了格兰特的办公室，与后者谈论该如何向前看。他很快就得到了这份副手的工作，摆在他前方的道路也十

蓝图
BLUEPRINT

分明朗：抛弃一切，推倒重建。失去詹姆斯的骑士队阵容只剩下几块补充拼图和一些零配件。要想重建，需要经历数年，而且过程会很痛苦，但他们别无选择。这种重建工作正是斯科特的经纪人之前说他不想接的，然而现在他就是在做这事儿。

"我到这里来，就像是跳进了一幢烈火熊熊的大楼，"格里芬说，"这里的情绪使人煎熬，你能感受到强烈的灼烧感。"

***

等待詹姆斯做决定花了太长的时间，以至于其他顶级球员都已经和各支球队达成协议了。那个夏天，骑士队没有选秀权（由于近乎疯狂地尝试在詹姆斯身边安排更多有天赋的球员，他们之前就把选秀权当作筹码交易掉了），市场上也没有大牌的自由球员了。没有任何一丝夺取冠军的希望，骑士队跌入了NBA的炼狱。名气响当当的球员都离开了，取而代之的是年轻的NBA边缘人或者经验丰富一点但进入职业生涯尾声的老胳膊老腿。球迷们之所以批评詹姆斯，不只为他离家出走，更是因为他毁掉了整支球队。

"我知道现在这座城市里充斥着愤怒，但我也了解勒布朗·詹姆斯先生，我不想把这事儿说得太个人主义，"詹姆斯离开的第二天，克利夫兰市长弗兰克·杰克逊在市政厅召开记者招待会时说。"这并不是一个人对抗一座城市的事。他的决定既不会成就克利夫兰，也不会让克利夫兰分崩离析。这座城市是能够浴火重生的，它拥有很多在过去支撑着我们渡过难关的宝贵财富，在未来这些东西也将带领我们走出困境。"

从头再来
STARTING OVER

然而在NBA中，失去一位超级巨星绝对是毁灭性打击。历史表明，经历过这种磨难的球队一般需要花十年去恢复竞争力。公牛队在迈克尔·乔丹退役后的七年中都没有进入季后赛，并且直到九个赛季以后才赢下第一个季后赛系列赛；魔术队在自由球员市场上失去沙奎尔·奥尼尔之后，十二年中都没能拿下哪怕一次系列赛；拉里·伯德退役之后，凯尔特人也经历了十年才跨过季后赛首轮。如果在拥有詹姆斯的时候骑士队都不能赢得总冠军来终结这座城市的冠军荒，那么在失去这位巨星以后，他们就更不可能做到了。现在，历史告诉我们，要想赢回名望，获得球迷们的拥戴，他们还有很长的路要走。

格兰特坚信相比自由市场签人，通过选秀来进行重建更为保险。如果一支球队在一名自由球员身上思前想后，最后被一份为期三四年的庞大合同锁死，这会吃掉很大一部分的薪金空间。但是如果一支球队选秀没选好，就没有那么严重的财政后果了。在极端情况下，如果有必要的话，球队甚至可以在两年之后就甩掉新秀合同。

使用怎样的手段重建？这是格兰特和骑士队制服组提出的第一个问题。他们最直接有效的手段就是交易和选秀。这支球队开始以这样的视角来审视改变自己。德隆特·韦斯特满身麻烦还饱受精神问题折磨，骑士队本来应该在他的合同变成有保障之前将他裁掉的，但格兰特转而把他交易到明尼苏达森林狼换来了瑞安·霍林斯和拉蒙·塞申斯。两年之后，他又把塞申斯变成了一个首轮签。詹姆斯在迈阿密的四年中，骑士队这些微小但是充满创造性的交易还是非常亮眼的。

足够多的类似交易、足够多的高顺位选秀权以及成功的新秀选择，谁能知道会发生些什么呢？在工资帽以下保持薪金空间的灵活性，让账本一直处

蓝图
BLUEPRINT

于干净的状态，然后再选到两三个表现超出新秀合同水平的年轻人，那么突然之间，一切就变得皆有可能了，甚至有可能在2014年吸引勒布朗回家。毕竟菲尔·杰克逊和科比·布莱恩特都能重聚，吉尔伯特、克利夫兰和勒布朗·詹姆斯又有什么不可以呢？骑士队把球队引擎拆得粉碎，然后循序渐进地一次一个火花塞、一次一根曲柄轴地进行重组。在幕后，那个想法越来越强烈：如果我们正确行事，开辟一条道路，那我们就有机会达成一些非比寻常的成就。

天啊，詹姆斯在离家出走的时候，其实就给了很多的暗示，也留下了余地。"决定"发生后不到一周，速贷球馆外用来点燃球衣的火柴还散落在人行道上，克利夫兰市中心东九街上灼烧留下的硫黄色痕迹还没褪去，詹姆斯就对《智族》的写手J. R. 莫林格说，他对于未来某天重回克利夫兰持开放态度。

"如果我能得到一个回归的机会，"詹姆斯在2010年7月说道，"假如那里的球迷还会欢迎我回去，那将是个伟大的故事。"

其实这也正是格兰特的目标。詹姆斯离开后的数周、数月以及数年里，格兰特和他的制服组逐步形成了一个勇敢的策略：让球队更具吸引力，直到未来的某一天——也许最早在2014年——足以带他回家。詹姆斯在克利夫兰的前七年之所以以失败告终，部分是因为球队管理层一直承受着他随时可能离开的压力，所以对球队阵容的修补总是很仓促，过于追求速成。现在既然他已经走了，他们也能够从容地重建，他们有四年的时间来回归正轨。

"从我们开始重建的时候，我们就总在讨论怎样才能获得一个让他回归的机会，"格里芬说。"克里斯在和里奇·保罗保持良好关系方面做得非常

从头再来
STARTING OVER

不错。那段时间我也越来越了解里奇这个人。我们的脑海中一直有这样的一个念想。而能够带领我们达成目标的指导原则就是收集高水平、高价值的筹码，我们也的确是这样做的。"

骑士队的阵容很快就完成了大清洗。扎伊德鲁纳斯·伊尔戈斯卡斯跟随詹姆斯去了迈阿密，沙奎尔·奥尼尔也离队进入自由球员市场。奥尼尔是在詹姆斯效力克利夫兰的最后一个赛季开始之前被招入球队的，目的是为分区决赛再次面对德怀特·霍华德和奥兰多魔术做准备。然而他们最终没能走那么远，而是被凯尔特人队挡在门外，与魔术队相隔一轮。没有了詹姆斯，养着像奥尼尔这样的年迈、高薪而且已过巅峰很久的超级巨星就完全没有必要了。他们只想留下丹尼尔·吉布森和安德森·瓦莱乔，其余球员皆有价可询。

詹姆斯离开球队后的第一个赛季即将开始，骑士队的球员们都三缄其口，努力不去谈论任何与他有关的事情，但是每个人心里都明白当时的情况。莫·威廉姆斯相信自己曾是詹姆斯在骑士队最亲密的朋友之一，他把那段时间承受悲伤的全部五个阶段都极其公开地表现在了大众面前。詹姆斯离开后的数小时，威廉姆斯在自己的推特账号上写道："我仍旧不能相信他已经离开了"（否认），"我们都很生气，甚至有些发狂"（愤怒），"让我们祈祷他今晚就能回心转意"（乞求）。训练营开始前几天，威廉姆斯又说："这是我一生中最糟糕的时光。无论是处理家庭事务还是面对和球队有关的事情，一切都非常艰难。"（沮丧）最后，在训练营开始的前一天，在没有明说自己已经"看开"詹姆斯离开这件事的情况下，威廉姆斯竭尽全力地表现出一副向前看的姿态。

"那句话分量很重，如果说出它有意义的话。我觉得在某些时刻，你就

蓝图
BLUEPRINT

是会到达转角处，"威廉姆斯说，"比如说你正在一条长廊上走，就像每个人都在高中经历过的一样，你要去的教室在长廊的最里面，你得一路走到它的尽头。你总会觉得长廊一眼望不到头，不过一旦到达了转角处，你就再也看不到它了。而现如今，我们正处在转角处，马上就能进入下一间教室。我们现在什么都看不到了，我们只能继续前行。这栋教学楼里面已经没有勒布朗了。不管我们是否愿意相信，他都不会再回来了。我们面对的就是这样一个人，我们经历的也就是这样一件事。我不会去看那个大制作的TNT（特纳电视网）还是ESPN的电视节目。我只看到了你，而我们现在的处境就是这样，我们已经处理好了那个问题，现在我们要做的就是全力以赴打出好的成绩。"

***

整座克利夫兰城暂时还没空去想2014年的事情，他们的注意力完全放在当下，以及那场每个克利夫兰人都极度渴望赢下的比赛。从2010年7月8日詹姆斯在夜色中飞往迈阿密开始，整个克利夫兰就一直在为2010年12月2日他第一次回到速贷球馆对阵骑士队做准备。就算是现在，估计詹姆斯也对那场比赛记忆犹新，因为在整个NBA历史上，那个场面也是闻所未闻、见所未见的。

"那真的是，额，敌意满满，"詹姆斯如今带着微笑回忆说。

那天早上，威廉姆斯穿着一件波士顿红袜队的夹克来到球场参加训练。一整个赛季他都没有穿过那件衣服，但是在他的老友——一个扬基队球迷——回到克利夫兰的时候，他把它穿上了。

作为一场12月份平淡无奇的常规赛，大众对这场比赛的兴趣可谓是达到

从头再来
STARTING OVER

了史诗级别。媒体提出的要求基本已经和东部决赛的水准看齐了，这对骑士队的后勤保障来说是一场梦魇。在季后赛比赛中，一般会有几排座位预留给媒体人员。但这是一场常规赛，那些座位早就被卖出去了。一些媒体人员获得了入场权限却没有内场座位，他们只好在工作室或者餐厅通过电视机观看比赛。

热火队的飞机刚进入克利夫兰就遭遇到了波折。詹姆斯"隆重"的回归赛前一晚，迈阿密刚在主场对阵了底特律活塞，然后便立马开启漫长的飞行之旅，前往克利夫兰打背靠背比赛。热火队的包机直到12月2日凌晨2点30分才到达克利夫兰霍普金斯机场，即将落地的时候，机务组突然通报飞机机翼出现了"襟翼问题"。飞行员立马向空中交通控制中心发出了警报，后者随即派出了两辆消防车前往飞机跑道——出现类似情况时的标准流程。飞机最终有惊无险地安全着陆。对于接下来克利夫兰火药味十足的24小时来说，这无疑是一个再合适不过的开始。

骑士队官员和老板丹·吉尔伯特公开请求球迷们在詹姆斯回来的时候拿出他们最好的表现。嘘声没问题，打些标语也可以，但球队内部还是担心有些冲动的球迷可能会在比赛期间闯入球场。毕竟，这座城市对詹姆斯——那个舍弃了家乡的叛徒——的敌意已经达到了体育史上前所未见的地步。

比赛当天下午热火队在丽思卡尔顿酒店召开了一次时长一个多小时的赛前会议。伊尔戈斯卡斯，为克利夫兰效力了15年并且保持队史出场数纪录（詹姆斯少数没有打破的队史纪录之一）的广受球迷们喜爱的前骑士队球员，是第一个走出舞厅出现在人们视野中的球员。伊尔戈斯卡斯和詹姆斯关系很好，为了在退役之前拿到总冠军，他跟随詹姆斯一同加盟了迈阿密。

蓝图
BLUEPRINT

他认出了几张友好的面孔,在离开舞厅以后,他和他们握手示意,寒暄了几句。最后,也就是詹姆斯从舞厅出来之前,他回到了自己的房间。

"我得去小憩一下,"詹姆斯没什么指向性地说道,但当时来自耐克的代表和他的生意伙伴兰迪·米姆斯正在酒店客厅等他召开临时会议。会议持续了大概一小时,詹姆斯最终在下午3点左右回到了自己的房间。第一班球队大巴在5点15分离开酒店前往球馆。詹姆斯走出酒店大厅时,有个旧相识问他是否准备好了在自己的前主场面对即将到来的暴风骤雨。"是的,我会准备好的,"詹姆斯信心满满地回答说,"我会的。"

几个小时之后,詹姆斯戴着副太阳镜,穿着一件背后绣着"time to roll"(是时候离开)的黑色皮夹克,头顶黑色绒线帽,上面跨着银色耳机。他紧张地嚼着口香糖,面前超过五十个媒体工作人员直愣愣地盯着他,气氛诡异安静,而扬声器放出的原本舒缓人心的圣诞音乐完全被忽略了。詹姆斯走出安全通道73步,沿着曾经装饰满自己照片的走廊,一路走进了客队更衣室。直到赛季第一个主场比赛开始前的早晨,骑士队才把走廊里更衣室外那些与真人一样大的詹姆斯照片给扯下来。而那些广告牌大小的照片则被几张简单精致的方形照片取代,上面列举了詹姆斯的成就。

第一次回家的那个夜晚,詹姆斯走在那条走廊上,只在碰到NBA著名场边记者克雷格·赛格时放慢了脚步并且交流了两句,然后朝着骑士队更衣室附近的一个熟人打了声招呼。詹姆斯简单致意了一下,之后便钻进了客队更衣室,就此消失。当他再次出现的时候,他从头到脚都穿着热火队红黑配色的装备。

从头再来
STARTING OVER

联盟为这场比赛提供了额外的安保力量，牢牢守住进入球场的球员通道，并且一整晚都有人围在詹姆斯身边。速贷球馆的客队更衣室结构很奇怪，其中就包括房间尽头（训练师办公室门口）一块凹陷进去的区域，那里放置了几个更衣柜。但那一晚，热火队把这整个区域都隔离了起来，专门供詹姆斯使用，并且在那里安排了安保人员，哪怕是记者都没办法接近他。热火队上场进行赛前热身的时候，保安在球场周围站了一圈，而且他们被下达了零容忍执法的指示。我在球员通道附近拍詹姆斯慢跑到球场上的视频，有个球迷突然冲到我肩膀上方，指着他大喊污言秽语。这位球迷立马就被联盟派出的安保人员发现了，随即被驱逐出了球场。他根本没有触碰到詹姆斯，只是指着詹姆斯，朝着那个方向大喊了几句，然后就被迫离开了。

比赛开始前的数天中，我采访了一些季票持有者，巴德·哈吉便是其中一个。哈吉拥有一个离客队板凳席只有四排的座位。有人花10000美元来买他的位置，但他毫不犹豫地拒绝了。他有一些想要亲自传达给詹姆斯的信息："亲我的屁股吧！"不过，这肯定不是詹姆斯那天晚上听到的最恶毒的话。

骑士队的吉祥物月亮狗在上场参加唱国歌仪式和开场球员介绍的时候甚至穿了一件防弹背心。一个接着一个，骑士队请出了克利夫兰最接近社会名流的一帮人，然而这份名单还是显得惨兮兮的。这是吉尔伯特的一个强硬举措，他煞费苦心地把这些名字攒在一起，并且精心安排了他们的出场。当布朗队球员约什·克里布斯以及肖恩·罗杰斯、印第安人队球员特拉维斯·哈夫纳以及詹森·刘易斯、布朗队传奇伯尼·科萨尔还有喜剧演员德鲁·麦凯里全部穿着量身定制的骑士队球衣出现，排成一排走向他们的场边座位时，整个球场里悲伤沮丧的气氛瞬间就消失了，坐得满满当当的速贷球馆立刻沸腾了起来。吉尔伯特把最后一个出场的位置留给了自己。显示比分的屏幕直

蓝图
BLUEPRINT

播吉尔伯特入场走向座位的画面时,球迷们像迎接英雄一般为他鼓掌喝彩,就是因为他在詹姆斯消失的那个夜晚写了那封言辞犀利的信。

主场球迷爆发出的欢呼声引起了詹姆斯的注意。当他抬起头,看到吉尔伯特的脸出现在比分牌上的时候,詹姆斯只是简单地点了点头、踩了踩地板。他沿着边线入场,朝着迈阿密的队友们喊着指令并且兴奋地挥着拳头,与此同时,现场的球迷们给吉尔伯特的欢呼声则一浪高过一浪。这也是那个晚上这些球迷最后一个欢呼的机会。

詹姆斯的球场表现统治了他的前东家。他走向主队的板凳席——那个他曾经坐了七年的板凳席——向那些在球场上完全无力阻挡自己的前队友们喷垃圾话。詹姆斯每次上罚球线,都能听到球迷们高喊"阿克伦厌恶你",但他毫不在乎,吐着牙套,咧嘴笑笑,然后继续打球。看台上还发生了几次推搡——真有几个勇敢的家伙穿着詹姆斯的热火球衣来到球场——安保人员至少执行了一次逮捕,而热火队的板凳席被从看台上丢了好几次9伏电池。这一幕让人不禁想起布朗队老主场的露天看台"庞德狗",每当球队在己方达阵区附近进行防守的时候,对手球员经常会被从天而降的电池和狗骨头击中。

其实,那天速贷球馆中发生的真正的人身攻击是詹姆斯面对老队友打出的表现。詹姆斯回到这里,就是要交出一场把骑士队打得屁滚尿流的比赛,他也的的确确做到了。尤其是在第三节,他得到了自己全场38分中的24分。詹姆斯在满场的仇恨和敌意面前大放异彩,热火队也以118∶90击垮了骑士队。赛后,詹姆斯再次拒绝为自己的离开而道歉,也没有为用"决定"电视秀这种方式来处理这个问题表示歉意。

从头再来
STARTING OVER

"我从不后悔我做出的任何决定，"詹姆斯说，"人生中，你总要努力从一些事情中学到一些东西。你试图用正确的方式去处理一些问题，并且在下一次遇到问题的时候能够吃一堑长一智。人生没有后悔药，也不可能从头再来。我的目标和用意很明确也很合理，只是可能在执行的过程中有些偏差。"

这可能是当时他最接近道歉的言论了。那一晚过后，两支球队的轨迹完全背道而驰。在克利夫兰的遭遇激励了热火队，他们一口气拿下了12连胜，并且在赢得东部冠军之前拿下了22场比赛中的21场，高歌猛进闯入NBA总决赛。反观骑士队，那场屈辱性的失利基本上终结了他们的整个赛季。他们打出了26连败，并且37场比赛中输掉了36场，就此被钉在了历史的耻辱柱上。26连败也打平了NFL坦帕湾海盗创下的竞技体育史上最长连败纪录。骑士队在一月份0胜15负，这也是球队历史上第一次在一个月中（最少打10场比赛）未尝胜果。然而，从某种程度上来说，詹姆斯和热火队施加在他们身上的"监狱殴打"，还并不是那个赛季里他们经历的最糟糕失利。

一月，他们极其屈辱地客场57：112输给了洛杉矶湖人，那才是他们赛季中最苦涩的夜晚。骑士队创下了球队历史单场得分最低和最大分差失利两项纪录。由于第二天要在斯台普斯中心面对快船队，詹姆斯和热火队当时也在洛杉矶，他借机发了一条轻狂的推特："太疯狂了！因果报应真是奇妙，每个人都无法逃脱。见不得别人好还诅咒别人可不是什么正确的事情，上帝可把一切都看在眼里呢！"（无巧不成书，詹姆斯在第二天晚上对阵快船队时脚踝扭伤，导致他缺席了接下来的两场比赛。）骑士队的颓势终于达到了最低点。

蓝图
BLUEPRINT

"十三年的职业生涯,说实话,我从来没有为在球场上打球感到过尴尬,"作为少数留队的令人尊敬的老兵之一,安托万·贾米森说。"一切真的不可能更加糟糕了,我不知道我自己还能承受多少,目前来看,这就是谷底。"

贾米森两度入选全明星,在詹姆斯效力骑士最后一个赛季的交易截止日前,他被从华盛顿交易到克利夫兰。他之所以来到这里,是期望和勒布朗还有沙奎尔·奥尼尔一起争夺总冠军。然而,在他的合同年内,摆在他身边的却是萨马尔多·萨缪尔斯、塞米赫·埃尔登、贾瓦德·威廉姆斯还有乔伊·格拉汉姆——这些人在离开骑士队以后都再也没能拿到NBA的合同。

萨缪尔斯因为在NBA休赛期间丢了护照而错过了一场在多伦多的客场比赛。曼尼·哈里斯因为在新秀年训练营中的出色表现争取到了轮换名单中的一席之地,然后他就莫名其妙地毁掉了自己的前程,当时他穿着双湿袜子就走进了耐克总部的冷冻理疗室,结果脚部遭受到了严重的冻伤——尽管门口已经贴了"不要穿湿衣物进入"的告示。最终,一个赛季以后,他就被裁掉了。骑士队的阵容里都是一群适应不了NBA的人,以及一些老旧残破的零配件。

满城的尘土和瓦砾造就了这个令人极度苦痛的19胜63败的赛季,赛季结束后的第二天,为了向自己最喜欢的美剧致敬,斯科特穿着一件《犯罪现场调查:迈阿密》的主题T恤走出了办公室。对这么一个灾难级的赛季来说,这也是再合适不过的结尾了,毕竟那个要为球队死亡负责的男人正在迈阿密,毕竟骑士队这具死尸还需要解剖。"有那么一瞬间,我甚至想杀了球队里的每个人。"斯科特大笑道。

从头再来
STARTING OVER

其实骑士队这个赛季的主要任务也就是尽可能地输球,以获取在乐透抽签中"取胜"的最大概率,从而拿到状元签。但就这个角度而言,骑士队也差点搞砸了。2003年最后三场比赛赢下两场,强行和丹佛掘金共享联盟最差战绩,这一次的情形十分相似,骑士队最后时刻六场四胜,战绩一举超过了明尼苏达森林狼队。这一段小爆发让他们避免成为NBA史上第一支从联盟最佳战绩直接跌落到联盟最差战绩的球队。还没有NBA球队在前一个赛季还是领头羊,但到后一个赛季便成为垫底鱼腩,而骑士队实实在在地从有詹姆斯时的联盟最佳66胜摔到了失去他时的19胜。他们最终以第二高抽到状元签的概率进入乐透抽签。

但这一次也和2003年不一样,六场四胜并不是什么毁灭性的错误,因为2011届的新秀里面并没有勒布朗·詹姆斯。事实上,骑士队眼前什么都没有,只有不确定性。尽管当时他们的未来显得毫无希望,但是命运之轮已经开始悄然指向骑士队了。

BLUEPRINT

LOTTERY, LUCK, AND PING-PONG

04

乐透抽签、运气以及乒乓球

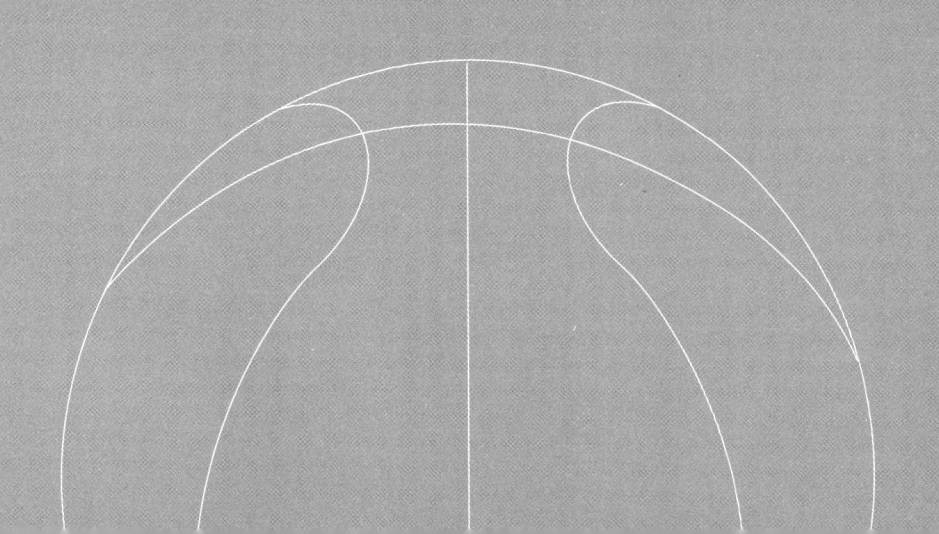

蓝图
BLUEPRINT

在NBA里，打造一支冠军球队的传统方式就是选秀、交易和与关键自由球员签约的有机结合。20世纪80年代湖人在骑士队前老板特德·施特平的"帮助"下建立了王朝，他们在1979年选到魔术师约翰逊、1982年选到詹姆斯·沃西（再次感谢，特德！），然后在1985年他们又摘下了A. C. 格林。此外，他们还做了几笔关键的交易，在1975年换来了处于巅峰的卡里姆·阿卜杜勒·贾巴尔，在1983年引进了新秀球员拜伦·斯科特。这些操作给湖人队带来了足够的进攻火力，让他们在80年代豪取五个总冠军。无独有偶，凯尔特人也是这样的模式，他们在选秀大会中拿到了拉里·伯德、凯文·麦克海尔和丹尼·安吉，以这三人为核心的阵容帮助球队在1981—1986年拿到了三次冠军。

联盟在1995年增添了新秀合同标准[1]，在1999年又采取了顶薪制度。突

---

[1] 1994届选秀状元格伦·罗宾逊被密尔沃基雄鹿队选中，据说他要求得到一份10年1亿美元的合同，否则就不跟球队签约。他最终签订的合同为10年6815万美元，新秀赛季年薪为290万美元，而已拥有三枚总冠军戒指的斯科蒂·皮蓬当季年薪只有222.5万美元。因此，NBA从1995年开始，实行了新秀标准合同制度。所有首轮秀的合同都必须符合一定的规定。

乐透抽签、运气以及乒乓球
LOTTERY, LUCK, AND PING-PONG

然间，对争冠球队来说，"中产特例"和"奢侈税"这些名词变得和网罗有才华的球员一样重要。各支球队开始通过附赠有价值的筹码（比如说选秀权）来兜售巨额的合同，只是为了腾出薪金空间或者把薪金总额控制在奢侈税线以下。最有名的例子就是太阳队的一笔交易。大卫·格里芬当时还是太阳队制服组的一位助理，他们为了引诱西雅图超音速吃下科特·托马斯的合同，不得不放弃了两个首轮选秀权。而这样做的目的仅仅是为了减少开支。

说回骑士队，在詹姆斯第一次统治克利夫兰时期，他们总是无法在他身边安排足够的帮手赢得一次总冠军，其中的部分原因就是他们选到詹姆斯前一年和后一年的两个高顺位选秀权都没有用好。

当詹姆斯和克里斯·波什一同在2010年前往迈阿密热火与帕特·莱利和德怀恩·韦德相聚的时候，他们也改变了联盟的商业模式。在此之前，从来没有发生过这样的事情，即两个处于鼎盛时期的超级明星离开母队，一起加盟第三个正处巅峰的超级明星的球队。像乌云一样笼罩着2011年选秀大会的联盟停摆，部分目的就是为了回应热火队清理薪金空间执行如此大胆的操作时使出的那些阴谋诡计。包括吉尔伯特在内的一些老板想要用更高的薪水来刺激球星留在母队，以确保不会再发生三个超级巨星到一支球队抱团的事情。联盟对于超过工资帽的罚款也更加严厉，其中就包括引入了"重犯状态"这个规定，专门针对那些把交奢侈税当成习惯的老板们。

***

不过，一切距离骑士队的选秀计划真正开始发挥作用还有好几个月的时间，这也是重建过程中第一个关键步骤。2011年5月17日晚上快7点的时候，也就是詹姆斯转投迈阿密大约一年之后，丹·吉尔伯特带着他的副主席杰

蓝图
BLUEPRINT

夫·科恩一同来到位于新泽西锡考克斯的NBA娱乐公司总部，走向蜿蜒走廊里的一部电梯。在他们分开之前，吉尔伯特给科恩下达了终极指令："拿不到状元签就不要回来。"

前往抽签现场的路漫长且痛苦。吉尔伯特穿着一件炭灰色西装，洁白的衬衫打底，同时打了一条印满了骑士队徽的海军格式领带，他还在左领处别了一个骑士队领针。相比詹姆斯还在队里的那段荣耀时光，他的头发理得短多了。开个小玩笑，也许是刚刚过去的只有19胜的赛季让这位极具竞争心的老板把头发给剃光了。但在新的建队思路下，输球和在乐透抽签中赌博比获胜更为重要。吉尔伯特、克里斯·格兰特以及整支骑士队忍受所有失利的痛苦，就是为了这一天这一刻——乐透抽签日。

这对一生挚友以及合作伙伴彼此说了声再见。比吉尔伯特高很多的科恩则是彻彻底底的光头，他穿着一件藏青色细条纹西装，打着蓝色领带，同时也佩戴了吉尔伯特同款的骑士队领针。他独自乘坐电梯上楼，来到3A会议室。

当骑士队望着眼前这片需要重建的工地时，他们知道单单把球输掉是远远不够的。如果他们想要加快重建的进度，好在2014年为吸引詹姆斯回家做好准备，他们需要额外的选秀权——乐透签。而这东西是最难得到的，格兰特必须要有足够的创造力才能达成目标。幸运的是，他有一个愿意花钱的老板。如果能够从长远给球队带来提升，吉尔伯特并不害怕在那些支票上签字——要记住，短期表现对于骑士队来说真的不算什么。没有人关心当下是否能赢球，因为最终一切努力都会有效果，但还不是现在。

乐透抽签、运气以及乒乓球
LOTTERY, LUCK, AND PING-PONG

　　格兰特、格里芬以及他们的团队开始竭尽全力找寻无中生有的方法。这怎么可能呢？通过吃进其他球队不愿意承担的烂合同就能换来高顺位选秀权？在联盟复杂的工资帽体系下，要么交易双方中的任意一方有足够的薪金空间接收引入球员的合同，要么双方的合同金额对等，这样的交易才是合法有效的。当然还有一些特例条款，但这两条是基本的框架。这也就是在詹姆斯前往迈阿密数周之后，德隆特·韦斯特的合同对于明尼苏达森林狼队那么有吸引力的原因。

　　韦斯特当时正和精神疾病作斗争，同时还受到了在马里兰非法携带枪械的指控，也就是在这时，骑士队把他还剩460万美元的合同交易到了森林狼队，换来了拉蒙·塞申斯和瑞安·霍林斯。森林狼队其实对于韦斯特没有任何兴趣，他们只是为了摆脱塞申斯的合同，韦斯特不过是让这一切发生的媒介。交易之后，还有一个星期韦斯特的合同才会变成全额保障的。在联盟的工资帽规则下，森林狼可以在合同确认的截止日期前引入他，再把他裁掉，然后就只需要付给他50万美金。

　　塞申斯与森林狼队签订的4年1600万的合同则还有3年才到期，但他一直没有办法组织起球队的进攻。通过和骑士队做交易，森林狼队只花掉50万美元，就能避免支付给塞申斯3年1300万的薪水。与此同时，塞申斯其实仍旧是一个年轻并且可堪一用的控球后卫，骑士队使用了他两年以后，最终在一起更大手笔的交易中把他送去了洛杉矶湖人，通过这笔交易他们成功捞到了一个首轮选秀权。

　　2013年，格兰特用乔恩·洛伊尔从孟菲斯灰熊换来了马利斯·斯贝茨、韦恩·埃林顿、约什·塞尔比以及最重要的，一个未来首轮选秀权。骑士队

蓝图
BLUEPRINT

当时的薪金总额远低于联盟5800万的工资帽，所以对他们来说吸收进三位薪水加起来才600万美元的球员是相当划得来的。从灰熊队的角度来说，甩掉600万不想支付的工资可以让他们把薪金总额控制在奢侈税线以下，从而避免交好几百万的罚款。对于骑士队来说，最重要的则是那个选秀权，因为它是又一个有着实实在在价值的未来财产。

而当骑士队开始研究竞争对手的财政情况时，他们突然发现洛杉矶快船身上有一些让人产生兴趣的东西：巴伦·戴维斯的合同中有一个弹性条款，这在当时的NBA还不是很常见。基本上来说，就是如果骑士队引入了戴维斯，他们最终可以裁掉他，并且把他的薪水分摊到未来几年中慢慢支付，这样可以大大减少财政上的负担。

戴维斯有一份肥约——未来的两年半中他的合同还剩3500万美金的薪水——以及更衣室毒药的坏名声。换句话说，他就是骑士队现在要找的球员。戴维斯为唐纳德·斯特林打球，从某种程度上来说，这位球队老板甚至比特德·施特平更加混蛋。斯特林吝啬且卑鄙，最终因为涉及种族歧视的言论被赶出了联盟。然而在那时，骑士队对他这只铁公鸡最有兴趣。快船队总经理尼尔·奥尔谢是格里芬的好友，所以他和格兰特商谈了几周，看看怎样能把戴维斯的合同从快船队的账簿中拿掉——如果奥尔谢和斯特林愿意加上他们在下次选秀大会中的首轮选秀权并且不添加保护，那就可以了。

当球队交易未来选秀权的时候，在上面加上"前十"或者"前五"的保护是非常常见的事情，意思就是如果交易走选秀权的那一方（球队A）在选秀权生效的那个赛季没能进入季后赛即将参加乐透抽签，当签位落入前五或者前十的保护范围时，他们就能继续持有选秀权。如果这样的情况发生了，

乐透抽签、运气以及乒乓球
LOTTERY, LUCK, AND PING-PONG

球队A保留选秀权,球队B至少要等到下一年才有可能获得选秀权。球队B到底什么时候能拿到选秀权取决于交易中的条款,比如说,球队A可以在当前赛季加上"前十保护",第二年"前五保护",第三年"前三保护",第四年则"完全无保护"。球队可以按照他们觉得合适的方式添加保护,联盟对此并没有限制,但是立即拿到一个完全不被保护的选秀权确实很少见。

举个例子,当底特律活塞队幸运地拿到2003年榜眼签的时候,源头其实要追溯到2114天前,也就是1997年他们和温哥华灰熊队做的一笔交易。灰熊队在那个选秀权上加了一连串的保护,多到从1998—2002年它一直没有生效,直到2003年保护变为仅仅是状元签保护。灰熊队以第六高的概率进入乐透抽签,却没想到签位一下子跳跃到了第二。这就是交易出选秀权的一方最吃亏的情况。他们只能失去榜眼签,把它拱手送给活塞队,以完成六年前的那笔交易。正是因为乐透抽签中这种随时可能提升选秀顺位的不确定性,要在离选秀大会还有四个月的时候从一支铁定会参加乐透抽签的球队拿到一个无保护的选秀权,并且不拿出一位超级巨星,这基本上是不可能的。

再比如说,就在骑士队和快船队商谈交易的同一时间,犹他爵士队把他们的明星后卫德隆·威廉姆斯交易到了新泽西篮网队,换来了最终变成2011年探花签的选秀权。尽管在篮网得到他的时候,威廉姆斯已经是两届全明星球员了,而且正进入职业生涯巅峰,爵士队还是做了这笔交易。所以,骑士队愿意为获得一个无保护的选秀权增加一些添头。

和活塞队不一样的是,骑士队只等了83天就拿到了快船队的选秀权,而且仅仅付出了莫·威廉姆斯、贾马里奥·穆恩和2100万美金的支票(威廉姆斯和戴维斯剩余合同金额的差值)。没错,吉尔伯特花了2100万就是为了

蓝图
BLUEPRINT

买一张乐透抽签的入场券。2011年2月23日主场输给休斯敦火箭队赛后，拜伦·斯科特正要在骑士队更衣室旁开始赛后新闻发布会，威廉姆斯突然从更衣室里走出来，他朝着望向他的人做了个明显的挥手动作，然后就前往停车场了。威廉姆斯当时正在调理脚踝伤势，那一天根本没有上场比赛。就在那一刻，这个挥手告别的动作还没让人觉得有啥特别的，但是三个小时以后，它就意义非凡了。威廉姆斯知道了自己被交易到洛杉矶的消息。快船队在这笔交易达成时战绩联盟倒数第八，这也意味着他们有第八高的概率得到状元签。对于骑士来说，这笔交易的全部意义就是确保他们在接下来的选秀大会中有两个前十选秀权，以此来启动他们的重建工作。

更重要的是，它给这支球队带来了希望。交易发生在骑士队刚刚结束26连败的两周之后。他们的士气仍旧很低落；詹姆斯离开带来的伤口仍旧痛感明显。尽管换来了名声不好的戴维斯，但是由于选秀权代表的巨大价值，这个操作还是给球队注入了一些能量、一些活力以及积极乐观的心态，让大家觉得好日子就在前方。

奥尔谢对洛杉矶当地的记者说，清理出去一些合同对于他们来说非常重要，这样他们才有足够的薪金空间来续约像德安德鲁·乔丹和埃里克·戈登这样的球员，而不是"再花精力去考察一个19岁而且只有一年大学篮球经验的孩子"，他还补充道，"对于本届新秀，我其实并没有那么兴奋。"

他并不是唯一持有该看法的人。2011届选秀开始前的数月里，很多人都觉得这一批新人不大行。这将成为一届大量选择海外球员的选秀大会，联盟球探们和选秀专家都不怎么看好这批人的潜力。然而，骑士队完全不这么看。格兰特和他的制服组对于这次选秀很乐观，他们认为里面可能潜藏着意

乐透抽签、运气以及乒乓球
LOTTERY, LUCK, AND PING-PONG

外的宝藏。所以，能够买到一个乐透签，他们欣喜若狂。

三个月以后，2011年5月17日，科恩从NBA娱乐公司总部演播厅的电梯里走出来，把他的手机装进了一个马尼拉信封（所有的通信设备在门口都要被没收），然后就走向3A会议室前排的专属座位坐下。整个房间里充斥着紧张的气氛，各支球队的官员都迫切地想知道谁能赢得状元签。现场的安保非常严格。抽签仪式其实是在电视机上播出抽签结果两个小时前进行的，因此保密工作是重中之重，尤其是在现如今的社交媒体时代。每支乐透球队派出的一位代表以及少数媒体人员会受邀观看抽签，而我就是那几个受邀者之一。

进入观看抽签的房间之前，我们每个人都被发了有1000个抽奖号码的小册子，上面写着每一支球队被分配到了哪些四个数字的组合。骑士队有两组数字：他们自己的选秀权所对应的199个数字组合，以及快船队选秀权带来的28个额外的数字组合。加起来也就是说他们有22.7%的概率赢得状元签。唯一一支概率比他们大的球队是森林狼队，由于以联盟最差战绩结束赛季，他们收到了250个数字组合，也就是25%的概率拿下第一顺位。

没能进入季后赛的球队中战绩最好的一支当然也会参加抽签，只不过一支球队越烂，抽到状元签的机会越大。从1到14进行编号的14个乒乓球会被丢进摇号机的漏斗中，然后会有四个球弹出来，组成四个数字的组合。拥有相同数字组合（与数字顺序无关）的球队就能拿到状元签，乒乓球会再次被丢入漏斗中，重复上述过程，以决定榜眼签和探花签的归属。再之后，其余球队的顺位按照他们战绩的反向顺序进行排列。乐透制度就是为了防止球队故意垫底而进行设计的，然而很多球队还是在做这样的事情——骑士队站在

蓝图
BLUEPRINT

这里就是因为他们也在刻意摆烂。

当我走进房间的时候，科恩正在研究分配给骑士队的那些数字组合。因为这批管理层接手以后，五年来球队从未缺席过季后赛，所以他们对于乐透抽签的流程相对陌生。科恩希望他能够观看到这些数字组合分配给各支球队的过程，但事实上，NBA每年用的都是同样的分配模板。

***

真正的抽签开始进行之前，科恩意识到骑士队选秀权所对应的199个数字组合里面都是要么有1要么有2的。当时NBA执行副总裁路易斯·蒂萨巴迪诺站在抽签机器旁边主持整个流程，并且取出了代表状元签的数字组合14-13-7-8。科恩惊慌失措地在手头的数字组合列表里搜寻，因为中签组合的前两个数字实在是太大了。NBA总法律顾问助理雅明·德肖维茨很快就找出了赢得状元签的球队。"克利夫兰骑士队，"他高声宣布。"来自洛杉矶快船的选秀签位。"科恩立马举起双拳庆祝胜利，同时整个房间里凝聚着一股轻微的倒吸一口凉气的声音。吉尔伯特的愿望实现了（"拿不到状元签就不要回来"），他价值2100万美元的乐透签中了头奖。

快船队的选秀权只有2.8%的概率变成状元签——基本上和走进赌场在轮盘上随便选一个数字的中奖概率差不多。科恩可以手握第一和第四两个选秀权走出3A会议室了，在经历了没有勒布朗的一个悲惨赛季以后，骑士队终于时来运转。然而科恩还不能把这个消息告诉任何人。所有知道乐透抽签结果的人都被留在了那个房间里，直到一个多小时以后电视开始直播抽签过程。吉尔伯特为了给骑士队送去好运，带着代表布朗队过去和现在的球员科萨尔、约什·克里布斯和乔·黑登来到了抽签现场。当NBA副总裁亚

乐透抽签、运气以及乒乓球
LOTTERY, LUCK, AND PING-PONG

当·萧华终于宣布状元签属于骑士队的时候，克利夫兰代表团在演播厅中爆发出了欢呼声。而此时在克利夫兰，在市中心骑士队官方组织的观看抽签派对中，格兰特和斯科特兴奋地一边尖叫一边拥抱在了一起。所有人都还在对这突如其来的好运气感到难以置信的时候，一个难题突然出现在了眼前：选谁？

由于在离NBA娱乐公司总部没多远车程的地方长大，来自杜克大学极其出色的新生控球后卫凯里·欧文出现在了乐透抽签现场。他甚至在抽签前发了一张和尼克·吉尔伯特的合影，作为丹·吉尔伯特的儿子，后者当时也在那里。欧文刚刚从脚趾伤势中康复，但他仍旧是状元强有力的候选人。距离克利夫兰上一次获得状元签并拿下詹姆斯已经过去了八年，这也仅仅是骑士队在乐透抽签中第二次拿到第一顺位。因此，欧文立刻就被问到了比较自己和勒布朗的问题。骑士队已经失去了国王；现在他们即将得到一位王子。欧文并不喜欢回答那么多有关追随詹姆斯脚步的问题，并且很快就对它们产生了厌烦情绪。

"我不认为我是在追随勒布朗，"欧文在骑士队赢得乐透抽签之后的某一时刻说。"如果我足够受上天眷顾最终前往克利夫兰骑士，我只想在那里开启新的传奇故事。"

一个月后，特里斯坦·汤普森离开了纽约时代广场的威斯汀酒店，登上了前往新泽西纽瓦克保诚中心的巴士，也就是NBA选秀大会举行的地方。他即将成为一位百万富翁。汤普森是一个身高6尺9寸（205厘米）的大个子，长着好看的娃娃脸，有着迷人的微笑，还带着俩小酒窝。他乐天派的性格让所有人都很喜欢他。更为重要的是，他有永不止步的动力。汤普森在大二年

蓝图
BLUEPRINT

级结束后选择离开得克萨斯大学，他依旧很粗糙，未经打磨。他基本上没有投射能力，但是他能跑能跳，还是个强力篮板手。那一天，他是最早登上前往选秀现场巴士的人之一，上车后，他很快就找了个靠窗的位置。几分钟之后，欧文也上了大巴，看到那张熟悉的面孔，欧文便在他旁边坐下了。

当母亲伊丽莎白因为脓毒病去世的时候，欧文年仅四岁。他由单亲父亲德雷德里克一手抚养长大。凯里出生时，德雷德里克正在澳大利亚打职业篮球——这也让凯里能够拥有双重国籍。伊丽莎白是一位接受传统教育的钢琴演奏者，还是一位路德教会牧师的女儿，所以她总会吟唱古老的教堂赞美诗来哄凯里入睡。凯里继承了母亲的音乐天赋和父亲的篮球技巧。高中时期，如果不是在表演音乐，他就是和德雷德里克单挑。他从父亲那里了解到篮板的各个角度以及如何去利用好它们。16岁的时候，凯里开始在篮球方面崭露头角，并且第一次在一对一中赢了父亲。随后，他放弃了其他所有运动，专心打磨篮球的技术细节：滞空更久、左右手都能抛投、运球后投篮、头部假动作甚至低位脚步。

汤普森则在多伦多附近长大，不过他在高二的时候搬到了纽瓦克，进入圣贝内迪克特教会预备高中打球。高三学年，汤普森的球队一路斩获19胜0负的战绩，直到他们在附近的新泽西伊丽莎白遇上了欧文率领的圣帕特里克高中。欧文的球队以88∶62胖揍了汤普森的球队一顿，终结了他们原本完美的赛季。从时代广场开到纽瓦克有可能只用30分钟，也有可能75分钟都到不了，完全取决于交通状况。一路上，他们聊了聊过去在球场上的对抗，也憧憬了一下当晚选秀大会之后他们计划要参加的派对。两人只是还没有想到，他们会以队友的身份参加派对。

乐透抽签、运气以及乒乓球
LOTTERY, LUCK, AND PING-PONG

欧文被认为是这届新秀中"矮子里的将军"——即便是选他也需要承担巨大的风险。12月初，欧文在杜克大学对阵密歇根州立大学的比赛中大放异彩，独砍31分。成为杜克大学历史上第四位得到30分以上的大一新生以后，他的选秀行情也一路上涨。但随后的脚趾伤势迫使他过早地结束了常规赛季，一下子就错过了将近四个月的比赛。当他伤愈复出的时候，已经是NCAA锦标赛了，不过他还是在蓝魔鬼❶的赛季最后一场比赛中拿到28分，杜克输给了德里克·威廉姆斯和亚利桑那，止步甜蜜十六强。

欧文在高中时期并不是顶级球员。进入大学之前，哈里森·巴恩斯、贾里德·萨林杰以及布兰登·奈特都被认为是比他优秀的苗子。不过到了大一赛季结束的时候，他就把他们全部都甩在了身后。他的大一赛季就像是上天开的一个玩笑——只打了11场比赛、出战303分钟却让人看到了无尽的潜能，这使得骑士队陷入难以抉择的痛苦。他们的调查显示，任何一项运动中，没有任何一位运动员在被选为状元秀的前一年打过如此少的比赛。由于球队阵容千疮百孔，有一个想法让人完全无法抗拒，那就是拿第一顺位选择身体素质爆炸的威廉姆斯，再用第四顺位拿下奈特。

随着威廉姆斯在NCAA锦标赛中表现优异，他的选秀预测顺位也一路飙升，而奈特则是这届选秀中最年轻的球员之一，刚刚在野猫队打出了一个很有潜力但是不太稳定的大一赛季。格兰特想尽一切办法去放烟幕弹，坚持说威廉姆斯在他的个人试训中表现出色，所以骑士队还不确定他们会用状元签去选谁。由于手握两个高位选秀权，格兰特通过守口如瓶的方式来尽可能地

---

❶ 杜克大学篮球队的外号。

蓝图
BLUEPRINT

把握局势。但在克利夫兰诊所球馆内部，他的态度坚定不移：欧文就是他们要选的人。这件事他从未告诉过球队以外的人——甚至包括欧文和他的经纪人。直到选秀大会开始，大卫·斯特恩站在台上宣布骑士队选择的那一刻，欧文才知道自己成为状元了。

四号签的走向则依旧模糊不清。他们喜欢硬气的立陶宛中锋乔纳斯·瓦兰丘纳斯，但他和所在的欧洲球队还有合同，骑士队得确认他们能够顺利地完成买断。而且，代表瓦兰丘纳斯的是利昂·罗斯和创新艺人经纪公司（Creative Artists Agency, CAA）——也就是"决定"期间代表詹姆斯的经纪人和公司。骑士队和罗斯之间的敌对关系还依然存在。汤普森虽然也是CAA公司旗下的球员，但帮他处理事务的更多的是里奇·保罗，那个詹姆斯的好友，也是那个詹姆斯前往迈阿密时打电话通知骑士队的人。

骑士队先摘下欧文以后，森林狼队用榜眼签拿走了威廉姆斯，犹他爵士则在第三顺位选了埃内斯·坎特。这下又轮到骑士队来做决定了。瓦兰丘纳斯是一位纯中锋，被各路专家认为是更好的选择，但在选秀大会开始前几天，汤普森的呼声也越来越高，很多人认为他配得上前十顺位的选秀权。格兰特很喜欢汤普森，从他的体格、内心、家庭环境和成长背景来看，格兰特坚信汤普森会成为一位赢家。

骑士队用四号签选择汤普森的举动让联盟里的其他人都感到惊讶。作为高中时期的对手，仅仅相隔17分钟，汤普森和欧文就成为NBA的队友。"我们乘坐大巴过来的时候刚好坐在一起，"汤普森说道。"一切就仿佛命中注定一般。"

乐透抽签、运气以及乒乓球
LOTTERY, LUCK, AND PING-PONG

骑士队因为放弃选择瓦兰丘纳斯而饱受批评，后者在汤普森之后被多伦多猛龙选中——刚好是汤普森家乡的球队。"只有在没观看过试训的情况下你才会觉得吃惊，"汤普森说。"如果你问骑士队的老板、教练斯科特或者CG（克里斯·格兰特），甚至问格里芬，如果你真的看过那些试训，其中有些家伙可能根本不会出现在他们被选中的顺位上。"

哪怕是选完了汤普森以后，格兰特的工作还没有结束。骑士队非常看好来自华盛顿州大的神投手克莱·汤普森（和特里斯坦没有任何关系），所以在那个选秀夜，格兰特继续守着电话，决心再弄来一个前十选秀权。拜伦·斯科特和汤普森一家非常熟悉，因为在湖人打球的时候他曾和克莱的父亲米查尔做过队友。克莱以733分创下了校史单赛季得分纪录，在大三赛季结束离开学校的时候位居队史总得分榜第三。

骑士队高层，特别是格里芬，都十分喜欢克莱·汤普森，并且以年轻的大前锋J.J.希克森作为诱饵尝试交易，希望能再次回到前十选秀当中，然后把克莱拿到手。骑士队愿意提供除了未来选秀权以外的一切筹码，他们拒绝交易选秀权。希克森的新秀合同还有一年并且已经展现出了潜能，但当时联盟里每一个人都知道劳资协议即将到期，拉锯式的停摆在所难免。骑士队并不愿意支付符合希克森心理预期的那种续约合同，而且他们也不知道2011-12赛季到底会有多长，所以开始积极地尝试立刻把希克森送走。

萨克拉门托国王明确表示他们的七号签是可以出售的，骑士队也试图得到它。但是国王队最终选择在一笔三方交易中把选秀顺位向下交易到第十，

蓝图
BLUEPRINT

然后摘走了吉默·弗雷戴特❶。克莱·汤普森则在下一顺位被金州勇士队拿下，和史蒂芬·库里组成"水花兄弟"，一跃成为联盟中最出色的得分后卫之一。

尽管错过了克莱·汤普森，选秀之后骑士队制服组还是在格兰特的办公室里举杯庆祝。在这届选秀大会上，只有大约14位球员能引起他们的兴趣。骑士队相信欧文未来能成为一名明星球员，只要他能保持健康，而且特里斯坦·汤普森能打好辅助。格兰特知道汤普森永远不会成为超级巨星，但他也知道汤普森不会变胖也不会变懒，更不会在四年合同结束后就被NBA扫地出门。格兰特相信他的品性以及工作热情。

一支球队在一届选秀中拥有两个如此高顺位的选秀权实属罕见。2011年之前，上一次我看到类似的情况发生还是在1983年，当时休斯敦火箭队先是用状元签选到了拉尔夫·桑普森，然后以探花签摘得了罗德尼·麦克雷。而那届选秀大会中的第四顺位恰好是拜伦·斯科特。

不过希克森最后还是去了萨克拉门托。选秀大会一周以后，骑士队把他交易给了国王队，换来了奥马里·卡斯比和一个未来的首轮选秀权。相比卡斯比，格兰特肯定对于选秀权更感兴趣，但至少这位球员还是个小前锋，詹姆斯离开后骑士队在这个位置上一直相对薄弱。球队希望卡斯比能够在未来的一两年中填补这个空缺。官方宣布这笔交易几个小时以后，老板们就开

---

❶ 弗雷戴特的NBA生涯并不顺利，2016年他来到CBA，被中国球迷称为"寂寞大神"，成为2016-17赛季CBA常规赛外籍MVP。

乐透抽签、运气以及乒乓球
LOTTERY, LUCK, AND PING-PONG

始把球员全部锁在场馆外面了，丑恶的劳资对抗正式打响，经过接下来为期161天的谈判，双方终于达成了一份新的劳资协议。

有一部分老板——吉尔伯特首当其冲——把这次停摆视为一个机会，可以通过设立新的条款来确保迈阿密这种通过自由球员市场签约瞬间组成超级强队的事情不会再次发生。新的劳资协议中着重强调了给予小市场球队长期留住自己选中或者培养的球员的机会。全新的NBA世界里，联盟收入在老板和球员之间分配得更加平均，但受到更重大影响的其实是各支球队在球场上的表现。从理论上来说，球星想要逃离所处的市场环境会变得更加困难。球队在留下他们自己的自由球员方面有着极大的财政优势，只不过要付出一定的代价。由于停摆，20%的赛季损失掉了。作为新版劳资协议的一部分，每支球队都获得了一次裁掉一位球员的机会，也就是后来为世人所熟知的特赦条款。在该条款下，被裁球员能够拿到合同中全部受保障的金额，只不过这份合同不会再占据球队的薪金空间。

出于种种原因，骑士队眼疾手快地把特赦条款用在了戴维斯身上。尽管这一次在克利夫兰，他已经变成了一位模范市民，但骑士队还是担心他会成为潜在的更衣室麻烦，并且给欧文在内的这一批还没有定性的年轻球员带来负面影响。除此之外，由于戴维斯合同中的那个弹性条款，裁掉他以后支付薪水的压力也会相对较小。最为重要的是，这么一来骑士队就可以彻底把掌握进攻的大权交到他们充满潜能的新秀手上了。没有戴维斯挡在前面，欧文作为首发控卫出战了那个缩水赛季66场比赛中的51场，场均18.5分5.4次助攻的表现帮他赢得了年度最佳新秀的荣誉。然而，他也因为肩部扭伤和脑震荡错过了一些比赛，加上带着杜克时期的脚趾伤势进入联盟，骑士队依旧没有打消对他伤病情况的担忧。

蓝图
BLUEPRINT

汤普森的新秀赛季则游离于主力和替补之间，场均得到8.2分和6.5个篮板。他的投篮数据依旧糟糕，但是他身体素质爆炸，非常耐用，而且能够远离麻烦。格兰特很清楚，因为拥有了欧文这么一个能控球、能投篮、心智如老将般成熟的少年老成的年轻人，骑士队才能够变得与众不同。

作为新秀，汤普森和欧文帮助骑士队以21胜45负的战绩打完了常规赛。这两根支柱只是总体计划的第一步，重建工作已然启动。克利夫兰和新奥尔良一同以倒数第四的战绩进入乐透抽签，骑士队开始寻求更多的运气。在与黄蜂队❶抛硬币决定抽签顺序的环节中，他们赢了，这也成为又一个改变球队命运的事件，只不过这一次并非朝着好的方向。黄蜂队最终拿到了状元签，这也就意味着，如果骑士队当时输掉了抛硬币环节，那么第一顺位就会被他们收入囊中。然而现在，骑士队只能再次拥有一个四号签，新一轮的"到底要选谁"也即将拉开帷幕。

虽然没能再次获得状元签，但是欧文身上散发出的那种年轻超级巨星的气质，还是为詹姆斯可能回归的想法添了一把火。勒布朗刚走的第一年，这还不过是一个白日梦。但格兰特和制服组中的其他人越来越相信欧文有成为巨星的潜力，能够作为极具吸引力的诱饵把詹姆斯钓回来。也就是在欧文打完自己的新秀赛季以后，骑士队下定决心执行不在自由市场中乱花钱的计划，从而留下充足的薪金空间。同时他们仍旧在选秀大会中倾尽全力，想要为2014年那个注定属于勒布朗的夏天做好准备。

❶ 也就是现在的新奥尔良鹈鹕队。2013年1月新奥尔良正式更名以后，夏洛特山猫拿回他们原有的名字，成为夏洛特黄蜂。

BLUEPRINT

OLD MEMORIES, NEW HOPES

05

旧的回忆，新的希望

蓝图
BLUEPRINT

  速贷球馆四层老旧而狭小的训练场，在那段时间里已经基本被废弃了。在2007年以前，骑士队一直把那里作为主要的训练场所，直到他们位于独立城城郊的球队总部克利夫兰诊所球馆正式投入使用，这个新场馆拥有当时世界最顶尖的配套设施，面积达到5万平方英尺（4645平方米）。诊所球馆的建设费用高达2500万美元，里面的配备如今仍旧处于联盟顶尖水平。它就坐落在77号州际公路旁边，离詹姆斯在巴斯镇的家只有很短的车程，再次强调，这一点绝非巧合。

  至于速贷球场里那片几近废弃的训练场，则偶尔会被对手球队在前来打客场比赛时使用，在早晨进行一些投篮练习，因为正式比赛场地并不能随时开放。2012年一个寒冷的2月清晨，詹姆斯穿着一身热火队球衣站在那片老训练场的一角，而他当时的言论让两支球队乃至整个NBA都驻足围观。

  "我认为那样会非常棒。能再次在这里的球迷面前打球会很有趣，"詹姆斯说。"在此地的七年里，我有着很多美好的回忆。你永远不可能预测未来。现在我是一名迈阿密热火队员，我也在这个环境里待得很开心。但我不会平白无故地排除那个可能性。如果我决定回到这里，我希望球迷们能够接

旧的回忆，新的希望
OLD MEMORIES, NEW HOPES

受我。"

算上他离开克利夫兰前往迈阿密后一周在《智族》专访中回答的话，这是詹姆斯第二次主动表示他有在未来某天回家的意愿。只不过当他对《智族》说那番话的时候，克利夫兰还过于沉溺于震惊和苦痛之中，没有在意其中的意味。当时刚刚得到詹姆斯的迈阿密则太过喜出望外，也没把它当回事。毕竟，怎么会有人真的选择离开迈阿密跑去克利夫兰呢？于是詹姆斯对《智族》说的那些话很快就被人遗忘了。但在18个月以后，当他再次谈起同样的话题时，每个人才有所察觉。这可不仅仅是简单的思乡之词。就像其他一切与詹姆斯有关的事情一样，它也是经过精心设计和安排的。美联社记者汤姆·威瑟斯从圣文森特-圣玛丽高中时期就开始关注詹姆斯并且和他建立了良好关系，他有一天再次问起詹姆斯是否愿意回克利夫兰打球，后者一点迟疑的表现都没有。对于骑士队和热火队来说，这都是一个警报。8英里（12.8千米）以外，在克利夫兰诊所球馆的办公室里，克里斯·格兰特正在竖起耳朵听着。

骑士队已经开始重建球队，詹姆斯也谈论过了他对于回归的态度，尽管他和热火队的合同还有两年半。但是距离回归真的实现还有很长的路要走，公众对于詹姆斯的仇恨还要几年才能逐渐消散。所以詹姆斯要早做准备。"媒体会毁了这一切的，"就在那天，和他关系很铁的一位盟友对我说，"这要成为现实至少还要等两年，双方的关系依然还很脆弱。有很多先决条件得先实现，现在根本不是谈这个的时候。拿不到冠军他是不会回来的。他首先要夺得一次总冠军。"

而在当时，詹姆斯回归更多的只是一个希望，而非现实，尽管这是一个

蓝图
BLUEPRINT

强有力并且有足够养分去滋养的希望。格兰特和里奇·保罗依然保持着紧密的联系，后者在2012年秋天离开了CAA公司开始自立门户——克拉奇体育公司（Klutch）。他的第一批客户是谁呢？是勒布朗·詹姆斯和特里斯坦·汤普森。詹姆斯也离开了声名在外而且力量雄厚的利昂·罗斯和CAA公司，选择信任他高中以来的兄弟，并且把未来托付给了他。汤普森也跟着詹姆斯一起改换了门庭，这样的结果为骑士队带来了便利。格兰特和保罗都对汤普森很感兴趣，因此他们一直保持着联系。至于有关詹姆斯的话题，对话总是处于开放状态，最终往往落脚在"你永远不会知道未来会发生什么"。

欧文的新秀赛季还没打多久，骑士队——也包括詹姆斯——就知道自己拥有了一个未来的超级巨星。看着欧文大放异彩并且茁壮成长，再加上詹姆斯的那些言论，那个詹姆斯会回归的想法突然给人带来了真实感。没错，骑士队的战绩依旧一塌糊涂，他们手上也没有太多其他优秀的球员，虽然年轻的欧文比詹姆斯过去在克利夫兰的七年中合作过的任何一位队友都要有天赋。欧文也比他搭档过的任何一位控球后卫都要优秀，詹姆斯很清楚这一点。

"NBA正逐渐转变成一个由控卫主导的联盟，"詹姆斯在欧文的新秀赛季时说。然后他提到了包括德里克·罗斯、拉塞尔·威斯布鲁克、克里斯·保罗、约翰·沃尔在内的几个名字，肯定的，当然还有欧文。"如果你拥有真的非常出色的控球后卫，你就有机会赢球，就像是在NFL拥有真正优秀的四分卫一样。"

2013年全明星周末的时候，也就仅仅是欧文进入联盟的第二个赛季，他的星途就已经光芒四射了。百事可乐广告中他创造的"德鲁大叔"形象深受

旧的回忆，新的希望
OLD MEMORIES, NEW HOPES

年轻一代球迷的喜爱，不过真正让他赚到钱并且在联盟里赢得尊重的地方是在比赛场上。由于骑士队实在太烂，他们从未获得过上全国直播的机会，因此欧文一直把全明星赛视为自己大放异彩的机会。

2012年全明星周末，他在新秀挑战赛中独得38分并且三分球8投全中，一举拿下了MVP。他的8记三分也是该项赛事的历史第二高，仅次于他的队友丹尼尔·"伙计"·吉布森。突然之间，骑士队的算盘开始慢慢暴露出来，联盟里的其他人都看到了克利夫兰潜在的大爆发。被护送进临时摄影棚拍摄与MVP奖杯例行合影的时候，欧文一直在露齿大笑。他把那座水晶奖杯拿低了几英寸。"麻烦您一定要拍到克利夫兰的队标，"欧文指着绣在主场白色球衣上的"CAVALIERS"骑士队字样说。詹姆斯离开这座城市还没过多久，欧文就异军突起了。紧随着欧文完美全明星周末表现的，是他和詹姆斯之间没完没了、只增不减的比较。

"如果人们把他视为下一个勒布朗，那就大错特错了，"沙奎尔·奥尼尔在欧文打出MVP表现之前就对我说。当然啦，奥尼尔在克利夫兰的最后一年是和詹姆斯做过队友的。"勒布朗做到的一切令人难以置信而且充满传奇色彩。永远不会有下一个勒布朗，他达到如今成就的方式，进入篮球世界并且接管一切，这些都是前无古人后无来者的。凯里当然也是一位领袖，我并不是在试图贬低他的球技。但我想让人们知道，不要给他施加太大的压力。"

欧文一跃成为当红炸子鸡，这只会让骑士队内部更加重视有关詹姆斯的问题。球队阵容里没有足够的天赋，他是不会回家的，而谁又能比一个22岁就已经达到全明星级别的控球后卫更适合在他身边打球呢？

蓝图
BLUEPRINT

虽然如此，骑士队仍旧在坚持他们通过选秀进行重建的计划，收集乐透选秀权以及未来交易的筹码，同时保留薪金空间。他们对在自由市场上签人持坚决抵制的态度。詹姆斯走之后，他们签下最大牌的球员就是C. J. 迈尔斯了。并不是吉尔伯特不愿意花钱，他其实没少花钱。格兰特只是不愿意被烂合同束缚住手脚——或者碰上更糟糕的情况，签下了一个真能够帮球队赢球的老将。胜利总会到来的，只是现在不需要。

2012年5月，各支球队的制服组再一次聚集在芝加哥，参加NBA官方的选秀训练营，所有即将参加选秀的新人都会聚集在那里，测量各项身体数据，进行各式各样的练习，并且打5对5的对抗赛，好让联盟的管理层来评估他们。也就是在这个月，欧文拿到全部120票中的117票，毫无争议地当选了年度最佳新秀。由格兰特和格里芬带领的10位球队官员在芝加哥玫瑰花蕾牛排店吃晚餐的时候，他们面前的超大电视机屏幕正在播放东部决赛第六场的比赛。詹姆斯到来的第一年，热火队在总决赛中与达拉斯小牛战斗6场，最终争冠失败，而现在，他们再次面临淘汰。系列赛正以2∶3落后，现在又在波士顿打客场，这个詹姆斯职业生涯的梦魇之地，也是终结了他第一次克利夫兰之旅的地方。当下，如果詹姆斯再输一场，他将再一次遭遇尴尬的结局以及又一个没有冠军的失败赛季。

那一晚，格兰特、大卫·格里芬以及其他制服组成员一边嚼着芝加哥最好的牛排，一边看着勒布朗以45分15个篮板5次助攻的数据把凯尔特人生吞活剥，他打出了职业生涯最伟大的成绩之一。由于詹姆斯选择离开，现在骑士队只能来参加乐透选秀，并且在电视机上看着热火队以一场98∶79的胜利避免出局。不过，出于不止一个原因，热火队获胜正是他们想要的结果。随后，迈阿密拿下第七场跨过了凯尔特人，在总决赛中又通过五场比赛兵不血

旧的回忆，新的希望
OLD MEMORIES, NEW HOPES

刃地击败了俄克拉荷马雷霆。在NBA打了9个赛季，勒布朗·詹姆斯终于得到了自己的第一枚总冠军戒指，这也扫清了他回归克利夫兰的最大障碍。

勒布朗的合同还剩两年，然而骑士队仍旧一团糟。他们需要更多精英级别的青年才俊给他们带来光明的未来。新奥尔良一拿到状元签，格兰特就开始了对黄蜂队总经理戴尔·登普斯漫长的游说，他拿手上的四号签作为筹码，同时愿意吃进他们手中的所有烂合同，以此来换取第一顺位，就是为了选到那届新秀中大家一致认可的状元球员安东尼·戴维斯。黄蜂队手里的烂合同加起来有1亿美元，但是登普斯还是明智地拒绝了。他想把戴维斯带到新奥尔良，刚刚更换了老板的黄蜂队把戴维斯视作未来的超级巨星，他们可以围绕他打造球队。于是，骑士队只能留在第四顺位。

整个重建过程中，骑士队做了不少假设。其中一个就是，如果詹姆斯愿意回到克利夫兰，他们的选秀权一定会在其中产生巨大价值，无论它们已经转化成了球员或者仍旧只是一个签位而已。不管他们选中的人能否成长为克利夫兰可以使用的球员，骑士队都可以用这些新人去换取适合在詹姆斯身边打球的人。他们要开始着手收集拼图了。骑士队很清楚，并不是所有新秀都能够和詹姆斯产生化学反应，詹姆斯也不会回到克利夫兰来当孩子王。有些有着高上限的球员会被用来交换成熟的老将。除去像欧文一样已经成长为超级球星的年轻人，格兰特和骑士队制服组很清楚，他们需要把一些筹码捆绑销售，以换取完成度更高的老兵。

欧文和汤普森已经就位，骑士队就这样进入到了2012年选秀大会，想要再挖掘一个进攻创造者，来分担一些他们新科年度最佳新秀身上的压力。戴维斯很明显是头号人选，但是交易流产后这条路已经行不通了。迈克尔·基

蓝图
BLUEPRINT

德·吉尔克里斯特——又一个里奇·保罗的客户，而且还是欧文高中时期的队友——在第二位被夏洛特山猫选中，华盛顿奇才则用探花签摘走了布拉德利·比尔。这两位球员骑士队都很喜欢。他们喜欢基德·吉尔克里斯特的体格以及竞争意识，但也担心他诡异的跳投姿势无法稳定命中空位投篮。他们真的很青睐比尔，但拒绝用未来的选秀权向上交易一个顺位。

哈里森·巴恩斯是四号签最明显也最保险的选择，一位来自北卡罗来纳的大一小前锋。进入大学之前，巴恩斯被广泛认为是顶级新生，而且他和欧文是同一个经纪人——杰夫·韦克斯勒。只是刚好他和詹姆斯位置重叠，这也是为什么骑士队不愿意选他的原因。而且他们认为巴恩斯只是一个定点投手，干不了太多其他的事情。他们认为他很难在NBA中对篮筐造成冲击，也没有办法帮助身边的球员打出更好的表现。NCAA锦标赛对阵俄亥俄大学的比赛中，巴恩斯糟糕的发挥给他们留下了深刻的印象。在打肯塔基野猫时，他也只有可怜的16投3中拿到12分。这也是骑士队不选他的理由，如果在相对较弱的大学篮球里都难以创造出良好的出手机会，他又如何能够在NBA做到这一点呢？

他们最喜欢的后卫是来自毫无名气的韦伯州立大学的高年级球员达米安·利拉德。2011-12赛季，骑士队在一连串的西海岸客场之旅期间前往波特兰，格兰特观看了利拉德对阵波特兰州立大学的比赛，利拉德在那场比赛中投入了8记三分，在一大堆NBA人士面前狂砍38分。第二天晚上，我在骑士对阵开拓者的比赛后与格兰特见面喝了一杯，他当时完全为利拉德所倾倒。也正是那一晚，我对他说勒布朗可能回到克利夫兰的传言正愈演愈烈。他做出了一个不自在的尬笑，小喝了一口酒。"你没看过那封信吗？"他回答说，指的就是吉尔伯特那封如今世人皆知的、为了回应詹姆斯前往迈阿密所

旧的回忆，新的希望
OLD MEMORIES, NEW HOPES

写的信，那封把一切焚为焦土的信。格兰特不想花太多时间聊詹姆斯回归的可能性，但是显然骑士队已经听到了风声，也想知道它是否真的能够成为现实。

至于利拉德，格兰特对他如痴如醉，甚至在选秀前专门派了一位代表到犹他参加他的私人试训，尽管选他对于骑士队来说没什么意义，因为他们已经有欧文了——骑士队害怕两人共同存在会让球队阵容过于矮小从而导致防不住任何对手，而且这俩人应该都不太会乐意与彼此分享球权。"他肯定会比奈特更加出色。"格兰特在官方选秀训练营期间对我说，他所指的是布兰登·奈特，在前一个赛季中表现仅次于欧文的新秀控球后卫。

比尔被选走，利拉德又是一个没有实际意义的选择，格兰特和骑士队的注意力最终回到了雪城大学大二后卫迪昂·维特斯身上。他在费城南部一个生活困苦的街区长大，高中时期他换了四次学校——他的两位表兄和最好的朋友在一年之内先后被枪杀。维特斯现在已经是费城街头的传奇人物了，尽管他在大学比赛中还从未首发过。

这是因为维特斯的态度一直是个问题。他有时候会控制不住自己的脾气，并且和主教练吉姆·伯海姆发生了几次冲突，情况甚至严重到伯海姆认为他有可能转学。维特斯的球技其实足以担任首发，但是伯海姆更倾向于使用高年级后卫。这位主教练一直在安抚维特斯，对他说属于他的机会迟早会来的。不过不管是否首发过，格兰特和拜伦·斯科特都很看重维特斯创造得分机会的能力。他们认为他能够冲击篮筐，同时还能够促进其他球员。斯科特甚至把他和热火队的超级巨星德怀恩·韦德作比较。摆在他们面前的只有一个问题：骑士队从未真正和维特斯对话交流过。

蓝图
BLUEPRINT

格兰特和球队在大学球员方面的主管特伦特·雷登无数次地前往雪城观看维特斯的比赛，研究他是如何在球场上和队友产生化学反应的。雪城的助理教练迈克·霍普金斯和格兰特从高中起就是朋友。这就是骑士队获取有关他的信息的全部渠道，因为维特斯的经纪人罗布·佩林卡选择不让他参加官方选秀训练营。佩林卡说他已经得到了一支球队的承诺，而这支球队肯定不是克利夫兰。成为球队总经理的第一年里，格兰特一直在强调的就是坐下来与球员们当面交流以及努力去了解他们想法的重要性，但他们完全没有机会接触维特斯。他们只好不管三七二十一拿下了他。"我们做了大量的调查，"格兰特说。"可能是有史以来我们工作量最大的一次。"

斯科特观看了维特斯在雪城大学的比赛录像。他每看到一个高光表现，对于这个后卫的印象就深一分。维特斯和韦德一样拥有矮壮的身材，一样有杀入禁区的能力，同时还有为队友创造进攻机会的技巧。看了大概十五卷有关维特斯的录像带以后，斯科特有了自己的答案。就像一年前选中特里斯坦·汤普森一样，骑士队在第四顺位出乎所有人意料地摘走了维特斯。

"他就是一头斗牛犬，"斯科特说，"这孩子无所畏惧。"

骑士队还通过向上交易他们的第二个首轮签选中了来自北卡罗来纳的中锋泰勒·泽勒。两年之内，骑士队选到了四位首轮秀。他们顾及到了除小前锋以外的每一个位置——就是没选与勒布朗位置重合的人。现在他们要做的就是把这批人尽快捏合起来，而事实证明这比他们想象中的要困难许多。欧文身边的人几乎瞬间做出了反应，他们对于骑士队没有选择巴恩斯而感到沮丧。维特斯的球风和欧文不太搭，而后者才是更核心的球员。他们两个都是

旧的回忆，新的希望
OLD MEMORIES, NEW HOPES

需要球权在手的后卫，一直在互相挡对方的道。再加上维特斯是一个有着当老大心态的人，总是在找欧文的茬。他没办法理解为什么欧文才是那个受到偏爱的人。在明尼苏达的客场比赛后，一次激烈的更衣室冲突中，他指控欧文和汤普森打"二人转"式篮球，队友们也终于开始难以忍受他了。维特斯喜欢生气是出了名的，因为他总觉得自己是受害者。

维特斯的新秀赛季才过去几个月，骑士队就意识到这对后场组合是走不下去的，他们最终很有可能不得不把他交易掉。不过在他们的思路中，这其实也不是什么大不了的事情，因为从交易价值来讲，如果詹姆斯回归，维特斯只不过代表着一块类型不同的老兵拼图而已。时机合适的时候，他们完全可以送走维特斯，换来一个他们真正需要而且适合在勒布朗身边打球的老将。只是现在，他们要忍受一个缺乏精神领袖的混乱更衣室。

这也是他们拒绝在自由球员市场签下老将带来的负面作用，更衣室随时可能变得跟幼儿园一样，时常发生争吵。不过格兰特担心引入一个起不到作用的老将对更衣室来说弊大于利。勒布朗走后的前两年，他们阵容里的确有包括安东尼·帕克和安托万·贾米森在内的老江湖，但他们都不是在更衣室有话语权、能够让年轻球员保持秩序的领袖。帕克深受队友们的尊敬，而贾米森在詹姆斯离开之后就仿佛落入了地狱，一直在寻找任何能让他逃生的大门。赛季最后一场比赛结束之后，贾米森就宣布他要离开；比赛前球馆门口通道留下的刹车痕迹都没有消失，他就迅速逃离了克利夫兰。更衣室清空以后的第二天，他就彻底消失，再也没有出现过。

维特斯新秀赛季场均得到14.7分，仅次于欧文的22.5分。詹姆斯还有一年就要成为自由球员，吉尔伯特也看到了球队足够的成长。但他对斯科特已

蓝图
BLUEPRINT

经失去了耐心，后者的执教方式不紧不慢，仿佛他们还有很多时间一样。而且，吉尔伯特喜欢以防守为基础的建队理念，当时骑士队在防守端的表现极度糟糕。在控制对手命中率方面他们联盟垫底，几乎所有防守数据上他们也都接近倒数。2012年2月，掘金队来到克利夫兰打客场，以50%的命中率终结了骑士队短暂的三连胜。"我们最近取得了长足的进步，"赛后吉尔伯特在他的推特上写道。"但当骑士队重回NBA顶端的时候，我们将变成一支防守至上的球队。"甚至在发这条推特之前，他就已经下定决心在赛季结束后炒掉斯科特。休斯敦全明星周末的周六赛事开始之前，我在与吉尔伯特对话时，他就向我明显地表露了：管理层对主教练很不满意，斯科特的位置已经坐不稳了。

与此同时，与詹姆斯的重逢似乎又近了一步。骑士队在3月末造访克利夫兰时正处于23连胜，突然之间，速贷球馆里冒出了越来越多穿着詹姆斯球衣的家伙。他仍旧会被嘘，但是每次回来嘘声都会少一分，取而代之的是多一点的欢呼。一位詹姆斯的超级粉丝赛前在社交媒体上吹嘘了一整天，说他会像暴风一样席卷速贷球场——他也确实这样做了——他穿着一件正面用黑色马克笔潦草地写着"我们想你"、背面写着"2014欢迎回来"的自制T恤冲到了场上。当这位球迷被保安清理出去的时候，詹姆斯拍了拍他的脑袋。对詹姆斯的敌对情绪显然已经发生了改变。

吉尔伯特在赛前发推特说："克利夫兰骑士的这帮年轻人让我们的未来一片光明。很明显，勒布朗的前途也是一样。是时候让所有人都专注于前方的路了。"这句话微妙含蓄，并非这位脾气总是很火爆的老板的一贯风格。别管什么抛去橄榄枝之类的事情了，吉尔伯特给人的感觉就像是在詹姆斯的后院里种了一整棵橄榄树。

旧的回忆，新的希望
OLD MEMORIES, NEW HOPES

热火队每来一次克利夫兰，2014年可能回归的传言每多一分，献给詹姆斯的欢呼声就响亮一些。转瞬之间，2014年就要一天一天地接近了，但骑士队在球场上的表现还是一片狼藉。那一晚，他们的确一度以67：40领先热火队，并且在第三节还有3分28秒结束的时候保持着20分的领先优势。但是詹姆斯和肖恩·巴蒂尔只用了五分钟就把比分追平了。热火队最终以98：95取得了胜利。一周之后，当欧文和维特斯都缺席的时候，骑士队在比赛还剩8分钟时领先凯尔特人14分。不过他们那天晚上最后9次出手投丢了8个，期间还伴随着3次失误。直到比赛结束，斯科特手上还剩余三次暂停机会，但他却没有在比赛的最后一个回合之前叫暂停。

肖恩·利文斯顿错失了罚球线与禁区线交汇处肘区位置的跳投，比赛宣告结束。说实话，那是个不错的出手机会，但利文斯顿就是把它投丢了。第二天，斯科特解释了没有叫暂停的原因：如果欧文能够上场比赛，他更倾向于让后者在对方防守立足未稳的时候就发起进攻。但无奈欧文因伤缺阵，这种情况下他本应该叫个暂停，好好布置一个战术的。"叫暂停最大的弊端就是给了对手一个摆好防守的机会，有时候让一切自然发生，让你的球员自由发挥，可能才是最优策略，"斯科特在第二天说。"但以现在我们手上的阵容，有时候的确不应该这么干。这可能就是昨晚我学到的东西。接下来的比赛中如果再遇到这种情况，我可能就会走上前去叫停比赛，然后为一个专门的人设计一个特别的战术，以获取更好的投篮机会。"

但斯科特说这话为时已晚。吉尔伯特早就拿定了主意。除了叫暂停的问题，他也不喜欢斯科特轮换欧文的方式，而最让他反感的，是球队的防守完全看不到进步。球队里的人觉得欧文从未因为防守态度问题被追究过责任。

蓝图
BLUEPRINT

他年轻、不成熟所以有这样的表现，这些都可以理解，但是完全没人教他如何变得职业，这就不可接受了。赛季末一场输给费城的比赛中，斯科特对首发阵容的表现感到非常生气，于是他换下了除欧文以外的所有人。这个举动惹恼了球队的高层，他们认为这样做会给欧文和队里的其他人传达一个错误的信息。全明星周末的时候我就很清楚吉尔伯特对斯科特的不满了，只是直到赛季的最后一个主场比赛，我才确认了他即将下课的消息。

赛季最后一场比赛是在夏洛特打客场。我给身在酒店房间的拜伦打了个电话，问他知不知道第二天会发生什么，他回答说不清楚。前两次被炒之时，他都在事先产生过怀疑。但这一次，他完全没有觉察到任何迹象。我跟他说要做好准备，因为第二天一早他就要下课了。那一晚，骑士队输给了山猫，以24胜58负联盟倒数第三的战绩结束了赛季。斯科特也的确在第二天早上被炒掉了。距离詹姆斯成为自由球员还有14个月，对于骑士队来说，是时候开启赢球模式了。找出让球队最出色的两位球员——欧文和维特斯——在一起打球的方法，现在成了其他人要头疼的问题。

BLUEPRINT

OLD FACES, NEW MISTAKES

06

老面孔 新错误

蓝图
BLUEPRINT

麦克·布朗在2010年遭到解雇并不完全是骑士管理层的本意,至少克里斯·格兰特不希望这件事发生:格兰特和布朗结识于大学时期,两人共同为圣迭戈大学男篮效力一个赛季后,便成了无话不谈的至交。在以后的日子里,他们参加了对方的婚礼,也见证了彼此下一代的出生。大学时期,性格截然不同的两人组成了一对奇怪的搭档:出生在军人家庭的麦克·布朗在场上担任控球后卫,做什么事都有板有眼;而身高6尺10寸(208厘米)的禁区守护神格兰特却是个从不消停的恶作剧专家,他的最大爱好之一就是想尽办法整蛊主帅汉克·伊根——这位布朗和格兰特大学时期的教练,在麦克·布朗成为主帅后加入了布朗的教练组,并成为后者最为倚重的助教。

伊根这样评论格兰特:"球场上的他是个出色的篮板专家,也精通防守。但他一到场下就挖空心思地折腾我让我抓狂,球队里倒是充满了欢声笑语,可我却头疼极了。"

格兰特的恶作剧包括但不仅限于下列几种:伊根向来有个迷信的习惯,就是在鞋里装上几枚零钱,借此获得好运。听说此事的格兰特在球队出征客场时,偷偷潜入伊根的酒店房间,在地板上撒满硬币;在大一时,趁着伊根

老面孔 新错误
OLD FACES, NEW MISTAKES

中场开球不注意的时候,还是新生的格兰特直接拿起了球队主帅的衣服当作毛巾擦汗;最严重的一次,6尺10寸的格兰特甚至试图沉肩全力冲刺,撞击伊根。"那家伙简直没轻没重,"布朗笑着回忆那次事件说,"他全力朝着伊根直冲而去,事后还装得跟个没事人一样。谢天谢地,伊根教练好歹还知道躲开他。"

出于上述原因,斯科特下课后,格兰特和吉尔伯特很快达成共识,将布朗列为球队下一任主帅的头号候选人。虽然大卫·格里芬更青睐巴特勒大学的少帅布拉德·史蒂文斯,但格兰特却以很少有大学教练成功转型融入NBA的为由,否定了格里芬的提议(三个月后,史蒂文斯成为凯尔特人主帅)❶,并将格里芬和雷登派去孟菲斯考察另一位主帅候选人——即将被灰熊炒掉的莱昂内尔·霍林斯。

布朗在那个赛季初遭到了湖人的解雇,离开骑士后在亚特兰大老鹰担任总经理的丹尼·费里也表现出了对布朗的兴趣。于是,格兰特和吉尔伯特决定先下手为强——在菲尔·杰克逊明确表示没有重新出山的意愿后,距离斯科特下课后仅仅一周,骑士管理层就在吉尔伯特位于密歇根州的家中约见了布朗。双方的交流进行得相当顺利,当天晚上就谈拢了合同框架。2013年4月24日,骑士队召开发布会,正式宣布麦克·布朗将以一纸5年2000万的合同成为球队下一任主教练。同样在发布会上,丹·吉尔伯特公开承认了:第一次解雇布朗是一个错误决定。

---

❶ 史蒂文斯带领凯尔特人队在2016-17赛季取得东部第一,东部决赛1∶4不敌骑士队;2017-18赛季,战绩东部第二的凯尔特人队在东部决赛中以3∶4不敌骑士队。

蓝图
BLUEPRINT

"2010年时我们不应该放弃布朗,"吉尔伯特大方地表示说,"那年夏天是个特殊的时间点,太多不确定的因素让我们做出了错误决定。此后我们一直希望能纠正这个错误,所以在得知布朗失业后,管理层在第一时间联系了他,很荣幸他最终接受了我们的邀请再次成为骑士主帅,这让我们对当下和未来都感到很兴奋。"

在为热火效力期间,詹姆斯曾公开表达了对布朗的感谢,他表示布朗传授了他出色的防守理念。詹姆斯的团队也一度向格兰特保证不会拒绝为布朗打球。于是吉尔伯特上述这次道歉便具有了深远的意义——它让詹姆斯和其团队接收到了一条重要信息——骑士老板敢于承担责任,如果詹姆斯要在未来的某个时间点回归骑士,那吉尔伯特也极有可能在那时对曾发表的诅咒公开信进行道歉,借此帮助双方修复关系。

詹姆斯的唯一目标向来都是夺冠,他对于重建毫无兴趣。因此在敲定了教练人选后,接下来如何组建阵容成了令骑士担忧的问题。布朗在教练生涯的每一年都成功带队打进季后赛,但巧妇难为无米之炊:无法组建起具有进军季后赛实力的阵容作为担保,那骑士在2014夏天带回詹姆斯的计划就将变得难以执行。不过骑士很快发现这种担忧显得有些多余了:或许目前场上的阵容实力欠佳,但是在场下,球队却连战连捷。

这一年,骑士抽中状元签的概率在所有参与乐透抽签的球队中位列第三,但这并没有影响尼克·吉尔伯特的惊人手气——这位球队老板的小儿子连续三年参与乐透抽签,两度摘下状元签!乐透结果揭晓后,骑士全队上下欢呼雀跃,因为同时他们还握有19号签。布朗的回归、充满天赋的现有阵

老面孔 新错误
OLD FACES, NEW MISTAKES

容、即将兑现的新状元签，让吉尔伯特对球队再次打进季后赛充满了希望。

丹·吉尔伯特在球队摘下状元签后表示："在球队重建开始之初，我们预计这个过程将会持续三到四年。在今天的抽签开始前，我在心中暗暗祈祷，希望今年就是我们参与乐透抽签的最后一年。而现在我们同时手握状元签和19号签，我觉得是时候展望季后赛了。"

但骑士很快又遇到了新的问题：他们根本找不到配得上状元签的合适人选。联盟中有球队经理坦率地表示：2013届新秀毫无亮点，其中最出色的几名球员，在往年也最多配得上第六或第七顺位的身价。球探们更是把这届新秀评价为近10年甚至历史上水平最差的一届。曾有批评者放言由欧文领衔的2011届新秀水准很糟糕，不知道当2013年参选新秀名单摆在这群人眼前时，他们会作何感想？格里芬无奈地感叹称："球队甚至一度不希望抽中状元签。因为它的价值是相对的，没有出色的球员供你选择，再高的顺位也是白搭。抽中状元签也只能让我们在一群矮子中挑选最高的那个，这样并没有意义。所以现在我们只能尝试向下交易签位。"

状元签向来具有很高的交易价值：在1993年选秀中，勇士曾开出了探花签外加三个未来首轮的高价，才从魔术手中顺利换回状元签，并兑现为克里斯·韦伯。但可别忘了骑士现在面对的是特殊情况：格兰特在兜售状元签时遭到冷遇——为了这枚状元签，魔术队仅愿意付出榜眼签加上一个二轮的超低代价。显然，全联盟都没有对2013年的这名状元球员抱有太大期待，不指望他能成为克里斯·韦伯、沙奎尔·奥尼尔、勒布朗·詹姆斯、安东尼·戴维斯、凯里·欧文、约翰·沃尔这类型的建队基石。甚至好多人都不指望他能拥有肯扬·马丁的水平——这位2000年的选秀状元，在生涯15年间仅仅入

蓝图
BLUEPRINT

选了一次全明星阵容。

状元签无法出手,骑士管理层只能硬着头皮开始了选人工作。来自肯塔基大学的纳伦斯·诺埃尔身高臂长、体型消瘦、擅长防守,是外界眼中的状元秀热门人选。但诺埃尔在参选前左膝前交叉韧带撕裂,注定将会缺席新秀赛季中的大部分比赛,这使得现在急需提升战力的骑士,在一开始就将诺埃尔排除出了讨论范围。

马里兰大学的亚历克斯·莱恩本就有着左腿应力性骨折的伤情,又被骑士队医查出右脚脚踝一样有着应力性骨折的风险。于是,骑士在将此情况告知球员本人后就草草结束了试训,并同样放弃了选择莱恩的念头。最终莱恩在当年第五顺位被太阳选中,他在赛季中期接受了手术来治疗脚伤。

身高6尺4寸(193厘米)、身材条件出众的印第安纳大学后卫维克托·奥拉迪波一度成为丹·吉尔伯特的目标,却遭到了格兰特的反对——格兰特认为奥拉迪波并没有出众的技术,一味依赖身体打球只会注定他在NBA中碌碌无为。骑士的最终选择范围缩小到了两人:本·麦克勒摩和安东尼·本内特。来自堪萨斯大学的本·麦克勒摩以速度和爆发力见长,有着场均15.9分和42%命中率的数据。但他复杂的背景和家庭问题却令骑士担忧,球队现有后场欧文和维特斯已经出现了不兼容的问题,再引入另一名6尺4寸的后卫球员只怕会给当前的情况火上浇油。

对于本内特,格里芬在拉斯维加斯花费了大量精力进行考察。本内特是一名6尺7寸(200厘米)的矮个大前锋,和2011年参选的德里克·威廉姆斯定位相似。在格兰特看来,这类球员只适合担当辅助——他们在场上作为大

老面孔 新错误
OLD FACES, NEW MISTAKES

前锋并不具备身高优势，作为小前锋又过于笨重——本内特的确就有这样的尴尬，他的低位背筐进攻技术平平，但在如今崇尚速度和拉开进攻空间的大氛围下，有着一手出色投篮的空间型四号位又并非稀有动物。骑士无奈只能将同为拉斯维加斯大学内华达分校出产的"大妈"拉里·约翰逊作为本内特的模板。

拉里·约翰逊官方身高仅有6尺6寸（198厘米），却在10年NBA生涯中拿下了超过11000分和5300个篮板，并且两度入选全明星阵容。骑士希望本内特能和约翰逊一样，用出色的爆发力来弥补劣势。但和诺埃尔、莱恩的情况相同，本内特在参选前进行了肩袖修复手术，他将会错过选秀前试训、联合试训还有夏季联赛，因此骑士无法验证他的真实实力。

在骑士连续经历了三年低谷并抽中状元签后，一边要面对着老板吉尔伯特的热切期盼——他希望球队就此在第四年崛起打入季后赛，另一边又要面对状元签价值虚高、无人可选的客观事实，格兰特承受着极大的压力。格兰特始终无法接受本内特这类矮个大前锋球员：2011年选秀时，格兰特就没有在欧文和德里克·威廉姆斯之间产生过犹豫，早早做出了选择前者的决定。但与欧文相比，本内特的竞争对手麦克勒摩却又不具备出色的天赋与潜力。这让格兰特即便面对二选一的情况仍无比纠结，夜不能寐。最终，格兰特坚持了自己的想法——骑士管理层在选秀直播开始前进行了内部投票以确定状元人选，格兰特将选票投给了本·麦克勒摩，而剩余9张选票，全部写着：安东尼·本内特。

骑士将选人工作的进展对外进行了严格保密：我在选秀前一天早晨获得了与格兰特交流的机会，但他仅仅向我透露球队将最终人选的范围缩小到两

蓝图
BLUEPRINT

人,不愿公开这两人的具体名字,并称这么做的理由是球队目前还没有和球员经纪人进行过交流。直到本内特真正被状元签选中的那一刻,外界流传的普遍说法仍是他将在第十顺位开外才被选中。

吉尔伯特喜爱的奥拉迪波被魔术选中成为榜眼;诺埃尔则滑落到第六顺位,被76人选中(鹈鹕选中并立刻交换到76人)。格兰特在选秀夜仍未放弃尝试拿下麦克勒摩,但国王却拒绝了格兰特的交易请求,他们在第七顺位摘走麦克勒摩,让堪萨斯新秀落户萨克拉门托。同时也因为和选择欧文时一样,骑士未在选秀前通知球员本人或其经纪人,球队的选择令本内特也大吃一惊,他在被选中时难以置信地表示:"我和在场的所有人一样惊讶。"

在选秀结束后与其他球队代表的交流过程中,我获知有球队甚至一度将本内特排除在本队的考虑范围之内,当晚发生的事情的确爆了个大冷门。与此同时,格兰特则履行着他的职责,负责解释骑士将本内特选为状元的决定。

格兰特表示说:"往届的选秀中时不时会出现几个一枝独秀的人才,就比如2012年的安东尼·戴维斯。但这一届并非如此,所以我们在过去一整年对本内特进行了大量的考察,以确认他是否真正适合骑士。我们屡次到现场看他打球,不停地通过录像分析,并试图从相关人士口中得到有关他的反馈。最后我们得出结论:本内特是一个出色的球员,有着良好的工作热情和优异的天赋。"

出于对格兰特个人喜好的了解,上述这段话着实耐人寻味:格兰特并没有使用"球队基石"这类的描述,也从未将本内特与全明星球员进行对比,

老面孔 新错误
OLD FACES, NEW MISTAKES

这样的评价对一名状元来说并不多见。

不论格兰特的意见如何，麦克·布朗对本内特有着良好的印象，在亲自观看了几场本内特的大学比赛后，骑士新任主帅完全相信后者能够轻松地融入NBA，担任小前锋角色。

不过事实很快证明，选择本内特对骑士是一场灾难。

被选中后，本内特将自己的住所定在了离骑士训练馆不远的独立村地区。但他却始终没有展现出足够的训练热情，也同样没有证明自己能在NBA级别的对抗下出任小前锋：在球队举行第一次季前训练营时，本内特的身材严重走样，超出了标准体重接近7公斤。10月初，骑士在鲍德温·华莱士学院举办了队内对抗赛，那场比赛里本内特仅在场上奔跑了几个来回，就上气不接下气地耗尽了体力。上述糟糕的表现让本内特在骑士队内的出场顺位排在了特里斯坦·汤普森、安德森·瓦莱乔甚至球队刚签约的自由球员安德鲁·拜纳姆之后，球队管理层始终无法停止对本内特个人状态的担忧。

本内特在主队球迷的嘘声中度过了职业生涯的第一个月：常规赛前四场比赛中，他投失了全部16次投篮，仅通过罚球拿下两分，直到第五场才取得运动战进球。整个新秀赛季，本内特从未代表骑士首发，甚至其中接近一半的场次都没有获得出场机会，最终只交出了场均4.2分外加3个篮板的凄惨数据。麦克·布朗尝试了各种方法帮助本内特：让他担任大前锋；让他担任小前锋；让他在垃圾时间出场感受比赛气氛；甚至让他放几天假充足思考，却无一奏效。同时，本内特的心理也异常脆弱，因此即使他无法在NBA获得充足的锻炼机会，骑士管理层也不敢轻易地将他下放到发展联盟，他们生怕此

蓝图
BLUEPRINT

举会进一步打击本内特的自尊。

本内特职业生涯身着骑士球衣的最佳表现，出现在他职业生涯第二年的奥兰多站夏季联赛上——他在某场夏季联赛中昙花一现地展示了灵巧的低位脚步，不但命中一记亮眼的后撤步跳投，还投中了几枚三分，并在第四节砍下了整场比赛得到的16分里的14分。

"本内特此前的生活顺风顺水，他足够出色、他拥有天赋，他是拉斯维加斯大学内华达分校的头牌，"格里芬评论本内特说，"这隐藏了他的最大问题，进入NBA后，我们才发现本内特没有足以应对逆境的心理素质，一碰到问题，这孩子就主动退缩投降。而作为球队经理，格兰特却要为球队的这个决定负责，这一点很不公平，他是选秀前投票时唯一一个没有选择本内特的家伙。"

纵观本内特的职业生涯，他在前四年时间内先后为四支球队效力：2016-17赛季初，本内特以无保障底薪加盟了伤兵满营的布鲁克林篮网队，却仍没有打出理想表现——在为篮网效力23场比赛并交出场均5分的数据后，本内特遭到了球队裁员。此后，无法在NBA另寻工作的本内特只能远赴土耳其征战。毫无疑问，在2013-14赛季开始前的那个夏天，骑士选中了整个NBA历史上最为差劲的一名状元秀，但这个选择仅仅是球队该赛季混乱局面的微小先兆，随后发生的一切，更是让球队原本美好的蓝图看起来充满了疑问。

BLUEPRINT

GRANT'S TOMB

07

格兰特之"死"

蓝图
BLUEPRINT

　　过去三年，由于骑士把首要目标放在了选秀上，"努力"摆烂成了球队的工作重点，但随着2014年夏天的临近，詹姆斯极有可能在那时成为自由球员，如何向詹姆斯展示实力并打入季后赛成了骑士2013-14赛季的第一要务。球队新主帅麦克·布朗也因此成了焦点人物，期待与压力同时向他袭来。

　　回到克利夫兰后，麦克·布朗将首先带队征战7月的拉斯维加斯站夏季联赛。当我在拉斯维加斯曼德勒海湾度假村的四季酒店顶楼大堂见到布朗时，他正一板一眼地用他独特的方式讲解着防守理念——以桌面代替战术板，以手机、调味品罐、纸巾等代替球员，演示战术和对应防守落位。联盟中并不缺少和布朗一样拥有良好战术素养的教头，布朗真正需要面对的问题，是如何与球队中的年轻球员拉近关系。很快，布朗就用事实证明了他并不精通此事。

　　代表骑士出战拉斯维加斯站夏季联赛的阵容名单乏善可陈：球队当年选中的两名新秀均不在名单之内，本内特正在修养肩伤，而谢尔盖·卡拉肖夫当时还在海外联赛打球。这套阵容中有希望入选骑士常规赛大名单的球员寥寥无几，仅有迪昂·维特斯、泰勒·泽勒、卡里克·菲利克斯、马修·德拉

格兰特之"死"
GRANT'S TOMB

维多瓦这几位。但这点却完全没有影响布朗对所有球员一视同仁，他在球队第一天的训练课上就做出了前所未闻的惊人之举——在训练开始之初，他命令所有球员站到球场底线，让他们一个接一个按顺序出列，单独接受指导和训话。所以结果是：这堂训练课持续了整个上午，接近三个小时。"天呐……足足三个钟头啊！"维特斯在事后抱怨，"这算是哪门子训练啊！"

吉尔伯特请回麦克·布朗有着再明显不过的意图，他希望这位教练生涯先前每一年都能带队打入季后赛的新任主帅，能在2013-14赛季延续这一光辉纪录，让过去三年总战绩联盟垫底的骑士打出令詹姆斯刮目相看的强势反弹表现。这个目标对布朗来说有着相当大的挑战性：通常只有拿到40个胜场，才能确保获得东部第八拿到季后赛资格。但上个赛季，在拜伦·斯科特的带领下，骑士仅仅拿到了24胜，距离标准差了足足三分之一。

自詹姆斯出走以来，骑士管理层就小心翼翼地管理着球队阵容构架。他们希望能始终预留出足够的薪金空间和交易筹码，以便顺利实现2014年带回詹姆斯的计划。但迫于吉尔伯特施加的巨大压力，球队制服组不得不立刻将这些交易资产兑现，用来提升球队实力。

骑士在尝试引进角色球员时首先遇阻：目前球队后场双枪欧文和维特斯都是突破高手，善于撕裂对方的防守。但两人都不精于投射，于是能利用好并能进一步拉开空间的优质射手成了骑士的首要目标。根据规则，每年夏季转会窗口打开后，允许球队在7月1日的正午12点开始接触自由球员。而在2013年7月1日中午12点01分，满怀诚意的格兰特便带着一份颇为丰厚的合同敲开了科沃尔家的大门，然而他却以无意加盟重建球队为由，拒绝了格兰特的邀约，反而以更低的薪水留在了老鹰——同样的情况也发生在了格兰特邀

蓝图
BLUEPRINT

请邓利维的时候，后者最终与公牛签下了合同。无法说服合适的角色球员加盟，骑士只能随后将目光转向明星球员。但骑士队一向不是超级明星们的心仪去处，他们根本无法与纽约尼克斯、洛杉矶湖人等大城市球队相比，即使在詹姆斯为骑士效力期间，也很少有明星球员愿意加盟克利夫兰。可是吉尔伯特却不愿接受任何理由，他依旧给球队管理层下达了铁令：必须弄几个能提升战力的球员回来！摆在骑士制服组成员们面前的似乎只有一条路——破坏球队原本健康的薪资结构，开出溢价合同，用金钱打动明星球员——过去三年的苦心经营只能为此刻的急功近利付之东流。但这么做究竟会对带回詹姆斯的计划产生怎样的效果？没有人能回答这个问题。

"2013年夏天的情况很复杂，我觉得我们一度迷失了方向，"格里芬回忆说，"前三年里我们的思路和方向都很清晰，但吉尔伯特突然变得很激进，这使我们疲于应付。那感觉就像是站在十字路口，我现在还无法判断那一系列的操作是让球队变得更好了，还是让球队变坏了。"

然而，正如格里芬所说，吉尔伯特在球队低谷的三年里都保持着耐心，他让一切按计划进行——但到第四年，骑士老板却不愿继续等待了：在詹姆斯离开后，格兰特通过各种交易总共获得了6个未来首轮签。这些首轮签中的一部分已经得到兑现，帮助骑士选中了欧文、泽勒等球员。按照原计划，剩余那些首轮签将被用作詹姆斯归队后，围绕詹姆斯建队的后续交易筹码。而现在，它们不得不被提前摆上谈判桌，作为换取球队战力的必要代价使用。

格里芬不确定地表示说："可能是因为詹姆斯没有兴趣加入弱队，所以我们必须在那年证明我们是支季后赛球队。"

格兰特之"死"
GRANT'S TOMB

由于骑士现有阵容充满了新鲜血液，格兰特并不愿意引进传统更衣室领袖型的老将来阻碍年轻人的自由发挥。能快速提供战力的球员成为骑士经理的目标：31岁的金州勇士队替补后卫贾瑞特·杰克首先吸引了格兰特的目光，虽然场上位置和欧文以及维特斯重叠，但别无选择的格兰特还是以一纸5年价值2500万的溢价合同签下了杰克，他寄希望于杰克能带来一些目前骑士更衣室内最为缺乏的经验和领导能力。如果非要给这笔签约找到让人感到安慰的地方，可能只有第四年是合同选项这回事了。

显然，仅仅一笔签约还不能满足吉尔伯特的胃口。他的下一条命令，是让球队制服组出手拿下拜纳姆。

拜纳姆在两个赛季前还是西部全明星的首发一员——他曾被视为全联盟最出色的中锋之一，并跟随湖人拿下了两座总冠军奖杯。早在上一个休赛期，骑士就展现出了对拜纳姆的兴趣，但就在骑士提出交易方案之前，湖人先一步送走了拜纳姆——在获得霍华德的四方交易中，拜纳姆作为交易筹码被送到了费城76人队——这笔交易也同时导致了76人和骑士一样进入了重建期：2012年夏天加盟76人后，拜纳姆在次年3月接受了双膝关节镜手术导致赛季报销。这也直接导致在2013年夏天，骑士成了唯一一支给拜纳姆开出合同的球队。

骑士制服组对拜纳姆的态度普遍不温不火，有人在球队刚刚开始接触拜纳姆时就用短信向我表明了态度："如果能签下拜纳姆自然是好事，但如果这笔签约告吹了，我个人也觉得没什么好可惜的。"即使在成功签下拜纳姆后，情况也依旧如此——格兰特这样回应我对签约成功的祝贺："没什么好祝贺的，我们还是向前看吧，谁也不知道现在的拜纳姆是什么水平。"但与之

蓝图
BLUEPRINT

相反，吉尔伯特却对签下拜纳姆感到异常激动，在格兰特顺利为骑士签下厄尔·克拉克和杰克后，这位球队老板兴奋地在推特上向格兰特明知故问："格兰特，我们的下一个目标是谁呢？"

事实上，格兰特非常怀疑拜纳姆目前的竞技水平和他本人对篮球的热爱程度——已经拥有两枚总冠军戒指、入选过全明星、生涯累积已经赚到7300万美元工资，让人想不出拖着两只残破膝盖的拜纳姆还有什么理由要在场上拼尽全力。所以，格兰特在拜纳姆的合同上留了心眼：这份为期两年，总价值2450万的合约中仅有600万是有保障的。这意味着，只有在2014年1月依然留在队中，拜纳姆才能拿到第一年的全部1200万薪水；而即使遇到最坏的情况，骑士也可以放弃执行拜纳姆第二年的球队选项，将他的1250万从第二年工资单上直接划掉。

在常规赛揭幕战对阵篮网的比赛中，拜纳姆就在他身穿骑士战袍的首秀中打出了亮眼的表现：他上场不足8分钟，就拿下了3分3篮板和2个盖帽，并和篮网的全明星球员布鲁克·洛佩斯一样，送出了2次助攻——这一切都建立在球队对他膝伤隐患的特殊照顾上：拜纳姆并没有代表球队出战季前赛，也不用系统地参加训练与球队磨合。

对于上述奇怪的现象，麦克·布朗坚称：至少在赛季初，正式比赛能够替代训练的作用，帮助本来就天赋出众的拜纳姆融入球队体系。在球队更衣室中，拜纳姆一直是安静而孤独的——每当更衣室向媒体开放，人们便能看到拜纳姆手捧咖啡、头戴耳机，沉默地坐在更衣柜前，而他的膝盖上，则绑着有助刺激肌肉的电子理疗仪器。拜纳姆承认，他的膝盖在上场后仍会隐隐作痛，这令他感到失望。在收到骑士的合同邀约前，拜纳姆一度考虑过是否

格兰特之"死"
GRANT'S TOMB

应该退役。

"我曾经有过考虑退役那种沉重的念头，"拜纳姆在11月末的一次训练后接受采访时透露说，"当时我感觉自己已经无法享受篮球的乐趣，膝伤限制了我的行动。伤病就像枷锁一样在精神上折磨着我，我一直都想努力摆脱它的束缚。"

除了拜纳姆的融入问题，骑士在那个赛季还有不少内部的麻烦事：维特斯和队友之间摩擦不断。更严重的则是：不论麦克·布朗对欧文有多少次鼓励和赞扬，欧文都少有回应——他拒绝和球队主帅建立良好关系。很多人怀疑问题出在欧文的经纪人——杰夫·韦克斯勒身上：韦克斯勒也是前骑士球员拉里·休斯的经纪人。休斯在布朗第一次执掌骑士教鞭时曾和后者爆发过激烈冲突，因为理念不合，二人一度将争吵进行到了当时球队经理丹尼·费里的办公室内。布朗当着休斯的面宣称拥有球队管理层的支持，并威胁要将休斯后半个赛季都按在板凳上。那次争吵过后，休斯很快遭到了骑士的交易，而那时候，他的5年长约仅仅完成了不到3年。

欧文与布朗的矛盾是否真的源自于韦克斯勒，这点无从考证。但显而易见的是，除了韦克斯勒，欧文的父亲德雷克里克一样对布朗感到不满——在好几场主场比赛后，从贵宾包厢走出的德雷克里克都对布朗的战术布置进行了批评。一向见风就是雨的媒体对上述现象做出了欧文有可能会离开克利夫兰的解读，这让欧文不胜其扰。即使欧文数次强烈地否认了出走的可能，但媒体仍不依不饶地对他进行询问。

"闭嘴吧，你们这些臭狗仔！"欧文直接表达了对媒体的不满。

蓝图
BLUEPRINT

自从进入联盟以来，欧文和媒体的关系就十分紧张：詹姆斯离开后，同为状元的欧文紧接着这个特殊的时间点来到了克利夫兰。所有人都免不了不断地将两人进行比较。这让欧文始终直面着媒体不友好的态度，回答着意想不到的有关詹姆斯的问题，承受着莫大的压力。出走流言的莫名诞生更是让欧文感到沮丧。

"詹姆斯的离开让整个克利夫兰异常敏感，从那以后，和骑士有关的消息也几乎都是负面新闻，"欧文解释说，"于是媒体开始捕风捉影。他们每个人都想要抢先报道有关骑士的下一条重磅新闻，你看斯科特教练下课时的情形就知道了，这些人真是唯恐天下不乱，他们关心着球队内部的一切微小事件：谁有可能被交易，欧文现在心情如何，谁会在今天上场比赛，谁又会成为骑士在选秀大会上选择的球员，他们总是动不动就捏造出一些毫无根据的离谱消息，而且大部分都和我有关。"

欧文所言非虚：那些媒体的负面报道大部分都是假消息。但这也情有可原——在詹姆斯身处迈阿密的四年中，骑士的总战绩排在联盟垫底；而且他们也不愿意在自由球员市场上大方出手来提升球队实力。记者们很难在骑士身上寻找到哪怕一丝积极的迹象。即使球队有着长远的宏伟计划，但是目前的处境仍然可以称为惨不忍睹。

欧文解释道："对于那些流言，我感到无能为力。但我现在已经学会了不去理睬他们，这算是一种成长吧。说实话几乎每个NBA球员都被过分关注了。但就像每个人都会在工作中碰到烦恼一样，我把那些流言看作进入NBA必须面对的烦恼。解决这些烦恼的方式就是把它们留在工作中，不要让它们影响你的个人情绪。那些记者把每条流言都编得像真的似的，他们信誓旦旦地宣称来自某个消息源。但我又不生活在报纸里面，我的言行举止都由我自己掌控，又不是那些报纸上说了什么，我就做了什么。那些流言中提到的都不是真实的我。"

至于为什么会和布朗关系疏远，欧文则将原因归结为两人的理念不合：布朗希望将欧文培养成球队领袖，而欧文则觉得那样还为时尚早。

欧文之后回忆说："我认为布朗教练的问题在于他没有换位思考，也没有设身处地想想我的感受。虽然我也说不清是什么原因，但坦白讲我当时认为担当领袖对我而言过于沉重了。我希望能够全心全意地打球，我还有尚未实现的个人目标。一旦试着成为球队领袖，就意味着我要在一定程度上为了球队奉献自己，做出一部分的牺牲让步：在防守端付出更多精力，熟知球队的战术布置，清楚队友们的进攻站位，理解球场的空间布局。这使得我必须了解并对队伍的状况一清二楚。但说白了，我不想这样被迫地掌控全局。"

欧文对即将到来的生涯第三个赛季倍感期待。在上个赛季末，人们一度将欧文与克里斯·保罗、凯文·杜兰特以及詹姆斯进行比较——这些超级巨星都曾在生涯第三季迎来爆发，并且带领球队拿到不俗战绩——巧合的是，詹姆斯的第三年同样是麦克·布朗执教生涯的第一年。詹姆斯在那年场均砍下31.4分，这一数据到现在还是他职业生涯的单赛季最佳。该赛季，骑士常规赛拿到了50场胜利，不但成功跻身季后赛，甚至还跨过了首轮的门槛；同样，杜兰特在生涯第三个赛季以场均30.1分拿到了联盟得分王，雷霆则凭借着50场胜利的成绩，队史首次打入了季后赛；至于保罗，他场均11.6次助攻和2.7次抢断，这两项数据领跑全联盟。与此同时，保罗每场比赛还能拿到平

蓝图
BLUEPRINT

均22.8分，带领黄蜂在那年拿到56胜并打入了季后赛次轮。欧文也期盼着他职业生涯的第三个年头能和上述几名巨星的第三年一样：不但在个人数据方面迎来爆发式的增长，还能帮助球队创造胜场纪录，带领骑士时隔三年重回季后赛。然而，欧文期待的情况最终没能发生：虽然他在那年首次入选了东部全明星首发阵容，可实际上，他的场均得分和命中率反而都出现了下降。

更糟糕的是，球队不仅同样没能迎来爆发，内部更是乱作一团：骑士一开季就表现糟糕，在11月结束时，仅仅取得了5胜12负的战绩。而后他们又在12月末迎来了一波6连败。当新年来临时，骑士的战绩只有10胜21负。本希望能在当季打入季后赛的骑士此时看来正和目标渐行渐远。而正当球队上下奋力拼搏试图将骑士拉回正轨时，拜纳姆又出现了问题——他和麦克·布朗在湖人共事期间就有过不愉快的经历，而现在，两人把过往的恩怨又带到了骑士队中。在12月末的某次训练中，由于拜纳姆不愿听从指挥——不论在场上任何位置接到皮球，他都会选择直接出手，这严重影响了球队训练效果。忍无可忍的布朗直接将拜纳姆赶出了训练馆。所有的蛛丝马迹最终都证明了先前外界的流言——拜纳姆的确是个天赋出众的球员，但他并非真正热爱篮球。他无法征服内心的野兽，而是只为了金钱和名利打球，他的心思从未真正放在球场上。拜纳姆在12月末遭到了骑士的内部禁赛，同时管理层也向他提出警告，让他和其他队友保持距离。上述情况全部指向一个结论：骑士引进拜纳姆的豪赌，最终以失败收场。

"在我们的15人大名单里，有14名球员都专注于比赛本身，乐于接受球场上的一切未知挑战，"布朗在球队决定内部禁赛拜纳姆的第二天公开表示，"他们都是出色并且专注的球员，他们知道什么是正确的比赛方式。而我的职责，就是帮助和教导这样的球员赢球。"

格兰特之"死"
GRANT'S TOMB

眼看着拜纳姆第一年价值1200万的合同即将转为全额保障，骑士开始兜售拜纳姆。由于拜纳姆合同的特殊性（第二年1250万的球队选项可以不执行，以节省薪金空间），很快就有买家找上了骑士：最终骑士和公牛达成协议。骑士送出拜纳姆以及一个与国王交易获得的首轮签，换回了洛尔·邓。这是一笔两支球队各取所需的愉快交易——骑士成功地在拜纳姆1200万薪水转为全额保证的10天前将他送走，避免了多花一笔冤枉钱；而公牛在获得拜纳姆后第一时间就将他裁员，也因此避免了支付奢侈税。另外，骑士在这笔交易中送出的国王首轮签为前12保护，这代表着骑士仍有一定的机会得到这个选秀权。

洛尔·邓当时正处在合同的最后一年，但骑士仍寄希望于这名来自英国的老将能在球队更衣室里起到一定的领袖作用，帮助麦克·布朗传递防守第一的战术理念。同时，洛尔·邓和"大Z"扎伊德鲁纳斯·伊尔戈斯卡斯的经纪人同为赫布·鲁道伊。鲁道伊和骑士经理格兰特关系良好，这名球员经纪人希望骑士成功带回詹姆斯之后，邓依然还是骑士球队未来计划的一部分——这件事的确需要对薪金构架的良好管控，却并非难以实现。

如果洛尔·邓的交易真能挽救骑士悲惨的2013-14赛季，那绝对可以称得上是一记力挽狂澜的惊天绝杀：在交易完成时，骑士的战绩仅为11胜23负。虽说距离东部第八球队仅相距3个胜场，但骑士排名东部第14，实际挡在他们与季后赛席位之间的仍有5支球队。更糟糕的是，骑士的战绩只比在全联盟垫底的球队多3个半胜场。这也使得格兰特的骑士经理生涯命悬一线，同时让带回詹姆斯的计划变得无从谈起。

蓝图
BLUEPRINT

最终，洛尔·邓没有为骑士带来本质性的改变。从被汤姆·锡伯杜教练管理得井井有条的公牛来到骑士后，邓很快便发现了骑士内部的混乱不堪。邓到队的第二场比赛，骑士就以80：124的比分客场惨败给国王。这场比赛是骑士整个赛季的缩影——欧文和维特斯都试图用自己的方式打球，而队友们却同时对两人感到不满。比赛录像中，时常能看到欧文独自运球挑战三人防守，而维特斯又在三分线外的空位拼命伸手要球的场景。"他有时候会给你传个球过来，"一位骑士球员这样形容欧文说，"但要是你投丢了那个球，他就不会再传了。"至于维特斯，另一名球员评论说："维特斯从来都不会觉得自己有什么地方做错了，就好像场上的一切都和他没有关系似的。"

1月末在主场惨败给新奥尔良鹈鹕的比赛，让骑士的战绩跌落到16胜29负，布朗直言"球队已经没有了好胜心"。通常情况下，作为球队经理的格兰特只需要在媒体日、选秀日等重大场合代表球队发表官方声明即可。但由于球队混乱不堪的现状，格兰特被逼无奈只能特地召开发布会，向媒体们解释情况——格兰特痛恨这么做——事实上，格兰特未来再也不用受此煎熬了，这将是他作为骑士队经理的最后一次新闻发布会。

"球队缺少拼劲这件事是不可原谅的，"格兰特说，"我们必须直面问题，作为一支职业球队，我们不能寻找借口。球员们必须在场上拼搏到底，并且严格按照教练的命令行事。"

格兰特的批评并没有发挥作用：骑士在发布会后的第二天做客麦迪逊花园球场挑战尼克斯，在这场全美直播的比赛中，骑士又以86：117的惨淡比分败下阵来。在赛后，欧文对球队不满希望出走的消息再次喧嚣尘上。这条

格兰特之"死"
GRANT'S TOMB

流言的来源，是传闻中ESPN选秀专家查德·福特曾在私下透露欧文已经萌生去意。

"我现在还处在新秀合同期间，而且我很喜欢克利夫兰，"欧文在赛后表示，同时他也透露，是否会和球队续约的问题将在赛季结束后才会有定论，"现在谈续约问题还太早了，现在我只想好好打球，度过这个赛季。好多人都想制造话题把我放到球队的对立面，但目前我仍在球队里，我和队友们同在，和麦克·布朗教练还有他的团队同在。只要我还是克利夫兰球员一天，我就会全心全意地在场上表现。"

福特的流言出现在一个十分怪异的时间点：骑士球队内部普遍认为，福特刻意选在了骑士客场造访纽约——这座世界媒体的中心城市时放出消息，以求在短时间内造成轰动，给球队带来困扰——这是福特对格兰特的报复，原因是格兰特并没有提前将骑士心中的状元秀人选透露给福特。在福特撰写的7个版本的选秀预测中，这位选秀专家始终将早已被骑士排除的诺埃尔排在状元秀的位置。这位ESPN选秀专家头一回猜错状元人选，因此耿耿于怀。

2014年2月5日，骑士将在速贷球馆坐镇主场迎战前来挑战的湖人——湖人队在那个赛季伤兵满营：在来到克利夫兰的那晚之前，湖人阵中仅有8名球员能够健康出场。然而在那场比赛里，湖人又先后遇到了尼克·杨因膝伤退场和卡曼犯满毕业的情况。即使如此，骑士依旧在半场时落后21分。在第三节比赛结束时，他们与湖人的差距更是被进一步拉大到了28分。对骑士表现失望透顶的主场球迷们爆发出了漫天的嘘声。

当湖人球员乔丹·法玛尔在终场前4分钟因腿筋拉伤离场后，骑士曾短暂

蓝图
BLUEPRINT

地将比分差距缩小到10分以内。随后场上出现了匪夷所思的一幕——湖人球员罗伯特·萨克雷在领到第6次个人犯规后，仍被破例允许留在场上。原因很简单：湖人就剩下5个人能打球了。于是，在那场比赛的最后时刻，全队仅剩5人，还有一人是破例获准留在场上的湖人以119∶108战胜了骑士。卡曼直挺挺地横躺在湖人空旷替补席上的难看场景，更是大大刺激了吉尔伯特的神经，使当晚成了格兰特担任骑士经理的最后一夜——第二天一早，吉尔伯特就将格兰特炒了鱿鱼，同时指派格里芬担任骑士临时总经理。

吉尔伯特似乎从未感觉到，相当大一部分格兰特经手的操作，实际是出自他这个球队老板的授意。吉尔伯特在解雇格兰特时说："我认为我们的阵容已经足够出色了，因此球队经理需要为球队的现状负起一部分责任，他的工作不仅限于交易和选秀。为了建立新的球队文化，我做出了解雇格兰特的决定。"

十分讽刺的一点是：外界普遍认为，用状元秀选择本内特的决定是导致格兰特遭到解雇的根本原因。然而事实上，格兰特是唯一一位反对选择本内特的骑士管理层成员。同时，相比那些身不由己、负责执行老板命令的球队制服组，吉尔伯特本人更应该为签下杰克、拜纳姆、克拉克等一系列失误决策负责。事到如今，随着克里斯·格兰特——这位构建了克利夫兰带回詹姆斯美好蓝图的球队经理离任，骑士队正与季后赛席位渐行渐远，深陷泥潭的球队看似即将分崩离析。

然而这一切并不是骑士荒谬大戏的落幕：不久后格兰特又再次回到了速贷球馆——见证了一个由他亲自筹划、盛大且颇有意义的夜晚。

BLUEPRINT

Z

08

大Z

蓝图
BLUEPRINT

　　1996年骑士队用20顺位选中扎伊德鲁纳斯·伊尔戈斯卡斯的时候，他还只是一个来自立陶宛考纳斯年仅21岁的瘦削少年。考纳斯位于立陶宛中南部，是国内第二大城市。伊尔戈斯卡斯在青少年时期亲身经历了当时政权的解体，并且亲眼见证了立陶宛成为第一个从陨落的苏联政府中独立出来的共和国。在其成长过程中，他最开始喜欢的是足球和排球，直到他巨大的骨架开始猛长，让他成为一个7尺3寸（221厘米）的大汉。在这样的情况下，很明显去打篮球才是最好的职业选择，而且篮球也是立陶宛国内最受欢迎的运动。伊尔戈斯卡斯突然落入了NBA节奏极快的生活中，此时他甚至连一个英文音节都读不出来。

　　到了克利夫兰以后，丹尼·费里很快就把伊尔戈斯卡斯当成了朋友。在前往圣安东尼奥之前，费里在克利夫兰效力了10个赛季。吉尔伯特买下骑士队以后，费里最终以球队总经理的身份重回克利夫兰。还当球员的时候，费里就一直在帮助伊尔戈斯卡斯适应美国的生活、熟悉用英语交流。2005年，费里把格兰特带到克利夫兰，担任自己的副手，于是格兰特也与伊尔戈斯卡斯建立了至今仍旧深厚的友谊。

大Z

由于左脚手术，伊尔戈斯卡斯错过了自己的新秀赛季，而整个职业生涯初期，足部的伤势一直在困扰着他。NBA首秀面对哈基姆·奥拉朱旺和休斯敦火箭的时候，他拿到16分抓下16个篮板，表现不俗。同一个赛季，他又获得了1998年全明星新秀赛的MVP，阴差阳错的是，1997年克利夫兰恰好刚刚主办过全明星周末。但他的脚部问题一直存在，接下来的三个赛季中，伊尔戈斯卡斯的场均上场时间一直被控制在29分钟左右。年仅25岁的时候，他的职业生涯就走到了一个极其危险的境地。在生涯前六个赛季里，他一共遭受了五次痛苦的脚部手术，而其中最后一次可以说是具有革命性意义的。那次手术中，他的脚部被植入了12颗钉子，重塑了他足弓的形状。伊尔戈斯卡斯也是最早接受这种手术的人之一，这使得他在接下来的生活中要穿两只鞋码不一样的鞋，因为现在他的右脚要比左脚大一号。

几乎让所有人感到惊喜的是，这次手术真的起到了效果。伤愈复出以后，他享受了十个没有脚部伤势困扰的赛季，并且最终成为克里夫兰骑士队史篮板榜、前场篮板榜以及封盖榜上的领跑者。在得分榜上，他仅仅落后于詹姆斯。因为从脚部伤势中王者归来的那份坚忍不拔，因为他出身立陶宛的卑微起点，抑或仅仅是因为他招人喜欢的行为举止，伊尔戈斯卡斯深受克利夫兰这座城市的爱戴。他忠诚，能够活跃气氛，绝对是一位完美的队友。

詹姆斯在骑士队的前七年中，伊尔戈斯卡斯也一直在克利夫兰。表面上来看，这俩人截然相反，没有任何的共同点，但是詹姆斯的确很青睐大Z，而大Z也非常喜欢詹姆斯。当骑士队跨过活塞赢得东部冠军挺进2007年总决赛的时候，标志性的一幕就是詹姆斯跳入伊尔戈斯卡斯的怀中。2010年詹姆斯离开克利夫兰前往迈阿密的时候，他想让大Z跟他一起走。对所有人来说，这件事都需要调整和适应。

蓝图
BLUEPRINT

　　"情感上而言，这对我非常困难，"伊尔戈斯卡斯说道。"我记得当时坐在更衣室里，看着热火队的训练服，我完全没有办法立马把它穿上。可能要花掉15分钟，我才能换上队服。"

　　伊尔戈斯卡斯从未能得到那个躲着他跑的总冠军奖杯。在他效力于迈阿密的唯一一个赛季里，热火队最终在总决赛输给了小牛队。但在费里的鼓励下，伊尔戈斯卡斯在退役以后仍旧选择从事篮球相关的工作。费里告诉他，赋闲在家会是一件很无聊的事情，并且怂恿他去尝试一些新的东西。于是伊尔戈斯卡斯以格兰特特殊助理的身份重新回到了骑士队。他花了两年的时间学习相关商业知识，并且在这个过程中认真思考了自己到底想不想追求一段制服组管理层的职业生涯。最后，他还是选择了过普通人的生活。不管怎样，球迷们对他的爱戴是不变的，退役两年之后，也就是2013-14赛季，骑士队决定退役伊尔戈斯卡斯的11号球衣。球队让伊尔戈斯卡斯拟一份嘉宾名单，并且保证每个人都能够到场，这样他们就可以做一番合适的安排，邀请这些人来克利夫兰参加球衣退役仪式。名单上最突出的一个名字是谁？是勒布朗·詹姆斯。

　　很明显，这事儿会有些棘手。相比詹姆斯第一次回到克利夫兰，针对他的嘘声确实已经越来越小了，每次热火队来打客场，速贷球馆中献给他的欢呼声也逐渐增多一点。但让詹姆斯以特邀嘉宾的身份重回速贷球馆的想法还是有点不太现实。不过，詹姆斯的出席对于伊尔戈斯卡斯来说实在太过重要，后者甚至说如果詹姆斯没在克利夫兰打过球，他自己很有可能无法获得如今退役球衣的荣誉。

大Z

"要是勒布朗没有被骑士队选中，我的球衣就很有可能不会挂在这座球馆上空。谁知道呢？也许我会被交易掉，或者自己对输球感到厌倦，然后选择离开，"伊尔戈斯卡斯说。"没人知道故事会怎样发展，如果他被掘金队选中，可能会是一番完全不同的光景。我的球衣之所以被挂在那里，他绝对是这个故事中的一部分。这就是我希望他能到场的原因。"

要平衡如此多嘉宾的行程是一件非常困难的事情，尤其是在邀请伊尔戈斯卡斯的父母从立陶宛来到克利夫兰方面。最终，骑士队和伊尔戈斯卡斯选定了一个双方都同意的时间：3月8日。这个决定照顾到了所有相关人员，热火队那晚刚好没有比赛，而詹姆斯那时会在芝加哥，只需要很短的航程就能飞到克利夫兰。因此理论上说，他可以先到一趟克利夫兰，然后再回到芝加哥。尼克斯那天刚好是骑士队的对手，于是纽约媒体也跑了过来，让一切更具有戏剧性。詹姆斯对获得邀请感到非常高兴，一口就答应下来。带着"决定"在熊熊烈火中离开几近焚为废墟的克利夫兰三年七个月零二十一天以后，他回到了速贷球馆，来庆祝一个属于克利夫兰体育史的时刻。

而骑士队准备了多么豪华的一场盛宴啊。仪式的排场很大，他们引入了太多的移动设施，导致工作人员不得不在周中提前彩排一遍，以确保每个人都知道自己的角色，明确自己的岗位。骑士队还租用了一套投影系统，投出了铺满整个球场的致敬视频，把94英尺的场地变成了一个3D电影屏幕。当年选中伊尔戈斯卡斯的前骑士队总经理韦恩·恩布里也回到克利夫兰，发表了致辞。老板吉尔伯特也表示了祝贺。伊尔戈斯卡斯的父母都来到了现场，而他的父亲，一位退休的大巴司机，在仪式过后亲吻了球场中央的骑士队标。

蓝图
BLUEPRINT

所有当晚在场的人都坚持认为,之所以球队如此大费周章,是因为在忍受了如此多痛苦的脚部手术、经历了如此长时间让人受尽折磨的康复过程并且以10616分5904个篮板的成绩单打出了如此闪耀的骑士生涯以后,伊尔戈斯卡斯配得上。事实上,詹姆斯就在现场见证并感受了这一切……好吧,没有人会否认,邀请他到现场带来了巨大的额外收获。

"我的希望之一就是这个仪式能够给我一个和勒布朗站在一起的机会,"伊尔戈斯卡斯说道。"这也是最重要的事情,我希望他以前队友和挚友的身份来到现场。我并不关心他是否还会再为克利夫兰效力。这对我并不重要。邀请他更多的是为了怀念过去而非展望未来。但看到骑士球迷这样给力的表现,看到他们在大部分时间里是什么样子,能够为他们的球员和城市带来多大的激情,我确实想过他会回来。他就在那里,就在球场上。个人感受而言,我觉得当晚所有人都享受了一段美好的时光。在场的人对他不错,他也有机会重新和过去的教练还有队友建立起联系。我认为这确实对他回家的决定起到了作用。"

热火队对于这件事情感到不太高兴,并且派遣助理教练罗恩·罗思坦陪同詹姆斯到了克利夫兰。伊尔戈斯卡斯在克利夫兰的前几年,罗思坦恰好是骑士队的助理教练,所以让罗思坦陪同詹姆斯参加仪式是双方都可以接受的。詹姆斯在第一节刚刚开打的时候到达了球馆,并且被带到了私人包厢里。后来,他走到球场上,终于有机会和老朋友们还有多年未见的骑士队工作人员打招呼。中场球衣退役仪式开始前,骑士队官网的摄影师试图拍一些有关詹姆斯的画面,后者也十分乐意。但骑士队媒体关系主管泰德·卡珀注意到后立马阻止了这一切,因为考虑到双方的过往,这件事暂时在面子上还过不去。

大Z

在被炒掉的一个月以后,克里斯·格兰特也回到速贷球馆,享受这个他参与发起的仪式。格兰特在家里的时候就想过很多,毕竟发生了如此多的事情,他害怕到时候会很尴尬。最终他选择到场支持他的朋友。同为被吉尔伯特炒掉的前任总经理,费里和吉姆·帕克森也来了。就在骑士队的更衣室门外,他们凑在一起,有说有笑。

詹姆斯走到球场上在球馆里引起了额外的轰动——尤其是詹姆斯在仪式期间坐到骑士队板凳席里的时候。不管这是命运的安排,还是一次完美计划中狡猾的一步,在所有到场嘉宾中,詹姆斯恰好就坐在了格兰特旁边。过去四年里,格兰特一直致力于让詹姆斯回到那个座位上,而至少在那一晚,他实现了这个目标。格兰特、福布斯以及整支骑士队花了数月乃至数年的时间修复那段在2010年7月短短数小时内就完全崩塌的关系,那个夜晚就像是整个修复过程的一个缩影。

也就是这个夜晚,这个属于伊尔戈斯卡斯的夜晚,在耳边轻声地提醒詹姆斯:眼前的这一切有可能再次属于你。球衣悬挂在球场上空,受到满眼崇拜的球迷们追捧,成为不朽的传奇。诚然,在迈阿密,球迷们也为勒布朗·詹姆斯高唱赞歌。但迈阿密毕竟不是家,没有人会像家乡的球迷那样爱他,只要他再给这群球迷一次机会。

仪式前后,詹姆斯一直在和过去的队友们聊天。他和丹尼尔·吉布森还有德隆特·韦斯特一起合了影,拥抱了一些老友,并且重新体验到了一些美妙的回忆。这次退役仪式真诚且令人感动。当一切结束的时候,詹姆斯登上了他的私人包机,飞回芝加哥与球队汇合,回到了那个四年前他为自己选择的生活。

BLUEPRINT

OUTSIDE THE BOX, OTHER SIDE OF THE WORLD

09

跳出圈外，世界的另一头

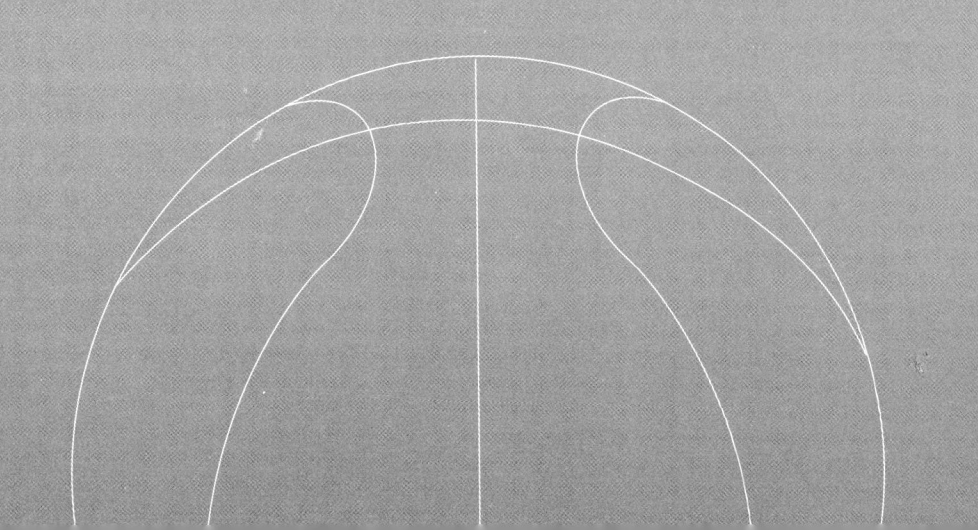

蓝图
BLUEPRINT

骑士队一直痴痴地为那一刻做着准备——勒布朗重新坐回克利夫兰的板凳，球迷们欢呼着、思考着、期待着他真正回到骑士的那天。是否所有的等待都是值得的呢？这个问题即将迎来它的答案。当然，下一步计划的掌门人已经有了变化。克里斯·格兰特回到了郊外的家中，在失败结果昭然若揭的一个赛季之后，他丢掉了工作。现在大卫·格里芬是骑士的总经理，至少他要在这个位置上代理到赛季结束。而在这期间，吉尔伯特也在寻找一个长期的继任人选。

格里芬身材矮小，有着姜黄色的须发。他头上的那几根毛甚至比他刚来骑士时还要少。那是在勒布朗离开的两个月后，他被骑士雇为格兰特的首席助理。和詹姆斯一样，格里芬当时也属于背井离乡，将天赋带到别处。他在西菲尼克斯的一片街区里长大，邻居都是不甚富裕的中产阶层。他为菲尼克斯太阳队效力了17个年头，随后在和太阳老板罗伯特·萨沃尔的争吵事件后毅然选择离开，加盟了尚未从詹姆斯的鲁莽出走中缓过气来的骑士队。

格里芬很能干，从小就是个篮球迷，但他从未想过要以篮球谋生。他在亚利桑那州立大学主修国际金融，辅修汉语课程。在这个东方国家日益强大

跳出圈外，世界的另一头
OUTSIDE THE BOX, OTHER SIDE OF THE WORLD

的背景下，格里芬想在中国借鉴西方的过程中出一份力。然而，在毕业前两年，他接受了一份太阳队媒体公关的实习工作。这次实习改变了他的人生。今天，我们能利用高级的电脑软件运算出各式各样的比赛数据，但远在这一切实现之前，格里芬就给太阳的管理层拿出过引人注目的数据信息。他自己就是一台处理高级数据的机器。几年之后，格里芬被太阳队正式录用。他被派到了篮球运营部门，从最简单的录像剪辑开始做起。这意味着他要看长达数小时的比赛录像，剪出教练需要的部分，然后把它们粘到一起。就这样，他一步一步做到了菲尼克斯二把手的位置。

格里芬没有选择孟菲斯和丹佛提供的总经理职位，他在等待一个更好的机会。格兰特的离开正是他的良机。"就像喝醉了一样。"他在骑士队的收官战结束之后对我说。那天，他们在主场战胜了到访的布鲁克林篮网。欧文在那年夏天理应收到一份骑士的顶薪续约，但克利夫兰的高层内部对是否交易他还犹豫不决。最后，格里芬做出了续约的决定，可没人能保证欧文一定会接受这份顶薪合同。双方现在的关系十分紧张，如果欧文对续约一事吞吞吐吐，不愿决定，那骑士一定会将他摆上货架。

如果和欧文的谈判进展顺利，骑士就要为下一步的大动作做好准备了。是的，一旦詹姆斯跳出合同，成为自由球员，他一定是骑士的头号目标。但问题在于，格里芬当时不相信詹姆斯会真的回来，至少在2014年的夏天，没人会信这种鬼话。骑士当时乱作一团，他们的胜场数甚至达不到季后赛的门槛，格里芬不相信詹姆斯会回到一支不会赢球的队伍。

即使扑了个空，格里芬也觉得自由市场上的天赋足够补强骑士。他对戈登·海沃德最感兴趣，虽然像钱德勒·帕森斯、特雷沃·阿里扎和钱宁·弗

蓝图
BLUEPRINT

莱这样的自由球员也能为他们所用。去年夏天犯的错误限制了骑士的薪金空间，但乐观来看，他们终于有机会在自由市场大展拳脚了。克利夫兰在这个休赛期的所有运作将取决于勒布朗一个人的决定，而格里芬，这个临时总经理，甚至不知道自己到那时还能否留在这个位子上。

赛季结束后，吉尔伯特用了三个月的时间来搜寻格兰特的继任者。转了一圈，他还是觉得身边这个临时总经理才是最适合的选择。人事变动可不只有这一桩，在格里芬摆脱临时工身份的同一天，骑士队解雇了仅仅为他们效力了一个赛季的麦克·布朗。吉尔伯特可能曾经承认，炒掉布朗是他们犯下的一个错误，但这并不妨碍他们在384天之后再次"犯错"。吉尔伯特甚至连新闻发布会都没开，他只是简单地发了一份声明，声明上写了今天做出的这两个决定。

"解雇麦克·布朗是一个艰难的决定，这让我们所有人都很难受，"吉尔伯特在声明里说道，"麦克在过去的这个赛季中刻苦工作，将球队带上了正确的道路。虽然与前几个赛季相比，上赛季取得了些许进步，但我们认为，我们需要和布朗教练分道扬镳了。谨祝麦克和他的家人一切安好。"

吉尔伯特想和布朗见一面，解释一下解雇他的原因，但被布朗一口回绝了。克利夫兰要他来建构这支年轻的球队，帮助他们加固防守，赢下更多的比赛。布朗也没有失信，骑士在这一年里多赢了9场比赛，他们限制对手投篮命中率从联盟倒数第一提高到了第12位。在布朗这一年任期中，骑士的防守效率（每百回合失分）从第27位进步到了第17位。但这也没能保住他的工作。

跳出圈外，世界的另一头
OUTSIDE THE BOX, OTHER SIDE OF THE WORLD

格里芬踏上了漫长的选帅之路。当年炒掉斯科特之后，格兰特和吉尔伯特在不到一周的时间内就签下了麦克·布朗。但这一次，骑士想要显示出自己的谨慎和耐心，他们要让世人知道，这一回他们会找到最正确的人选。与此同时，格里芬迎来了正式上任以来的第一件工作——代表球队参加NBA的抽签仪式。过去三年，这个工作一直是留给丹的儿子尼克·吉尔伯特的。根据联盟的规定，各个球队可以选派任意代表去参加选秀抽签，无论是老板、球员，还是主帅、总经理。尼克在三年间为骑士抽到了两个状元签，现在轮到格里芬了。

骑士上赛季的战绩是33胜49负——没错，比前一年多赢了9场比赛。但他们距离吉尔伯特的季后赛梦想还差得很远，他们和东部第八差了5个胜场。骑士本赛季的季后赛希望断送在4月初一场客战老鹰的比赛当中。来到亚特兰大之前，他们离八号种子老鹰和尼克斯仅差两个胜场，但在一场98∶117的溃败之后，他们在只剩五场常规赛的情况下和季后赛渐行渐远。那一点点昏暗闪烁的季后赛希望也消失殆尽了。

这场失利激怒了洛尔·邓，这位唯一知道如何取胜的联盟老将。欧文和维特斯从来就不知道如何分享球权，如何精诚合作。这位一心想指点年轻人的老将发火了。

邓说："我真不想说这种话，但是我们必须要相互坦诚，知道自己什么时候状态好，什么时候不好。又不是非要到场上砍下三十多分。"他明显把矛头指向了欧文和维特斯。"如果我的打法顺应比赛的节奏，我手感火热，能把球投进，那我会选择单打。但如果我真的看清楚了比赛的走势，看到队友们的表现和他们在防守端的积极，那就把球传出去，把球传出去，传出去。"

蓝图
BLUEPRINT

2014年1月,邓带着最后一年的合同来到了克利夫兰。他两次入选全明星,是骑士队内最算得上更衣室领袖的资深老将。来到骑士的时候,他和球队都认为他们会合作很长时间。但在格兰特被扫地出门之后,双方的想法都变了。邓在赛季结束之后永远地离开了骑士,最终在所有的追求者中选择了迈阿密热火。

抽签仪式开始的两天前,格里芬和森林狼总经理菲利普·桑德斯会了面。桑德斯是个土生土长的克利夫兰人,他在回家探亲的这段日子抽出时间和格里芬约了一顿晚餐。他的森林狼现在正为凯文·乐福的事情发愁。如果今年夏天不将他卖掉,那么他们就要面临白白失去乐福的风险。骑士已经垂涎乐福几个赛季,但乐福对他们可没多大兴趣。他公开承认,如果被交易到骑士队,他并不想在合同结束后与克利夫兰续约。几乎所有人都认为,乐福会在恢复自由身后加盟洛杉矶。席间,格里芬和桑德斯粗略地谈了谈乐福的事情,但并没有任何实质性的进展。

格里芬走进抽签现场时,口袋里放着尼克·吉尔伯特的标志性蝴蝶结,西服的翻领上扎着他祖母送的别针——每当他祈求好运的时候,他都喜欢擦擦这个别针。按照往常的习惯,骑士队会用私人飞机载着一群克利夫兰名流来观看抽签。但这一回,连吉尔伯特都没有到场,他忙着自己的演讲抽不开身。抽签的规程一如往常,骑士的小老板杰夫·科恩代表球队来到保密屋中监督抽签,而总经理格里芬留在台上。就是这样,骑士队带着难以言喻的运气以1.7%的概率抽到了状元签。这是他们四年间第三次成为这场乐透的赢家。

跳出圈外，世界的另一头
OUTSIDE THE BOX, OTHER SIDE OF THE WORLD

我在为《阿克伦灯塔日报》工作时发现了布雷特·威尔逊这个数字奇才。他从肯特州立大学数学系毕业，最擅长的就是计算概率。他甚至根据自己的数据基础，设计出了一套计算大学球员在NBA成功概率的运算公式。他现在的工作叫作"软件质量保证测试专员"，我根本不知道这个头衔是什么意思，但我知道这肯定是个需要脑子的工作，因为这家伙在数据计算方面是个天才。每当我需要进行一些疯狂的计算时，我都会找到布雷特。这次也不例外，我给他发了一封邮件，询问他骑士队四年来三夺选秀状元的概率是多少。以下是他冗长回复的一段节选。

"由于每次选秀都是独立发生的事件个体，它们之间互不影响，所以骑士队在2011年、2013年、2014年拿到状元签，而在2012年没拿到状元签的概率为0.0005，也就是0.05%，"他写道，"如果你想单独从勒布朗回家这个视角分析，那么你可能只需要关注2011和2014年，我觉得骑士在2012和2013年的选秀结果对他的决定并没起到多大影响。骑士队同时拿到2011和2014年状元签的概率是0.0039，也就是0.39%。"

简单来说，骑士队四年间三夺状元签的概率约为两千分之一——也就是2016年那18300个面试NASA宇航员的家伙被选上的概率。骑士队结结实实地抓住了一根救命稻草。在拿到状元签的那一刻，格里芬就知道，这个签位的价值足以让他们把乐福从森林狼交易过来。

"我觉得我们会考虑各方意见，"他在下台后说，"我们要争取在更短的时间内取得全面进步。时间紧迫，刻不容缓。"

格里芬和管理层把目光投向了这批新秀。堪萨斯大学的安德鲁·威金斯

蓝图
BLUEPRINT

是公认的状元热门,但骑士另有所爱,格里芬认为威金斯的队友乔尔·恩比德是这届新秀中的第一人。他对恩比德钟爱有加,甚至称他为"绝顶的天赋球员"——一个其他所有新秀都达不到的高度。骑士队本来会开开心心地用状元签将恩比德摘下,但问题在于:恩比德的健康隐患太多了。他的脚伤和背伤让克利夫兰的医疗组没胆量把宝押在他身上。骑士队医们建议骑士不要用一号签选择恩比德,这样太冒险了。

这支迷恋上攻守俱佳的恩比德的球队遭遇了沉重一击。恩比德的运动能力和手上技术使骑士着迷,如果他没有这么多健康问题,他一定会属于克利夫兰。但造化弄人,骑士在恩比德和贾巴里·帕克之前选择了威金斯。威金斯是一位拥有劲爆运动天分的小前锋,他的防守为人称道,但投篮能力始终饱受质疑。虽然他的位置和勒布朗重叠,但格里芬当时并不担心。在格里芬的设想中,威金斯可以出任二号位,和欧文搭档后场,然后维特斯回到更适合他的替补席,提供板凳火力。

当然,如果詹姆斯真的想回家,克利夫兰手中已经攒好了为他招兵买马的本钱。骑士可以用这些筹码换来乐福,或者换来能帮助詹姆斯夺冠的其他球星。但在詹姆斯给出承诺之前,他们万万不敢冒险行事。况且单凭欧文这一个球星,也很难提得起乐福的兴趣,毕竟连欧文的未来都还是未知数。乐福想为一支可以争冠的球队打球,现在这支骑士应该不在他的考虑范围之内。

在所有选秀和交易的决定还未成型之前,光是选帅的过程就让骑士队累得苦不堪言。这支球队近四年来的总战绩是联盟倒数第一,而且已经有两个教练在这段时间被炒了鱿鱼。顶级的待业教练们都对这份烫手山芋不屑一

跳出圈外，世界的另一头
OUTSIDE THE BOX, OTHER SIDE OF THE WORLD

顾。史蒂夫·科尔，这位曾在太阳管理层和格里芬共事的老相识，甚至连见面的机会都不给。康狄涅格大学的主帅凯文·奥利是一位炙手可热的年轻教练，曾在克利夫兰效力的他也迅速拒绝了格里芬的邀请。肯塔基的约翰·卡利帕里和佛罗里达的比利·多诺万也不例外。

詹姆斯还有几个月就要成为自由球员，而骑士正在从一群鱼龙混杂的候选人里挑选主帅。这里面有渴望得到第一份工作的新兵助教（阿德里安·格里芬、泰伦·卢），还有接近生涯尾声，希望再赚一笔的老教头（阿尔文·金特里、莱昂内尔·霍林斯）。也曾和格里芬在太阳共事的金特里是最后三个候选人中的一位，但吉尔伯特很快让他出了局。格里芬更喜欢泰伦·卢。卢曾经在NBA混迹了11个年头，作为替补控卫赢得了两枚戒指，退役之后在洛杉矶道格·里弗斯的手下担任助教。卢这一生曾与许多伟大的名字并肩战斗，科比·布莱恩特和迈克尔·乔丹都曾是他的队友，他也在菲尔·杰克逊和里弗斯的手下打过球。然而，他才只有37岁，从来没有做主教练的经验。于是，吉尔伯特跳出美国的篮球圈——一跃到了6000英里（9656千米）外的地方，在地球的另一端找到了骑士队下赛季的主帅。

大卫·布拉特生于波士顿，毕业于普林斯顿大学。他成年之后一直在海外打球和执教，并在2012年率领俄罗斯夺得了伦敦奥运的铜牌。2014年，他的特拉维斯马卡比传奇般地以下克上，战胜了皇家马德里，斩获了欧冠联赛的冠军奖杯。他也因此当选了当年的欧冠最佳教练。可以说，布拉特是一个非常成功的"流浪型"教头，他很少在一个地方待上很久。他在俄罗斯执教了一年，然后又去意大利执掌教鞭。更重要的是，NBA这片热土对他颇为陌生，相比起那些被淘汰下来的老油条，吉尔伯特更喜欢布拉特这样的外乡人。

蓝图
BLUEPRINT

布拉特有着6英尺（1.8米）的个子，身形瘦削，黑色的头发里透着一点儿斑白。他觉得自己在欧洲大陆已经功成名就，无须再证明什么了。在夺得2014年欧冠冠军之后几天，他度过了自己55岁的生日。布拉特想去NBA试试水。他的高中教练菲尔·莫雷西告诫他不要这么干，如果非得加入NBA，不如先从助理教练做起。一旦选错了东家，遇上了哪个暴脾气的老板，他很快就会被踢出联盟，这样一来，孱弱的声誉基础会让他很难找到第二份工作。对布拉特来说，去NBA当主教练太冒险了。但他的决心丝毫没有动摇。

拒绝骑士邀请的史蒂夫·科尔当上了勇士队的主教练。碰巧，他和布拉特的经纪人都是迈克·坦南鲍姆，科尔希望布拉特来做他的首席助教。这是布拉特适应NBA生活的好机会，他可以先在这个位子上适应联盟的文化，学习联盟的规则，等到时机成熟，再去打造一支自己的球队。然而，他被骑士队找上了家门。格里芬吸取了之前匆忙签下布朗教练的教训，他的这次选帅过程极尽仔细，将五湖四海的人才呈现在了吉尔伯特面前。在科尔的帮助下，布拉特和骑士队进行了会面，并迅速俘获了吉尔伯特的芳心。他没有走从助理教练做起的老路，而是直接接受了骑士的主帅工作。格里芬知道，毫无NBA执教经验的布拉特一定会遭遇起伏，所以他建议吉尔伯特同时签下另一位候选人，来自快船的泰伦·卢。

让主帅竞选的第二名去给第一名当助理教练？这可真是件稀罕事。但骑士面对的选帅难题确实不同寻常。布拉特没有能带到克利夫兰的靠谱助手，他还指望骑士队给他配齐一套教练组阵容。麦克·布朗的团队留下的很多人，再加上新来的卢，这就是给布拉特打下手的全体成员。卢的到来是为了帮助他适应NBA的生活，而且如果出现什么特殊情况，他也可以取而代之。

跳出圈外，世界的另一头
OUTSIDE THE BOX, OTHER SIDE OF THE WORLD

"大卫·布拉特将会带给我们来自世界各大职业联赛的先进经验，"吉尔伯特在宣布雇用决定的发布会上激动地说道。但在他兴奋的外表下，掩盖着有理有据的忧虑。布拉特绝对是一个NBA初学者，在来到克利夫兰之前，他在大家印象中是个极其傲慢的家伙。很快，布拉特就证明了这个说法所言非虚。首次率队在NBA取胜之后，布拉特被球员们围在中间。小伙子们欣喜地庆祝着新教头的首胜，还把比赛用球送给他留作纪念。布拉特似乎被这一幕惹恼了。

"你们大概都不怎么熟悉我，"几分钟后，布拉特对记者们说，"我在职业生涯里赢了超过700场的比赛。"在遥远的欧洲，教练们可以成为联赛的主角。但是这里不一样，球员的地位比布拉特想象的要大得多。他在执教的第一天就吃了水土不服的亏。

"你们问我如何应对NBA球员们的个人意识？我不信这一套。"布拉特在就职新闻发布会上说，"我和克利夫兰骑士队的球员们相谈甚欢，我觉得他们是一群听话、好学、求胜的球员……我执教过非常多优秀的球员，所以我知道他们在什么时候会乐于合作。如果这一点做好了，他们就会培养出能帮助球队赢球的精神。这和在哪里执教无关。"

当然，布拉特指的是骑士这套天赋十足的阵容。他们拥有欧文、维特斯、特里斯坦·汤普森和刚刚选来的状元威金斯。那时候，无论是好是坏，反正勒布朗的因素还不在他们的考虑范围之内。詹姆斯刚刚在五天前输给圣安东尼奥马刺，再次失掉了总冠军，他尚未从这个疲惫不堪的赛季中恢复过来。舆论几乎一致认为，骑士队既然已经等了这么久，就不会在詹姆斯作出决定之前选定他们的主帅。因此，布拉特被聘用的这个时间，再加上布拉特

蓝图
BLUEPRINT

这个古怪的选择，着实让大家吓了一跳。

"布拉特？"一位总经理给我发来短信，"这可办不成事儿啊。"

骑士队要"办成"的事儿，就是把詹姆斯带回克利夫兰。外界一直以勒布朗的视角分析他们所做的每一个决定，2014年的休赛期逐渐逼近，无论是经纪人还是各队经理，都逐渐相信詹姆斯一定会回到骑士。可是现在，在距离自由市场开放只剩几周的当口，骑士队捉摸不透的行事作风和他们上赛季糟糕的战绩又让大家改变了看法。他们是否已经浪费掉了迎回小皇帝的机会？不仅局外人这样认为，甚至在骑士队内也萌生出了类似的想法。

BLUEPRINT

THE BIG THREE

10

三巨头

蓝图
BLUEPRINT

自由市场即将开启，骑士队要走的最后几步棋异常清晰。他们先要确保把凯里·欧文和他卓越的天赋留下来，这是吸引下一位巨星加盟的重要基础。这个巨星最好是勒布朗，但同时骑士也需要为其他选择做好准备。除此以外，修复丹·吉尔伯特和詹姆斯之间的关系是当务之急，而且这个任务不会轻松。

先是欧文的续约问题。他为骑士效力了三个年头，这三个赛季几乎被教练更迭和配合问题占得满满当当。领他入行的前两个教练全都被骑士炒掉了，他也始终没找到和维特斯搭档后场的正确节奏。这两个人的关系冷若冰霜。大家说他太占球权，有几个总经理认为欧文已经成为输球的代名词。两位来自不同球队的经理对我说，欧文在场上像是有一百个不满意。而且欧文团队和骑士上一任掌门人的矛盾日臻激化，他的经纪人杰夫·维切斯勒总是不同意布朗和格兰特所做的各种决定。因此，格里芬也不知道在7月的自由市场上会发生什么。骑士一度担心欧文的场上态度和防守缺陷会阻碍他成长为一名顶级球星，从而认真讨论起是要围绕欧文建队，还是咬牙将他交易出去。

吉尔伯特的心结让欧文续约一事变得更加复杂。吉尔伯特总觉得自己当年不该任由詹姆斯用他的合同来挟持球队。在詹姆斯离开之后，吉尔伯特十

三巨头
THE BIG THREE

分后悔没在他为克利夫兰效力的最后一年逼迫他续约。如果詹姆斯拒绝了他的要求，他可以亡羊补牢将詹姆斯交易出去。结果也证明，吉尔伯特的想法很有道理。但假设这宗交易真的发生，骑士势必会遭到来自四面八方的口诛笔伐，而且将世界上最优秀的篮球运动员拱手让人确实有些荒谬。

但骑士队2010年的前车之鉴给联盟众队上了宝贵的一课，克利夫兰惶恐的样子让大家害怕再遭遇同样的命运。所以掘金卖掉了卡梅隆·安东尼，爵士处理了德隆·威廉姆斯，奥兰多魔术清理了德怀特·霍华德。这些人都是能名留队史的伟大球星，但各自的主队担心他们不愿续约，所以趁着他们交易价值还在时拿来换些实在的回报。与此同时，吉尔伯特正在暗暗发誓，他绝对不会再受制于任何一个球员、任何一份合同。

因此，当欧文在2014年准备好接受一份续约报价时，没人知道会发生什么。骑士还能再用他一个赛季，但如果欧文拒绝以顶薪续约，或者希望得到一份三年的短期合同，骑士就会按下交易的按钮。确定欧文的未来是他们的头等大事，甚至要摆在迎接詹姆斯之前。这也是为什么在自由市场开启的第一天，吉尔伯特、格里芬、布拉特和卢都跑去会见欧文和他的父亲与经纪人。令骑士队欣慰的是，欧文爽快地接受了5年9000万美元的顶薪合同——这是在联盟工资帽规定下骑士能给出的最大金额，吉尔伯特还默许了这份合同最后一年的球员选项。格里芬没怎么跟欧文谈詹姆斯的事情，当时谁都不知道这件事的可行性有多大。

"在我接管骑士时，最重要的任务就是让凯里跟我们续一份长约。对我来说，和凯里处好关系是非常重要的。"格里芬说，"那是我们关注的焦点，我们在和他会面的过程中没怎么提到勒布朗的事情。我们披露了几个我们想

蓝图
BLUEPRINT

追求的球星，给他列了一张表。勒布朗的名字可能都不在那张表上。我们要把这几个人当成我们在自由市场的追求目标，凯里会帮助我们去游说。"

那张表上，海沃德的名字赫然在列。戈登·海沃德是犹他爵士的受限制自由球员，格里芬已经觊觎他很久了，虽然爵士队可以匹配其他球队给海沃德开出的任意报价，但格里芬仍想将他引入骑士。在搞定欧文的事情之后，骑士火速邀请海沃德来到克利夫兰训练馆，他们想给他开出一份顶薪合同。格里芬希望海沃德成为骑士的首发小前锋，和欧文、威金斯搭档出场。再加上维特斯，骑士队将拥有豪华且年轻（都在24岁以下）的侧翼阵容。这个时候，他们还无法确定能否和詹姆斯取得见面机会。骑士队害怕痴等詹姆斯会让他们错过其他的选择——就像2010年发生的事情一样。而且自格里芬放弃迎回詹姆斯的希望之后，他开始更猛烈地追求海沃德。詹姆斯的经纪人里奇·保罗在骑士的训练馆里瞥见了海沃德的身影，他给骑士队打去了电话，告诫他们千万不能草率行事。海沃德就这样两手空空地离开了克利夫兰。

我在2014年新奥尔良全明星赛期间和吉尔伯特共进过午餐，那时距离自由市场开启还有不到五个月的时间。尽管他没有得到什么明确的消息，但他依然相信詹姆斯有可能在夏天重返克利夫兰。骑士队那个赛季的糟糕战绩让他少了一些希望，但保罗的那通电话又让他重燃信心。他们或许真的要迎回勒布朗了。骑士队有两个吸引詹姆斯加盟的优势，其一当然是因为这是他的家乡，其二就是吉尔伯特为了夺冠可以投入一切。但还有一个问题横亘在球队和詹姆斯之间：早在格兰特和大Z经营管理层的时候，每当他们提起詹姆斯回归一事，都免不了建议吉尔伯特和詹姆斯先处理一下他们二人的矛盾。这是现在最棘手的问题，而解决方法还无人可知。

三巨头
THE BIG THREE

"每次说到'他会不会回来'或者'他适不适合回来'之类的话题,我们都认为他和丹需要坐下来好好谈谈。他们不用成为交心的朋友,但在生意场上,交流对他们两个来说绝对不是坏事,"伊尔戈斯卡斯说,"然后就会说到球迷的事情,球迷会作何反应呢?我说别担心了,球迷会没事的。他们的态度会发生180°的转变,根本不用担心。当一个这种级别的球星决定回归,你当然会敞开怀抱,迎接他的到来。"

最终,吉尔伯特决定和詹姆斯见上一面。只有少数一些队内人士知道他们的老板安排了这场秘密会面。7月6日,周日,在海沃德空手离开克利夫兰的几天之后,吉尔伯特乘私人飞机来到迈阿密,决心处理一下二人之间的分歧。乔·鲁尔,一位克利夫兰的前电台主持人,把吉尔伯特的这趟行程公布在了推特上。一石激起千层浪,吉尔伯特不得不在个人账号上否认了这条消息。可是精明的骑士球迷在航班追踪网站上找到了吉尔伯特乘坐的飞机,航线的另一端赫然写着佛罗里达州的罗德岱堡。

"我们想让丹过去和勒布朗进行一个私人对话,但结果不遂人愿,"格里芬说,"他们那边有足足五六个人,这和我们设想的情况有偏差。我们希望能和勒布朗单独谈话,也向他提出了这个要求。"

詹姆斯的旁边坐着经纪人保罗和其他一些随行人员。他们没打算让吉尔伯特舒服地完成这次对话,那封公开信里每一个讽刺挖苦的句子都还历历在目,吉尔伯特叫詹姆斯懦夫、自恋狂,抨击他弃队而去。在这次会面中,吉尔伯特为那封信道了歉,詹姆斯也对那次"决定"的公布形式表示后悔。虽然如伊尔戈斯卡斯所说,吉尔伯特和詹姆斯永远不会成为亲密的朋友,但彼此表示出的诚恳态度足以让他们冰释前嫌。

蓝图
BLUEPRINT

***

詹姆斯回家这件事忽然又变得靠谱起来。虽然骑士没有收到任何的签约承诺，但他们需要提前做好大出血的准备。什么事都绕不开钱。当年热火老板米奇·阿里森为了省下3300万美元的奢侈税，在2013-14赛季开始之前裁掉了迈克·米勒。他们的税额少了一半，但他们纯粹为钱赶走了一位优秀的射手，一位詹姆斯的夺冠伙伴。这样的做法惹怒了詹姆斯。吉尔伯特是个随性的人，他觉得人不能被钱牵着鼻子走。骑士的优势正在于此：回家吧，我们可以为了夺冠不计成本。奢侈税什么的，无所谓。

在返回机场的路上，吉尔伯特与商业伙伴内特·福布斯、杰夫·科恩和格里芬召开了电话会议，这是一次不掺杂任何情感的严肃讨论。詹姆斯究竟会不会回家？他和里奇·保罗在这次会面中依旧不露痕迹。

"就我现在得到的信息而言，这是一次毫无营养的对话，"格里芬如此评价他们的电话会议，"你的心在砰砰跳，你祈祷能听到好消息，但最终只是得到更多的谜团。打完电话的时候，我们想'好吧，我们需要想想下一步该怎么做了。'"

对吉尔伯特这位赌场老板来说，答案很简单。他要孤注一掷了。

在和吉尔伯特谈完之后，詹姆斯飞往拉斯维加斯参加他自己的篮球训练营，而吉尔伯特回到了克利夫兰，继续骑士队的工作。他们知道预留给詹姆斯的顶薪合同一美元也不能少，所以要尽快弥补去年夏天所犯的错误，也就意味着要尽快将贾瑞特·杰克的合同清理出骑士的工资簿。杰克在这一个赛季中的表现令人失望，场均仅拿到9.5分和4.1次助攻。尽管工资虚高，但他

三巨头
THE BIG THREE

不失为一个可用的联盟老将。

篮网对杰克和他剩余1250万美元的合同颇感兴趣,但他们自己还有不少垃圾合同要处理。所以在联盟复杂的工资帽规定下,凯尔特人被这两支球队拉了进来。骑士队需要在这个三方交易中搭上高额的代价:他们必须送走年轻的潜力中锋泰勒·泽勒和一个未来的首轮选秀权。泽勒虽不是未来的名人堂成员,但他的远距离射程和靠谱的中锋技术可以保证他拥有一段长久的职业生涯。骑士有可能会白白送走泽勒,因为他们还不知道詹姆斯是真的想回家,还是将让他们第二次心碎。

"我很担心。这笔交易相当于在黑暗中的试探,"格里芬说,"大家都知道,我们如果想得到勒布朗,就必须留出顶薪空间,所以我们才会做这笔交易。简单来说,如果不这么做,我们连上桌谈判的机会都没有。所以我们就动手了,但是实际结果呢?不知道。因此尽管这是一次精明的运作,但管理层并不会受到多少赞誉。他们必须要冒着风险行事,必须要相信过程。这是一次非常大胆的交易。"

周三,在詹姆斯和吉尔伯特秘密会面的三天之后,詹姆斯在拉斯维加斯见到了帕特·莱利。想当年,莱利亲自飞到克利夫兰说服詹姆斯离开骑士,接受较低的薪水,到南海岸来组成势必夺冠的三巨头。现在他追到了西部的沙漠,恳求詹姆斯继续留在迈阿密,帮他展望未来。但莱利并未得到一个确定的答复,只好悻悻离开。

周四一整天,骑士队都在做着三方交易的收尾工作。休息了一天的詹姆斯邀请《体育画报》的李·詹金斯来到他拉斯维加斯的套房,开始筹备一篇

蓝图
BLUEPRINT

重要的文章。詹金斯曾为詹姆斯写过数篇专题特写，其中一篇还获得了2012年的年度体育文章大奖。这一次，他们两个在房间里谈了一个小时，然后詹金斯将所谈内容穿针引线，写成了一封洋洋洒洒的亲笔信。在2010年的尴尬分手之后，在詹姆斯和吉尔伯特撕破脸皮之后，他只有这一条诗意的回家路可以选择。"在我俄亥俄州东北的家乡，没有什么是天赐的，想得到就要亲自去争取，"詹姆斯和詹金斯写道，"我已经准备好接受挑战。我要回家了。"

做出决定之后，詹姆斯离开了拉斯维加斯。他和好朋友、现在已经变成前任队友的德怀恩·韦德飞回了迈阿密。周五，当《体育画报》登出那篇文章的时候，他正在迈阿密的家中。詹姆斯简单和詹金斯聊了几句，他对那天的工作成果十分满意。此时，这条新闻已经让举国震动，克利夫兰陷入了欢乐的海洋。

**

7月11日早晨，我正在从克利夫兰飞往拉斯维加斯的美航1174航班上。有几个骑士队的工作人员和我乘坐同一班飞机，我们在登机时简单聊了聊詹姆斯的未来选择。我们里面没一个人知道他会去哪儿，或者他将何时宣布自己的决定。那班飞机上安了卫星电视，但飞行的前几个小时我都专注于手头的那本书。忽然，我听到后面两排的一个男人不断重复着："我的天啊，我的天啊！"他的声音隔着过道都能听得清清楚楚。他的音调不断升高，到最后都近乎在尖叫。不明所以的乘客们不免感到紧张，赶快回头查看。这个男人猛地拍了下掌，大喊："他回来了！"我瞬间领会了他的意思，匆匆忙忙地打开了前方椅背上的小电视。我的人生在飞机落地的那一刻永远地改变了。

**

哈利布法罗体育酒吧是速贷中心里的热门景点。当航班上的那个男人喊

三巨头
THE BIG THREE

出"他回来了！"，吧台前昏昏欲睡的午餐食客们激动地跳了起来。克利夫兰市中心的白领们蜂拥到球馆的售票处，迅速在门口排起了长龙。骑士队的季票在詹姆斯宣布回归的当日全部售罄。他们本可以在几小时里卖光整个赛季所有座位的票，但他们还是给球迷们留了一些单场票。

"他在电视上做出'决定'的那个晚上，这里的顾客跑到街上大喊大叫，"哈利布法罗的总经理凯特林·卡西迪说，"当他宣布自己要回归的时候，人们都不回去工作了，他们像庆祝节日一样举杯痛饮。本应该在工作岗位上的人们涌进我们酒吧，把这里挤得水泄不通。球迷们高举着牌子，尖叫着冲向速贷中心。那场面太酷了。"

克利夫兰的反应就像他们已经夺冠了一样。其实，从某种角度来说，他们确实赢得了一个"冠军"。这座被拒绝和忽视了无数个年头的城市，终于迎来了一位尊贵的客人。

***

格里芬还在克利夫兰训练场的办公室里弄着自由市场的收尾工作。管理层的其他人此时已经来到了拉斯维加斯，为夏季联赛做着准备。和格里芬一道被留在克利夫兰的还有几个低级别员工、几位数据分析师，和一些刚入行的年轻人。内特·福布斯是吉尔伯特一起做生意，也一起经营球队的合作伙伴。他和吉尔伯特接连收到了里奇·保罗打来的电话。他没迟疑，赶快拨通了格里芬的电话。

"小皇帝回家了，"在福布斯说出这个消息时，格里芬办公室的电视上刚好出现ESPN的新闻快讯。格里芬激动地摔在了地上，不断挥舞着双手和双

蓝图
BLUEPRINT

脚。"突然我就进入了人生中最幸福的时刻，接着，就在11秒之后，又一种情绪涌了上来，我想，'我的天啊，现在我们必须要去争冠了。'真是一秒天堂，一秒地狱，在纯粹的喜悦和极致的惶恐之间没有任何过渡。"

周末，骑士高层在拉斯维加斯举办了一场庆祝晚宴。他的妻子梅瑞狄斯及时赶上了这次宴会，他的航班降落稍晚，因此错过了当晚的所有庆祝活动。

***

布拉特在那个周五早晨正忙着组织夏季联赛的初期训练。他刚刚安排好本内特和威金斯的练习内容，就听见训练馆里噪声大作。当现在篮球世界的第一人、历史上最伟大的球员之一宣告回归时，消息的传播速度是你难以想象的。格里芬叫来了两个首席助教，特伦特·雷登和科比·阿尔特曼，告诉他们詹姆斯要回来了。

这宗新闻在训练场里迅速传开，布拉特冷静地走到球队媒体副总监泰德·卡珀身边，向他确认这个消息是否属实。卡珀点了点头。"这喜悦的感觉就像在山巅间跳跃。"布拉特说。

***

在公布消息之后，詹姆斯飞到了巴西，和他"失而复得"的队友安德森·瓦莱乔一道去世界杯观赛。回到纽约之后，他又马不停蹄地投入了一部电影的拍摄。詹姆斯在这段时间始终没出现媒体和公众眼前，直到8月初在"明智决策"体育场举办的那次盛大集会。共有三万人涌进了这座阿克伦大学的橄榄球主场。曾获格莱美提名的歌手斯凯勒·格雷到场演唱了他的代表作《回家》。格雷在2010年，也就是詹姆斯离开的那年创作了这首歌曲，就

三巨头
THE BIG THREE

好像他是想着詹姆斯写下的歌词一样。

我知道我的王国在等待着我，他们已经原谅了我的过错。
我要回家了，我要回家了。

夕阳西下，格雷的歌声响彻体育场，俄亥俄黄昏的夜色被闪光灯照得明亮。詹姆斯和他的家人们绕场游行，人群呼声震天。最终，他还是站上了舞台，惊喜地看着眼前的欢腾景象。詹姆斯做了约有20分钟的演讲，他坚称篮球原因对他的影响微乎其微，他选择克利夫兰，只是想让东北俄亥俄地区变得不同。他真的是这样想的。即使在为迈阿密效力的那段时间，詹姆斯也为阿克伦的不少学校购买了电脑等教学器材。他为阿克伦濒临辍学的孩子们设立了"教育车轮"项目（面向三到五年级的学生）和创始于2011年的"我承诺"教育项目（面向六年级以上的学生），在他回家之后，这些助学计划的覆盖范围一定会继续扩大。

"我要让这座城市里的人开心，我会让全州人民开心，"詹姆斯对"明智决策"体育场里的球迷们说，"所以我回来了。我爱你们。我回来了。"

***

焰火点亮了阿克伦的夜空，詹姆斯放下麦克风，离开了舞台。国王回到了他的王位，但是好戏才刚刚刚开始。已过而立之年的詹姆斯在骑士阵容里看到了凯里·欧文，这个注定将成为全明星常客的年轻新星。向来在克利夫兰孤军奋战的他第一次有了一个可以分担责任的伙伴。在詹姆斯进入自由市场的五个月前，欧文刚刚当选全明星赛的MVP。他站在新奥尔良的球场上，一脸迷茫。詹姆斯就站在他后面，他鼓励这个年轻人把奖杯举过头顶。

蓝图
BLUEPRINT

"凯里是个特别的球员,就是这样。他是个非常特殊、非常聪明的球员,"詹姆斯在全明星周末时这样评价欧文,"他的投篮能力、突破能力、在篮筐附近的终结能力都很强,他在进攻端无所不能。而且,早在他上高中的时候我就知道这些了。我见证了他的成长,我为他感到非常开心。"

如果欧文没有在自由市场开启时同意与骑士续约,可能詹姆斯也不会回来。但只有一块拼图还不够,NBA是一个"球星为王"的联盟,詹姆斯在迈阿密时身边站着的可是两大巨星。现在欧文已经续了一份长约,詹姆斯有机会让他的帮手数量翻倍——因为在遥远的明尼苏达,森林狼已经做好了交易乐福的准备。

乐福是个喜欢独来独往的人。与在城里花天酒地相比,他更喜欢在夜晚窝在沙发里,看网飞(Netflix)上的最新剧集。一直以来,他都以自己的节奏生活着。但詹姆斯不管这些,他只记得在2012年伦敦奥运时,乐福的比赛让他一见倾心。他们两个不算很熟,但詹姆斯对乐福的喜爱毫不掩饰,他说乐福是美国夺金的关键。"他总觉得我在说空话。"詹姆斯说。

乐福的确这么想。他在伦敦时一直没有看穿过詹姆斯的心思。"我没把这些话放在心上,"乐福说,"我表现得很冷漠,因为我跟他不是很熟。"

当这两个球星在六个月后的休斯敦全明星赛再次碰面时,詹姆斯特意找到乐福,又强调了一遍自己对他的喜爱。乐福这才知道他是认真的。詹姆斯的"表白"来得正是时候,因为乐福在明尼苏达正过着不受待见的日子。尽管联盟上下和乐福自己都认为他绝对配得上一份五年的顶薪续约,但前森林狼总经理大卫·卡恩还是拒绝送上长约。乐福仅仅与明尼苏达续了四年,这

三巨头
THE BIG THREE

意味着他在2015年的夏天将提前恢复自由身。2012年12月，乐福在一篇雅虎体育的文章中炮轰了森林狼老板和管理层。这件事发生在伦敦奥运会四个月之后，而且再过两个月，詹姆斯和乐福就在迈克尔·乔丹的休斯敦生日宴上再次相见了。

"我不知道由谁来评定哪些人是球星，但格伦·泰伦（森林狼老板）甚至说'我认为凯文·乐福不是一个球星，因为他没把我们领进季后赛'，"那篇痛斥森林狼的文章如此引用乐福的话，"我在那边没有收获多少支持，牙打碎了只能往肚子里咽。"

当那篇报道公之于众时，乐福彻底愤怒了。他在接下来几年都没有和媒体恢复到正常的相处模式。他感觉自己遭到了背叛。联盟的劳资协议规定球员们每天都要给记者的采访留出时间，但乐福所有的回答都在文章中变成了毫无深度的陈词滥调。尽管如此，乐福直到今天也认为森林狼的报价对他的确是种侮辱。

"我想拿到一份五年的合同，稳定地留下来。我没拿到，所以有点不满，"他说，"我原以为我会成为他们的建队基石，我想成为球队的门面。"

卡恩在2012-13赛季末被森林狼解雇，取而代之的是受人爱戴的菲利普·桑德斯。乐福对新总经理也是欣赏有加，但他的半只脚已经踏到球队门外了。又为明尼苏达打了一年之后，乐福宣布他不会与球队续约，将在2015年试水自由市场。桑德斯面临的选择很清楚：是赶在2014年夏天将乐福交易出去，还是冒着重蹈骑士覆辙的风险，等待第二年夏天的答案。

蓝图
BLUEPRINT

勇士队尝试用克莱·汤普森去交易乐福。讽刺的是，克莱和乐福是童年时期的好友，他们曾在体育小联盟（Little League）中的同一支球队效力。但是勇士教练组请求管理层撤回提案，他们认为汤普森比乐福更适合目前球队的打法，而且他们距离总冠军已经不远。因此，在勇士队拒绝送出汤普森之后，骑士队就成了乐福最有可能的下家——前提是他们要搭上2014年的状元安德鲁·威金斯。森林狼对迪昂·维特斯、特里斯坦·汤普森或者其他任何骑士要搭上的筹码都没有兴趣，他们只想要威金斯。骑士动了心，詹姆斯猛烈的追求让他们相信乐福会答应与克利夫兰续一份长约。

詹姆斯的深情文章被《体育画报》发表出来之后，他迅速给乐福打去了电话。突然间，詹姆斯在过去两年里播下的所有种子都开始发芽。他在奥运会期间和乔丹的生日宴上都夸赞了乐福的技术，现在他要证明自己的深情。他说自己了解乐福的处境，需要后者加盟克利夫兰。乐福当场答应了这个请求，所以现在的问题变成了他将以什么方式来到骑士。骑士的管理层本来死死拽住威金斯不放，他们不愿送走这个身高臂长、防守坚韧的堪萨斯前锋。但是几周之后，他们终于妥协，将威金斯和水货状元本内特打包，加上一个首轮选秀权，换来了明尼苏达的凯文·乐福。这下，詹姆斯的球队又出现了一组令人生畏的三巨头，让人不禁想起当年迈阿密的德怀恩·韦德和克里斯·波什。尽管这两组人马有相似之处（三位超级球星共事一队），但他们也有本质的区别。詹姆斯在来到迈阿密之前就和韦德是很好的朋友，但他现在与欧文和乐福都相交甚浅。另外，当时的热火三巨头都正值巅峰，而现在的勒布朗虽然也如日中天，但运动能力已不比当年；凯里·欧文更只是个刚打了三个赛季的年轻人。转眼之间，骑士队从东部鱼腩变成了NBA总冠军的竞争者。他们虽然取得了短暂的成功，但时间不会等待太久。接下来，这支球队走上正轨的路途比所有人想象的都要艰难。

BLUEPRINT

THE MODERN NBA

11

现代NBA

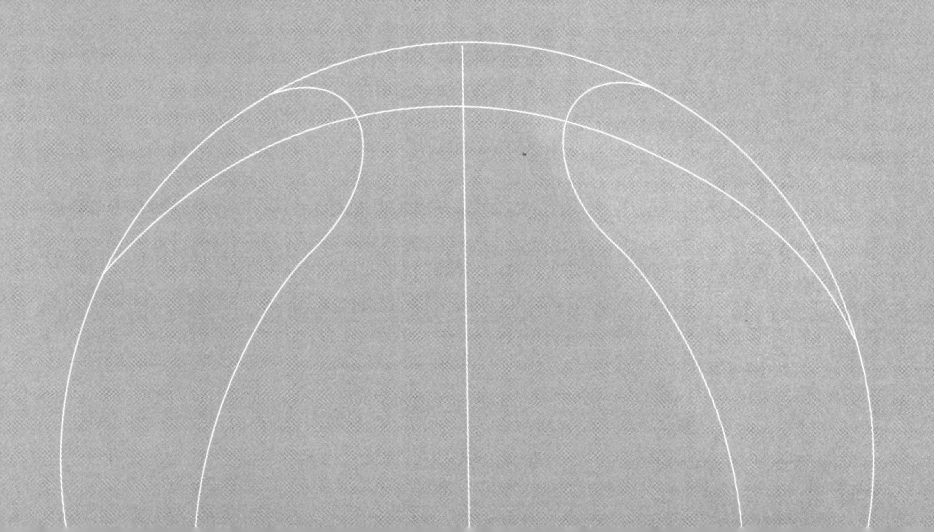

蓝图
BLUEPRINT

在希莱河和波蒂尼加河交汇处,坐落着一个美丽的意大利小城。而NBA今日的现代风潮,正是于世纪之交在这个叫作特雷维索的地方悄然萌芽。迈克·德安东尼的第二段执教生涯就是在这里的贝纳通篮筐队度过的。在太阳队总经理布莱恩·克朗格洛的请求下,他的父亲,也是太阳队老板杰里·克朗格洛偕同夫人,专程飞过大洋来到意大利,与德安东尼夫妇相见。菲尼克斯想请他出山,来太阳队担任助理教练。

德安东尼在欧洲的执教风格特立独行,克朗格洛对此早有耳闻,他想亲自来一探究竟。德安东尼鼓励球员们提速,打出快节奏的进攻。但是在克朗格洛看来,欧洲篮坛的风格向来以保守慢速著称,这种战术取得成功的难度比在美国本土还要高上几成。德安东尼用战绩证明了自己的成功——他率领贝纳通篮筐队在意大利联赛中豪取28胜8负的战绩,并最终拿下了冠军。2002年,他还率队打入了欧洲篮球冠军联赛的四强。

德安东尼曾在20世纪90年代中期担任贝纳通队的主帅。他在1997年接受了一份丹佛掘金队的管理层职位,然后机缘巧合,在1998-99的缩水赛季匆匆上马,拿起教鞭,率队交出了一份14胜36负的糟糕答卷。丹佛不留情面地

现代NBA
THE MODERN NBA

炒掉了他。那段时间，掘金队几乎每年都会换帅，德安东尼只是最新的牺牲品。之后，德安东尼以球探和助教的身份在NBA中游走了几年，又回到了特雷维索。2002年，克朗格洛和他在这里相遇了。

"我们认为他是一个理智的人，一个会思考的人。他知道篮球应该怎么打，并且对此深信不疑，"克朗格洛说，"但是凡事都要有个起点，我们打算先让他从助理教练干起。"

克朗格洛接受了儿子的推荐，他将德安东尼带进了主教练弗兰克·约翰逊的教练组。球员时期的约翰逊曾在太阳队担任替补后卫。他在2001-02赛季接替被解雇的斯科特·斯凯尔斯走马上任。虽然他们十四年来首次缺席季后赛，但带队成绩只有11胜20负的约翰逊还是收到了一份三年合约。他要围绕史蒂芬·马布里、肖恩·马里昂和乔·约翰逊重建太阳。在这些核心球员中，25岁的马布里竟然是最年长的一个。

在约翰逊教练转正后的首个完整赛季中，太阳队如愿重返了季后赛。但是，他们在首轮迅速被淘汰出局。接下来，太阳队在2003-04赛季以8胜13负惨淡开局之后，果断炒了约翰逊的鱿鱼。而他的继任者，正是德安东尼。

"依我所见，这支球队在这一整年里都不大对劲，"杰里·克朗格洛在辞退约翰逊时说，"包括他们的肢体语言、互相之间的交流，我都越看越不喜欢。"

大卫·格里芬当时还是太阳队内一个渴求晋升的年轻经理，他密切关注着克朗格洛的建队套路。格里芬发现，克朗格洛旨在营造一种家庭般的球队

蓝图
BLUEPRINT

气氛，这支队伍里要充满和谐、快乐和爱。如果他未来有机会打造自己的球队，他也希望将这个理念一以贯之。然而，除了克朗格洛父子以外，没人能预料到德安东尼和他的跑轰打法将给联盟带来多大的震撼。

"前几场比赛应该会很精彩，"德安东尼在他的就职发布会上说，"篮球会满天乱飞，我们争取不伤到别人，但如果一切如愿的话，比赛会相当好看。"

连德安东尼本人可能都没有意识到，他正在菲尼克斯掀起一场革命。在他的狂热指挥下，球队会以极快的速度推进进攻，从而逼迫对手也加快比赛的节奏。他们要在24秒计时的前7秒解决战斗。防守从来都不是他们的重点，他们只想让对手跑到精疲力竭。

"在进攻端，我们的目的是将对手累倒，让他们在进攻时失去还手之力，"曾在德安东尼的太阳队下效力过的骑士前锋詹姆斯·琼斯说，"这样一来，你的防守任务只是尽量地将对手的得分压低而已。我们的宗旨就是累死他们、累死他们、累死他们。"

德安东尼的战术成功了。在他执教的四个完整赛季里，太阳队的常规赛胜场始终维持在54胜以上，其中有两年甚至赢下了60多场。四年里，他们三次领跑联盟的得分榜。

"这套进攻哲学我们已经了然于胸，所以对什么老板、管理层、教练组的人选并没有多少要求，我们的工作只是招募适应这一打法的球员，然后让他们相信这一套理论，"克朗格洛说，"我们有与之契合的阵容，麦克手下的阵容能让他的战术有用武之地。所以我们才会取得成功，光是说要提速、大

现代NBA
THE MODERN NBA

小球是一回事，但如果你的阵容不允许，那一切都是空谈。"

虽然德安东尼的实验成功了，但这支太阳从未夺冠，甚至从未打进过总决赛。他们最好的季后赛成绩就是连续两年打入西决——在2005年以1∶4输给圣安东尼奥马刺，又在2006年以2∶4输给达拉斯小牛。太阳在2008年豪取55胜闯入季后赛，却在首轮就败给了马刺——这支四年间三次淘汰太阳的球队。德安东尼旋即被菲尼克斯扫地出门。那时候，他的跑轰战术和对三分球的狂热追求被看作华而不实的无用把戏。人们依然认为，防守才能赢得冠军，NFL的快节奏跑传在NBA里派不上用场。然而，在下一个十年，德安东尼的理念不但被主流接受，它还成为主流本身。到了2017年，全联盟都爱上了快节奏和三分球。

人们近年来对数据分析的愈发重视促成了这次历史性的变革。2013年，有29个NBA球馆安上了球员追踪摄像头。突然间，球员们在场上的一举一动都变成了记录和分析的对象。尽管像节奏、攻防效率和PER值（球员效率值）这样的高级数据已经普及了很多年，但这些追踪摄像头提供的新数据依然让分析师们欣喜若狂。联盟中年轻一代的总经理们开始用不同的眼光审视比赛：既然一次中投的价值和一记上篮相等，那么为什么要选择距离更远的中投呢？如果这球非投不可，那何不再向外站几步，把它变成一记三分呢？否则就尽全力接近篮筐，提升这次出手的命中概率。这些新时代里的高级数据和大卫·格里芬的想法不谋而合。格里芬之所以能从一个媒体公关实习生一步步走到今天，凭借的就是他大规模的数据收集和独到的分析方法。

"他刚来的时候就是个自以为是的毛头小伙。他的天真都写在脸上，活脱脱一个怀抱梦想和抱负的当地孩子。"克朗格洛说，"我最惊叹于他的勤

蓝图
BLUEPRINT

奋、专注和活力。他一心只想着成功，所以他在这方面劲头十足。我认为，你想要在这行里出人头地，就必须得像他那样充满干劲。"

格里芬在太阳队收获颇丰，但他依然在2010年离开了菲尼克斯。他与德安东尼的交情不算好，和在2004年买下球队的太阳老板萨沃尔的关系也一直很紧张。但他在这里学到了不少东西，并且在离职后迅速加盟了骑士队。

"在我看来，他在我们队中的成长经历，深深地影响了他随后所做的所有决定。他自己也是这么和我说的。"克朗格洛说，"菲尼克斯有着非常浓厚的文化氛围，可以说是这里孕育出了他这样一个成熟的球队总经理。我很难具体举例，但无论是选人、交易还是签约，甚至包括他在这些操作之后所做的解释，都有着我们的烙印。有时候我会觉得他的操作似曾相识，仿佛在菲尼克斯见过一样。但总之，他是在这里建立的基础。他在离开之后干得也非常棒。"

格里芬一门心思要建立起全新的球队文化。他先是堵上了吉尔伯特的嘴，让这个不知分寸的老板拒绝接受任何采访。然后，他把修复欧文、韦克斯勒与骑士管理层之间的关系当成头等大事。在詹姆斯回归之后，他又试图和勒布朗交朋友。格里芬对克朗格洛在菲尼克斯秉持的"和谐、快乐和爱"的价值观深信不疑，他在克利夫兰也从未停止对这套价值观的模仿和沿袭——虽然这样的球队气氛并不总能换来成功的结果。

"每支球队都是不同的，根据球员的各自特点，球队的不同阵容，应当适配不同的战术打法。球队文化和建队思路也是一样，这与比赛风格无关，"克朗格洛说，"我要强调的是球队内部的文化，和你围绕球星建队的方法。菲尼克斯没有勒布朗这样的天之骄子，但话说回来，有多少球队能幸运地得

现代NBA
THE MODERN NBA

到勒布朗这样的巨星呢？当球队拥有他时，很明显要相应地调整你的建队思路。但你不能将之前的考量依据全盘否定，彻底选择一条全新的道路。我们生来就是习惯的奴隶，如果你相信一件事情，你一定会一直相信下去。"

克朗格洛是这片热土上的英雄。他在20世纪80年代买下太阳，这支球队也在连续十三个赛季打入季后赛后完成了涅槃重生。克朗格洛还在菲尼克斯买下了一支棒球队，并在2001年豪取世界冠军。直到今天，这依然是亚利桑那职业体育史上的唯一一个冠军。在美国男篮折戟雅典之后，他又出山来拯救这支在奥运会上仅获铜牌的失望球队。克朗格洛首先着手处理的几个问题之一，就是他在之前经营的所有领域内都十分看重的一点——球队文化。但是，想凭空建立一个赢球的球队文化，并将它坚持下去，可不是那么容易的。

"最重要的两个字就是尊重。我认为，你必须要让球员们尊重你。作为一个教练，你一定要收获队员们的尊敬，对管理层来讲也是一样。我们在菲尼克斯做到了这点，所以那里成为了一切的起点，"克朗格洛说，"接下来，管理层和教练可以就打法问题达成一致，然后双方把既定的比赛计划坚持下去。而你的工作就是要创造这样一种球队文化，让他们感觉到你真正在意的不只是球队战术和比赛胜负，还有他们所有人的个人利益。在NBA这个大环境里，计划往往会赶不上变化，所以你必须要学会承受随之而来的压力。但如果你的球队文化坚实且完善，它就能帮你度过这些困难的日子。"

***

然而，没有人会预料到，在格里芬入主骑士着手重建的同时，一支王者之师正在西部悄然成型。金州勇士的崛起并不像克利夫兰迎回国王那样喧嚣张扬，但他们给球迷们带来的意外，给这个联盟带来的影响，却是和骑士相

蓝图
BLUEPRINT

当的。并且,这支勇士的很多进攻准则,似乎都是师承于十年前德安东尼在太阳队实行的跑轰打法。

鲍勃·迈尔斯曾是沃瑟曼传媒集团旗下的一个经纪人。2011年,卓有成绩的迈尔斯被挑选到了勇士的管理层工作。根据《福布斯》的推测,在迈尔斯的经纪人生涯中,他谈成的球员合同总价超过了5.75亿美元。但他还是选择离开亚恩·泰兰——这位NBA中最有权势的经纪人之一——转投勇士门下,担任金州的总经理助理。他在联盟中的声誉颇高,大家都对他的谦逊态度赞赏有加。金州勇士在迈尔斯加盟的前一个赛季以36胜46负的战绩收尾,最终排名西部第12的他们与季后赛无缘。仅仅一年之后,迈尔斯就升职为勇士的总经理。和格里芬与太阳队的关系相似,迈尔斯从小在湾区长大,一直是一个勇士死忠。他看的第一场NBA比赛就是勇士的比赛。

"今天是个好日子,但更好的日子还在前头,当我们的球队愈发强大,能够走出常规赛,冲击总冠军,到那时,我才会真正地开心起来。"迈尔斯在2012年的就职新闻发布会上这样说,"我现在不会许下什么承诺,但是我前几天看到一句话,现在想分享给大家——'你无法确保成功,但你可以争取配得上它。'我们管理团队一定会精诚协作,努力奋斗,成为一支'配得上成功'的球队。在这个目标达成之前,我们绝不会停下脚步。"

迈尔斯是一个半传统半现代的NBA总经理。曾经有段时间,绝大部分的总经理都是退役的NBA球员,他们离开球场之后,就直接进入了管理层。迈尔斯也打过高水平的篮球比赛,他从一个UCLA的龙套球员到收获学校的运动奖学金,再到随队赢得1995年的全国冠军,也算是经历颇丰。但尽管如此,他从未有机会成为一名NBA的职业球员。

现代NBA
THE MODERN NBA

在这一点上，他和格里芬很像。他们从小热爱篮球，但都未曾涉足职业赛场。在这波数据分析型总经理占领联盟的浪潮中，迈尔斯和格里芬成为新一派的中流砥柱。像达雷尔·莫雷这个麻省理工出品的MBA，没打过篮球的他竟然走上了火箭队的最高层。里奇·乔曾经当过工程师、律师，后来又变成了一个擅长用算法和成本效率组建阵容的NBA工资帽专家。换句话说，他就是NBA中最像比利·比恩❶的人。现在，他成为夏洛特黄蜂的总经理。知识分子们、高材生们正在和太阳式的进攻一起占领这个联盟。

克朗格洛曾经成功地在菲尼克斯建立起了良好的球队文化，类似的球队文化也让圣安东尼奥马刺队在十数年间屹立不倒。格里芬此时正在克利夫兰苦苦尝试，而西边的迈尔斯也打算紧随前人的步伐，试图先与球员们处好关系。迈尔斯向已经名利双收的球员们提出了一个这样的问题：你们想要什么？

"你们认为夺冠的代价是什么？因为你们夺冠的机会只有这么几年。这是你的人生，在你退役之后，你就打不了球了。就是这样。"迈尔斯在2017年于波士顿举办的斯隆体育分析峰会上说，"你可能有10年、12年甚至15年的时间。如果你是一个超级巨星，你夺冠的压力会是巨大的。在我看来，我们对冠军的重视近乎疯狂，我们对夺冠的吹捧和对失败的贬低都太严重了。所以这些球员，这些球星们在争冠路上要背负难以想象的压力。如果他们能摆正心态——巨星们通常都有这个能力——他们就能接受这个挑战。"

---

❶ 比利·比恩（Billy Beane），美国职业棒球大联盟奥克兰运动家队的总经理，以独特的管理理念和崇尚数据分析的经营方法而闻名，他的事例被作家迈克尔·刘易斯写进《魔球：逆境中致胜的智慧》一书，由布拉德·皮特主演的电影《点球成金》也是以他为原形。

蓝图
BLUEPRINT

迈尔斯认为，与其说是他们想赢，倒不如说是因为他们痛恨失败。

"如果有一种测试能测出人的胜负心有多强，那么这个测试就会变成无价之宝，"迈尔斯说，"并不是人们想赢，而是因为他们怕输。当你身处一个紧张激烈的竞争环境时，是什么迫使你拿出自己都不敢相信的实力？你只是在尽力避免体会那种失败的感觉罢了。你并不是试图去品尝胜利的喜悦。你想的是，'我不能承受失败的感觉，所以我竭尽全力也要避免输掉比赛。'如果队伍中没有这样的球员，你是赢不了的。这就是你赢球的动力。'如果输掉这场比赛或者这轮系列赛，我无法想象在这之后我会是什么样子，因为我知道那是一种怎样的痛苦，我必须要赢。'所以说，一切与庆祝胜利无关，我们只是在避免失败，就是这样。这是成功人士的共性特征。"

迈尔斯想要从他的球员身上找到这种特质。他很快投入到了2012年的选秀准备当中。这是他经手的第一届选秀大会，他的目标就是用手里的三个签位找到不服输的天生胜者。当晚的最佳之选姗姗来迟。在坐拥四号签的骑士队错过巴恩斯之后，迈尔斯在第七顺位偷到了他。接下来，他在首轮的最后一位选中了中锋费斯图斯·艾泽利。而在次轮的35顺位，身材较矮的大前锋德拉蒙德·格林被他收入囊中。格林在大学效力于斯巴达人队，他们的主教练汤姆·伊佐在那个夏天与骑士主帅的工作失之交臂。伊佐教练一直对格林说，勇士队对他的兴趣最大，他极有可能被金州挑走。但是，这位"十大"联盟赛区❶的年度球员，密歇根州立大学的历史篮板王，却没有在首轮听到自己的

---

❶ NCAA第一级别联赛顶级六大分区之一。

现代NBA
THE MODERN NBA

名字。

"我认为我的运动能力比你们想的要强,"格林在加盟勇士的新闻发布会上说,"但我并不想指望这个过活。我一直在努力打球,我会打出强硬的比赛。我会积极争抢篮板,做好自己的工作。而且我认为你们也低估了我的防守能力。我将在未来的比赛中证明自己。如果你积极防守,积极保护篮板,你一定会得到上场的机会。防守和篮板是永远的取胜之匙,所以这是我要做的事。"

格林最终进入了NBA中最顶尖防守者的行列,他成为那届选秀中最大的首轮遗珠。没人能预料到,这支所向披靡的勇士队因格林火爆的性格和顽强的韧性而变得与众不同。他和巴恩斯迅速成长为球队首发,和联盟中的两个最强射手——克莱·汤普森和史蒂芬·库里——搭档出战。管理层随后又交易来了安德鲁·博古特、大卫·李和安德烈·伊戈达拉,转瞬间,勇士完美复制出了德安东尼时代的太阳风骨。然而,两支球队还是有不同之处的:勇士的防守与他们的进攻同样出色。

狂野的节奏,快速的出手,对三分的痴迷,这些特征让格里芬不禁想起他的老东家菲尼克斯。2013-14赛季,勇士队的场均得分冠绝联盟(每场110分),三分球和球队节奏(每场比赛球队拥有的球权数)排名联盟第二。节奏唯一比勇士更快的球队是东部的布鲁克林篮网。

和十年前的太阳相仿,这支勇士也没能在季后赛里走得更远。他们在1974-75赛季勇夺冠军,但自1976年折戟西决以来,就未曾突破次轮。2014年,在被快船队首轮淘汰之后,球队炒掉了在两个赛季内带队98胜66负的主

蓝图
BLUEPRINT

帅马克·杰克逊。杰克逊的成绩虽然不错，但他和勇士老板之间的裂痕似乎已经无法修复。

迈尔斯很快将继任主帅的人选锁定在了史蒂夫·科尔身上。他将科尔从菲尔·杰克逊的纽约尼克斯那里抢了过来。科尔曾在太阳队的管理层与格里芬共事。他在球员时期和乔丹拿过戒指，现在的工作是一名电视解说员。从他的一言一行中，你能感觉到他和这支星光熠熠的年轻球队无比契合。在这一切发生的同时，勒布朗·詹姆斯回家了。

勇士老板乔·拉科布这样评价科尔："他的到来震惊了我。史蒂夫·科尔和鲍勃·迈尔斯简直就是我梦寐以求的组合，这是一支梦之队。"拉科布的球队很快成为其他NBA球队的梦魇——尤其是骑士队。詹姆斯回家的决定吸引了所有人的目光，但没人能想到，勇士的金色王朝正在此时的湾区悄然崛起。

BLUEPRINT

HOMECOMING KING

12

回家的国王

蓝图
BLUEPRINT

在NBA这个大环境中，重建的过程通常有序而缓慢，一支球队大概要经历好几个年头才能脱胎换骨。但骑士队用一个夏天就完成了全部工作。他们接下来要背负重压，找出让这套阵容在极短的时间里完成磨合的好办法。同时，与詹姆斯相关的压力也如潮水般涌来：执教他的压力，为他找到完美副手们的压力，诸如此类。从勒布朗回归的第一刻起，格里芬就感受到了夺冠的压力。

詹姆斯回归后的第一场主场比赛是在2014年的10月30号，他将在速贷中心迎战到访的纽约尼克斯。当然，在这场常规赛之前，他已经在季前赛有过亮相。但这场不同，自从2010年输给波士顿被嘘声赶出场地之后，这是他第一次身披骑士球衣在家乡参与一场正式的比赛。当天早晨，他就明白了这场比赛的重要性。

"我们每个人都应该重视这一刻，"詹姆斯说，"这可能是一场前无古人、后无来者的重要比赛。"

精彩的陈述，起伏的人生。当一件件詹姆斯的球衣在四年前化为灰烬时，当球迷们冲着他红黑相间的热火球衣嘘声大作时，谁能想到这衣锦还乡

回家的国王
HOMECOMING KING

的一刻呢？

凯里·欧文的名字首先被喊了出来，接下来是迪昂·维特斯和安德森·瓦莱乔。灯光逐渐暗淡，球馆里的无数黑影在竭力狂吼。背景里还飘荡着斯凯勒·格雷的《回家》，凯文·乐福在这首激昂的乐曲停止前走了出来。接着，人群和音乐都倏然安静，主持人阿迈德·克朗普开始了他的低吼："来自圣文森特-圣玛丽高中……"詹姆斯从座位上起身，扭了扭脖子，直了直背，然后闭上了他的双眼。看到他们的浪子终于回头，人群中再次爆发出了震耳的欢呼。

比赛的过程远不如开场这么精彩。詹姆斯全场15投5中，并犯下了8次失误。他拿到了17分5篮板和4次助攻，骑士最终以90：95败下阵来。大卫·布拉特的NBA首秀也以失利收尾。詹姆斯一周内的疲累在这场比赛中达到了顶点。要知道，他的女儿朱莉在揭幕战八天前刚刚出生。

"真是重要的一晚，"詹姆斯说，"我很高兴能见证这伟大的一夜，也很高兴终于能结束这场比赛。我们现在可以正常打球了。"

时间不等人。上一次有关时间的焦虑，还是丹尼·费里在2010年自由市场打开前，感受到詹姆斯的合约时间在一点点减少。而这一次，是关于他的身体。他已经在联盟里打了11年，加上季后赛的时间，他总共出场超过4万分钟。粗略来看，詹姆斯的顶级状态最多还能再保持四个赛季。在那之后，他将不免出现下滑。

"正因为我爱他，我才感受到了压力。我想让他得到最好的东西。我想

蓝图
BLUEPRINT

看见他实现自己的梦想,这里才是他的家乡。"格里芬说,"当你设身处地想想,你会想到那个六岁的你。我六岁的时候见证了太阳队在1976年总决赛三加时输给了波士顿。如果我有他那样的能力,做他能做到的那些事,把冠军带给太阳,那么这将是我生命里最重要的成就。所以我们正在帮助这位美国最重要的运动员实现他最伟大的梦想。他不仅是最重要的篮球运动员,也是这个星球上最重要的运动员。我们每天就像在和'贝比'·鲁斯[1]一起工作。所以一百年后,当人们记录这段故事时,你的名字会在里面。所以这种压力和责任感便油然而生。我们需要帮他写好这段故事。"

詹姆斯刚回来的时候,骑士队欠缺的东西有很多。他们需要外线火力、阵容深度、内线防守……在2014年的一整个夏天,格里芬根本不曾相信詹姆斯会回来。他以为过去四年的糟糕战绩和他们止步不前的现状已经让他失去了争夺国王的机会。如果确定会在秋天迎回詹姆斯,他的许多决定都会有不一样的走向。格里芬觉得,最现实的情节莫过于詹姆斯与热火续一份两年合约,其中的第二年为球员选项,从而再给骑士队留出一年的整备时间。等到2015年的夏季,他再认真考虑回归。

尽管格里芬就任临时总经理之后骑士打出了17胜16负的战绩,他们依然与五成胜率有着16场的胜场差,并以5场之差错过了东部季后赛的席位。失去詹姆斯之后的他们是联盟这四年里最烂的球队——大抵是有意为之——没人相信詹姆斯会对这个重建项目感兴趣。他应该只在乎戒指和奖杯,在乎追

---

[1] 乔治·赫尔曼·鲁斯(George Herman "Babe" Ruth Jr.),美国职业棒球运动员,曾效力于波士顿红袜队,在1920年被卖到纽约洋基队,并在那里拿下四座冠军奖杯。他可以算是美国职业棒球史上最伟大的球员,有"棒球之神"的美誉。

回家的国王
HOMECOMING KING

随偶像乔丹的步伐和他的六个总冠军。詹姆斯只在热火收获两冠，他还有很长的路要走，当然，骑士也是。

"勒布朗出现的时候，我们还没有准备好。"格里芬说。

"你没办法使打了四年垃圾篮球的球队通过扳动一个开关，就变成一支冠军球队。成长过程中的麻烦和痛苦是不可避免的。"

这也是计划的一部分。在骑士队收集选秀权和交易筹码时，格兰特心里很清楚，如果詹姆斯真的回来，这支队伍里的一些球员是和他格格不入的。但格兰特并不担心，因为这些球员的交易价值还在，他可以用他们换来更适合这支球队的夺冠拼图。事不宜迟，这支球队等不了太久。早在詹姆斯回归之前，格里芬就知道这支骑士的阵容并不搭调。现在他的任务就是找出问题的症结。这个任务并不困难——他们队中需要球权的人太多，而有能力的定点投手又太少。

在欧文和维特斯合作的两年里，他们一直没有找到合作共存的好办法。骑士现在迎回了篮球世界里的最强者，他们打算将维特斯改造成一个接球出手的定点射手。但维特斯拒绝了这个提议："那不是我的风格。虽然我可以这么做，但还是挡拆或者其他一些工作更适合我。"

他们把前一年的数据摆给他看：维特斯接球出手的三分球一共173投72中，命中率达到了优秀的42%。顾名思义，接球出手的动作并不困难，射手站定位置等待传球，在接到篮球后马上出手，无须运球。在这个时代，球队、球迷和媒体们能接触到的数据种类多如繁星。例如，自从"球场跑动距

蓝图
BLUEPRINT

离"这个数据在2013-14赛季被引入联盟以来，波特兰开拓者队的球员每年都排在这个榜单的首位。尼古拉斯·巴图姆在那个赛季中的跑动距离超过了216英里（347.6千米），是联盟的数据跟踪软件投入使用以来的最高数值。在下一个赛季夺魁的是达米安·利拉德，接下来是C.J.麦科勒姆。他们三位的单赛季跑动距离都超过了200英里。

现在还有数据能显示球员们最频繁的持球位置，或者他们在哪里最有效率，还能计算出一名球员的肘区触球次数，或者谁和谁的挡拆效果最好。我们正身处一个信息时代，但现在的信息已经丰富到了一个过剩的状态，球队需要从中筛选出他们想要的那一部分，再找到利用这些信息的方法。

现在的球队都配有专门的分析部门，一群热衷于数据的聪明人在里面试图解密这些由球员们生产的密码。球队们还都有自己的工资帽专家，他们对各个合同和联盟复杂的劳资协议了如指掌，每天都在寻找其中的秘密或漏洞：例如拜伦·戴维斯合同中的弹性条款，或者布兰登·海伍德最后一年1050万美元的无保障合约。正因如此，骑士才在2014年的选秀夜疯狂追求当时已是NBA边缘球员的海伍德。那时候，詹姆斯和乐福降临的事情甚至都不存在于设想之中。骑士队想利用海伍德最后一年巨大的无保障薪额吸引买家，从而换来一名优秀的球员。因为拿到海伍德的球队可以随时将他裁掉，而不需要付给他一分钱。

就像棒球运动衍生出了诸如WAR（超过替代水平的胜场数）、FIP（不考虑守备的投球统计量）和BABIP（打到球情况下的安打率）等一系列专业术语一样，有关篮球的数据名词也越来越多。PER值（球员效率值）和使用

回家的国王
HOMECOMING KING

率[1]能让你在得分之外看到球员的另一面。传统的投篮命中率——也就是一支队伍投了多少又进了多少——已经被现代的进攻效率和防守效率所取代，后者计算的是每百回合球队的得分与失分。大家都知道，NBA已经进入了一个崇尚快速与空间的时代。单纯硕大的身躯已经不再受球队追捧，他们现在更偏爱有超长臂展和过人运动能力的球员。"效率"一词成为联盟的时髦术语。最高效的投篮当属篮下的终结，或者来自外线的三分。中投被丢进了历史的垃圾堆里。擅长背筐，脚步蹒跚的巨人们也渐渐失宠。

曾几何时，像帕特里克·尤因和沙奎尔·奥尼尔这样的巨兽是这项运动中的霸主。球队们的战术简单异常——运球到前场，设置半场进攻，将球扔给低位的内线，拉开空间。现在，这套法则已经是过去时了。虽然一些缓慢中锋依然存在于这个联盟里（底特律的安德烈·德拉蒙德可不会突然成为全明星三分王），但大多数中锋已经不再是传统意义上的"中锋"了。位置的概念在不断消亡，在历史上的任何时期，它的定义从未变得像今天这么模糊。

对维特斯来说，他42%的接球投篮命中率比上赛季的欧文和乐福都要高。如果维特斯能甘心接受角色，在场上拉开空间，投出定点三分，转而把精力都放在防守端上，那么他定是一个可用之才。如果他拒绝，他必走无疑。事实是这样的，在这支拥有詹姆斯、乐福和欧文的球队里，维特斯在前五场季前赛的出手数领跑全队。当然，这是季前赛，无关大局。但这清晰地表明了维特斯的想法和他对新体系的态度。他不想融入球队。

---

[1] 球权使用率（Usage Percentage，简称USG），即一个球员在场上处理的球权数占球队球权数比例的估算值。

蓝图
BLUEPRINT

詹姆斯刚回到克利夫兰时还在为维特斯说话，想试着指导他。不仅是勒布朗，所有的老将们都想这么做。詹姆斯·琼斯和年轻球员们说，在主教练训话时，他们要停止热身活动，在凳子上乖乖坐好。勒布朗则规定球员们不准在看录像时吃东西。在阵容修整的过程中，勒布朗还希望琼斯和迈克·米勒这样的老将能把职业态度传递给年轻的维特斯和欧文。

詹姆斯相信维特斯收获的评价并不公正，他在联盟的前几个赛季成为骑士队的替罪羊。他劝这个年轻人不要在意这些事情。然而，随着他们两个在场上合作的时间越来越长，詹姆斯似乎开始主动疏远维特斯，因为后者的持球时间过长，而且总是呼叫球权。他因为在骑士队浑浑噩噩的两个赛季里养成的坏习惯，成为老将们的眼中钉。当维特斯和欧文在第三场客战开拓者的比赛中频频打铁时，詹姆斯的愤怒显现了出来。他站在底角表示抗议，拒绝参与球队进攻。他想传达的意思非常明确：继续现在这么打球，你们最终的结果将和以前别无二致。骑士队最终以82：101惨败收场。

"在过去的几年里，他们养成了太多的坏习惯，"詹姆斯在赛后说，"如果这个样子下去，他们很难改掉这些毛病。"

此时的布拉特还在为树立自己的更衣室权威而苦苦努力。他在赛后第二天召集全队，在犹他开了一次录像分析会。本赛季刚刚打了三场，但布拉特想赶快在队内建立起牢靠的"食物链"。首先要被喂饱的是詹姆斯和乐福。布拉特告诉欧文，作为球队的控球后卫，给这两名巨星喂球是他的任务。欧文可以在他俩酒足饭饱之后再寻找自己的节奏。然而，在那场盐湖城的比赛结束之后，欧文的数据表上讽刺地写着34分和0个助攻。这激怒了詹姆斯，

回家的国王
HOMECOMING KING

他明确地告诉欧文，这种事决不能再发生第二次。骑士当天晚上全队只有6次助攻，追平了队史单场最低助攻纪录。他们在最后时刻输掉了比赛，以100∶102离开犹他。在詹姆斯回归的第一个赛季，骑士以1胜3负惨淡开局。

问题不只集中在欧文和维特斯身上。乐福在克利夫兰的第一个赛季始终处于游离的状态。他在季前赛时坦白说，他已经习惯了特定的打球方式，那就是在内线试几次进攻，之后再慢慢拉到三分线外。然而，无论他强调了多少遍，骑士队依然选择忽视。布拉特对讨好乐福并不感兴趣，詹姆斯也是一样。唯一对他的困境有过预言的人是克里斯·波什，乐福现在对新角色的挣扎正如当年来到迈阿密的他。

在赛季前的一次采访中，波什预测说乐福会"受到新环境的冲击"。当时，人们还觉得这话听起来像是前任的讥讽。和明尼苏达时期的乐福一样，波什在遇到勒布朗·詹姆斯之前也是一个烂队里的全明星常客。他想要赢球，所以在2010年，他决定离开猛龙投身自由市场，随后加入韦德的迈阿密热火。几天之后，詹姆斯的天赋就来到了南海岸。他们三个组成了一支令全联盟嫉恨的超级强队。

在韦德和詹姆斯这两位持球型锋卫身边打球，波什发现自己的数据果真大打折扣。他看了下目前骑士队的阵容，预测乐福也一定会步他的后尘。要知道，凯文·乐福在最后一年的森林狼生涯里场均能砍下26分和12个篮板。"向后退一步更难，因为你已经习惯了之前的打法，习惯了人们看待你的方式，"乐福首次和詹姆斯在训练营中合作时，波什对"露天看台报道"（Bleacher Report）的伊桑·斯科尼克这样说，"然后大家对你说，不，为了球队的利益，你需要这么这么做。所以即便你喜欢站在左侧低位，你在左

蓝图
BLUEPRINT

侧低位的出手次数也会和之前不同。而且你现在必须要把有限的机会转化成得分。所以对我来说，这就像是象棋比赛。我下这一步的时候，心里还要想着下一步的位置。我要争取留出五步棋的提前量。你的机会不会像之前那么多了。如果你一场只有一两次出手，那感觉会完全不同。"

波什在猛龙生涯的最后一年场均拿到24分、10.8个篮板和16.5次出手次数。他在热火的第一个赛季，场均数据是18.7分、8.3个篮板和13.7次出手次数。

"你就像在一顿饭里只吃了个凉菜，"波什说，"你心想，'等一下！我的开胃菜、甜点和饮料都去哪儿了？你干吗？我的面包也不见了，这是怎么了？我很饿啊！'"

波什的言论很快被人们置之脑后。诚然，他在迈阿密时期彻底变换了自己的打法，更多地担任了一个三分线外射手的角色。但是他与乐福之间的比较并不恰当，毕竟乐福在加入克利夫兰之前就已经是一个优秀的三分手了。对了，他甚至在全明星周末拿到过三分大赛的冠军。波什在说这番话时，骑士和热火在巴西的季前赛还未开打。乐福在那次南美之行的最后一场比赛中表现亮眼，砍下25分，帮助球队战胜了勒布朗的老东家。他在接下来对战雄鹿的季前赛里再次拿到25分并率队取胜。那时，大家对这支球队充满信心。

"我很舒服，我想我在试着保留自己的风格，"乐福说，"我在飞往巴西的飞机上和大家谈了谈，也在训练时和他们有过交流。他们劝我做自己就好……人们常说要牺牲小我，成就大我。但是这个'小我'是不能丢弃的，因为它才是我们取得成功的关键。如果没有这种自我意识，我们也走不到今天。"

回家的国王
HOMECOMING KING

仅仅八天之后，乐福的语气就发生了变化。他在季前赛收官战面对灰熊的比赛之后暗示说，他将会调整自己的打法。他习惯了一辈子的大量内线球权已经不复存在了。现在他要负责拉开空间，除了在外线填补空缺之外，再没有别的任务可做。他在前几周的时间里迟迟没能站稳脚跟。和波什预料的一样，乐福的这顿饭也没有主食和饮料。和在明尼苏达的最后一个赛季相比，他在克利夫兰的第一年场均得分下降了10分，出手次数下降了6次。肯定有办法能让他的一身本领找到用武之地，只是似乎没人在乎这件事情。

骑士在2月6日以99∶103输给印第安纳步行者的比赛是乐福得分最低的比赛之一。他在前一晚打得风生水起，拿下了24分和9个篮板，帮助球队主场击退了到访的洛杉矶快船。但是在接下来做客印城的比赛中，他8投2中，仅仅拿到5分，甚至在第一节之后没有投进一个球。当晚，他将自己在很多场合说过的话又重复了一遍——他只是在做球队需要他做的事。

"上一场比赛，我在低位得到了大量的球权，这让我很快进入了状态，"乐福说，"今晚得分不是我的任务，勒布朗和凯里一直在打。"

不知道是因为在赛季上半程积压的怒火还是乐福的言论，詹姆斯明显被惹恼了。他费了九牛二虎之力将乐福招募到克利夫兰，但是当乐福真的来了，球队里的人都能看出詹姆斯举止的变化。在输给步行者之后，骑士队第二天没有安排任何事情。詹姆斯当晚的一条推特吼出了心头的怒火："不要尝试什么'做自己'了，融入球队才是正事。我们一起来打造一支王者之师！这是我的想法。"

蓝图
BLUEPRINT

第二天，乐福在主场对战洛杉矶湖人的比赛里大放异彩，拿下了赛季最高的32分，三分球8投7中。詹姆斯自然没有逃过记者们关于这条推特的追问，他否认自己在评价这支骑士队："那只是我的一个笼统的观点，"詹姆斯说，"很明显，无论我想什么，人们都会像解读达·芬奇密码似的去猜测。"

蜂拥的人群逐渐散去，只有少数几个记者还围在詹姆斯的柜子旁边，试图继续他们的拷问。ESPN的记者戴夫·麦克梅纳明曾在10月的一篇文章中引用了乐福说的"做自己"，他掏出手机，将乐福原话的截图展示给詹姆斯看。詹姆斯读了一遍，微笑着把手机还给了麦克梅纳明。我们对詹姆斯说，这要是巧合的话，也未必太巧了点。

"这不是巧合。"詹姆斯边说边往大腿和脚上抹着乳液。我们现在遇到了一个问题：没有记者在记笔记，也没有哪个录音器还开着。我们只是几个大男人站成一圈闲聊，所以现在这一刻究竟是私人谈话还是公开采访呢？没人知道答案。所以几分钟后，我在詹姆斯要离开更衣室时拦住了他。

"没有东西不是公开的，"他说，"我对我说出来的话负责。如果我说了，那它就应该被记录在案。"

太好了，詹姆斯知道他在说什么，这些话并不算私下的交流。乐福在赛后会根据不同情况选择力量训练或者一头扎进理疗池。他今天洗澡、更衣的速度还是一如既往地缓慢。他总是在大部队出发之后很久才离开更衣室。在詹姆斯接受采访时，他不在更衣室里，所以他对詹姆斯所说的话一无所知。没人问起乐福关于推特的问题，也没人就詹姆斯的赛后言论向乐福提问。所以我等待群访结束后，把我们和詹姆斯的聊天内容告诉了他。反正他过不了

回家的国王
HOMECOMING KING

多久就能在电视上看到这些内容,我只是想提前看看他的反应。乐福有一个推特账号,但是他从来不在上面浪费太多时间。所以当我提起詹姆斯的推文时,他满脸写着茫然。我把那句话拿给他看,并且跟他讲詹姆斯说"这不是一个巧合"。乐福仿佛受到了沉重一击。

"我认为我做了所有正确的事情。我没有不满,也没有失落,"他说,"有些时候我希望我可以打得更好,但是赛季还有很长很长。我不知道他指的是什么,我已经做出了牺牲,而且我觉得大家都知道这点。我不是在避重就轻,但是我认为,为了帮助这支球队变得更强,我已经做得很好了。"

第二天,詹姆斯在社交媒体上澄清,当初那条推特并不是在隔空向乐福喊话。但是那时,这件事的原委已经再明显不过了。就连骑士的工作人员——包括格里芬在内——后来都承认说詹姆斯确实对乐福很失望,特意用推特来暗指他。在费尽心机将乐福邀请到克利夫兰之后,詹姆斯很快就对乐福的糟糕表现心生不满。

一切都开始于乐福在赛季初的走形身材。他在被交易的那个夏天没怎么训练,也和詹姆斯期待的样子大相径庭。腿伤在骑士生涯的第一个赛季始终困扰着他,他的背部也不怎么健康。所有零部件都准备就绪了,但是却没有一环在流畅地运转。詹姆斯喜欢天赋,他也乐意和顶级球员在一起打球。但是乐福的身体状态让他无法变成詹姆斯想要的那个帮手。所以,詹姆斯开始偏爱欧文,给乐福留下了一个飘忽不定的球队角色。布拉特在帮助乐福适应球队的工作上鲜有贡献,反而总在面对有关乐福角色的问题时怒发冲冠。2月初,拿到24分9个篮板的乐福帮助骑士主场战胜快船,拿到了12连胜。赛后,被问起乐福的布拉特终于忍无可忍了。

蓝图
BLUEPRINT

"你们这些记者，在我看来，总在问一些不重要的东西，"布拉特说，"我们已经连赢了12场比赛，你们还在提凯文那场5分的比赛。谁在乎呢？重要的是球队现在在赢球，乐福自己也知道的啊。"

布拉特说的当然是对的。赢球才是王道。至少这句话在季后赛中是句真理。但是正如詹姆斯所说，常规赛是用来培养正确的习惯的。让乐福的定位继续模糊下去，或许能让他们在2月的某一个晚上战胜华盛顿奇才，但是他们终将在总决赛上无力抵抗马刺或者勇士的冲击。再说，乐福还有几个月之后就要进入自由市场了，骑士为了得到乐福放弃了威金斯这个巨星坯子，难道仅仅因为他无法融入球队就眼睁睁在一年后目送他离开吗？

乐福依然坚称他只在乎胜利，但是如果骑士队无法夺冠，乐福也在体系里持续挣扎，谁都知道会发生什么。就此问题，我询问了一个其他球队的总经理。他坚信乐福将在赛季结束后离开克利夫兰，加盟湖人队，而凯文·杜兰特将在下一个夏天来到洛杉矶。然而，乐福依然说他期望与骑士长期合作。在明尼苏达经历了不计其数的流言之后，他现在已经习惯了被揣测的生活。

"如果我们两连败或者三连败，或者我的数据在一场比赛中不尽如人意，流言蜚语就全出来了，"乐福说，"从第一天起，我就说过我会做一个长久的骑士人，我也真的打算这么做。我想和这支球队一起成长。我要是有办法能让人们停止猜来猜去，我肯定已经做了。但是人们不管怎样都会说下去的。"

他的这番话算是些许的安慰。但是麻烦并不会随着几句说辞就烟消云散。此时，乐福并不是骑士队唯一的问题，甚至连最要紧的问题都算不上。

BLUEPRINT

CRUTCHES, CALVES, AND CONTRACTS

13

拐杖，腿伤，合同

蓝图
BLUEPRINT

    大卫·格里芬在入主骑士的首个赛季就要面对众多的"扫雷"任务。他需要安排好一个对NBA生活一无所知的主教练，需要修理一套欠缺夺冠实力的错位阵容，需要应付一个不停催促的强势老板。不过，格里芬的公关背景在此时派上了用场。他非常善于交流，无论是与骑士队内成员的私下谈话，还是对媒体大众的公开宣讲，他都能轻松应付。格兰特习惯保持隐秘的作风，而格里芬却是联盟里最容易接近的几个总经理之一。他坚信胜利要伴随着和谐、快乐和爱。他甚至说服吉尔伯特完全重塑了自己的公众形象。

    联盟里的人都亲切地叫他"格里夫"。这个家伙是一个真正的斗士。他从一个太阳的实习生晋升成了NBA的总经理，对常人来说，这几乎是个不可能完成的任务。他和癌症战斗过两次——2006年在菲尼克斯，2011年刚加盟骑士不久——并都取得了胜利。在骑士队收获乐福和詹姆斯之后，他们又招募了詹姆斯·琼斯和迈克·米勒这样的老兵，而且这两个人都是詹姆斯在迈阿密的旧将。詹姆斯给予了他们完全的信任，并需要他们来帮助改变骑士队习惯输球的糟糕气氛。然而，工资帽的问题出现了，他们不得不推迟签约琼斯和米勒，连包括威金斯在内的选秀权交易也没成行。格里芬随即完成了出色的工作，他找到了薪资空间的缺口，并将它们悉数变成了可用的交易特例。

拐杖，腿伤，合同
HOMECOMING KING

例如，在詹姆斯宣布回归之后的一系列签约结束之时，他将薪资空间里所剩的160万美元转化成了520万美元的交易特例。为了完成这个目标，他在长达两个多月的时间里做了4笔不同的交易，涉及了8个二轮选秀权。

7月，骑士将卡里克·菲利克斯送到犹他爵士，换来了埃里克·墨菲、约翰·卢卡斯三世和马尔科姆·托马斯。事实上，这是在联盟规则内进行的两笔交易。其中之一是菲利克斯单换墨菲，在这笔交易中，卢卡斯三世是填补剩余薪资空间的添头。而托马斯拿的是联盟的最低薪水，因此可以被随意交换，球队无须接受任何惩罚。在关于工资帽结构的各种复杂特例条款中有这么一项规定，所有底薪球员可以在不考虑接收球队薪资状况的前提下被任意交易。这宗复杂、琐碎交易的代价是：骑士送出了他们的一个2015年二轮签，再加上100万美元的补偿。

现在骑士的薪资空间彻底被吃光了。他们利用工资帽规则下的各种特例签下了威金斯和德怀特·鲍威尔这两名新秀，以及米勒、琼斯和肖恩·马里昂这样的老将。

9月，他们接手了基斯·博甘斯价值520万美元的无保障合同。作为代价，他们送出了鲍威尔和从爵士那里得到的三名球员。他们同时将2016年和2017年的次轮选秀权送给了凯尔特人。

他们不想要博甘斯，也不想要他的合同。骑士想要的只是一个与他的合约等价的交易特例。在NBA中，送走一名球员并不一定意味着会拿到一名球员。有时候，球队收获的可能只是一个与球员等价的"交易特例"，就像是超市的礼品卡一样。所以骑士队给空间充裕的76人队打去了电话，他们甩掉了

蓝图
BLUEPRINT

博甘斯的无保障合同，换来了价值520万美元的"礼品卡"，以备未来之需。骑士给费城送出的2018年次轮签只是装装样子。76人队很快裁掉了博甘斯，分文未花。

这些都是格里芬和管理层的亮眼操作，他也理应为这些成就感到自豪。然而他作为总经理的痛苦日子可能才刚刚开始。在詹姆斯常规赛首秀的几天前，骑士队来到孟菲斯打季前赛。球队入住的孟菲斯当地酒店就坐落在联邦快递球馆街对面，所以当格里芬在球队训练结束后偷偷加练三分时，大多数球员和工作人员都已经走回了住处。几分钟后，格里芬从球场那边单腿跳了过来，嘴里还在不停咒骂着。球馆里人都走得差不多了，我站在记分台前面，他在我旁边停了下来。

"我感觉我拉伤了。"他脸上带着极大的痛苦。

他需要找到球队的训练师史蒂夫·斯皮罗。斯皮罗始终没有接电话，所以格里芬派另一位工作人员出门去找他。这时候，拉加·贝尔扮演起了训练师的角色，而我被委以助手的工作。贝尔在2012年退役后加入了骑士队的管理层，那时格里芬的实习头衔才刚刚被拿掉。早在贝尔为太阳效力时，他们两个就建立起了深厚的友谊。于是，格里芬给贝尔提供了留下的机会，让他在这儿学习管理层的运作知识。这一天，贝尔的职位从"球员管理总监"变成了"帮忙找冰袋的家伙"。

贝尔打球的时候可对小腿伤势并不陌生，他知道格里芬此时最需要冰敷。他找遍全场，只搜到了几个半冰半水的冰袋，一看就是之前被球员用过然后随手扔掉的那种。我抓着格里芬的右脚脚踝，贝尔把几近融化的冰袋绕

拐杖，腿伤，合同
HOMECOMING KING

在他的小腿周围，然后用玻璃纸稍加固定。然后我们等来了返回场馆的斯皮罗。他简单看了几秒，就判断出格里芬的小腿肌肉已经拉伤。他在球馆后面的房间里找到几副拐杖，格里芬就挂着拐穿过马路，回到了酒店。很快，他就穿上了保护靴。

这只是他成为舵手后需要面对的众多困难之一。骑士队内化学反应的问题依然没有半点好转的迹象，布拉特和维特斯与球队的关系都还是老样子。维特斯的态度和打法已经让他的队友心生不满。还记得那场对阵波特兰的比赛吗？就是詹姆斯下半场气愤地站在底角拒绝进攻的那场。这件事发生的数周之后，维特斯用近乎癫狂离谱的三分出手几乎将篮筐砸歪。詹姆斯只得厌恶地闭上眼睛，默默地离开底线。格里芬不断地给球员们灌输耐心，他对詹姆斯说他需要修整阵容的时间。然而，在教练这方面，他能做的实在太少。

布拉特在欧洲带过的最厉害的球员最多也不过是NBA的过客。他从来没指导过这么一群有天赋的篮球运动员。就像他开了一辈子丰田，突然收到了一把法拉利的车钥匙。不出所料，他很快就把离合器烧坏了。在他们合作的第一个训练营中，比起布拉特，詹姆斯明显和前NBA球员泰伦·卢更合得来。詹姆斯喜欢说他接受指教，并且愿意为任何教练效力，但是他往往让执教他的一些教练过不上好日子。他在迈阿密的首个赛季让埃里克·斯波斯特拉备受煎熬，现在他也早早亮明态度，布拉特需要靠自己来赢得他的尊重。布拉特当然不算是吸引詹姆斯回家的原因之一，但是显然他也没差到让詹姆斯拒绝的程度。

詹姆斯在公开回家的决定之后给布拉特发了一条简短的信息。但是他

蓝图
BLUEPRINT

们第一次真正见面是三周之后的事情了。即便那时候，也是布拉特专门飞到纽约片场，找这个忙着拍摄《生活残骸》的大明星坐而论道。布拉特在一次采访中承认，勒布朗是他执教过的最具天赋的球员，但是做勒布朗教练的难度也是他前所未见的。他习惯了球员们像小羊一样乖巧地敬畏着他。这群加入克利夫兰的老兵们之前都在NBA中取得过或多或少的成功，他们对一个刚刚登陆美国的教练可提不起敬畏之心。似乎这里没人对他们的教练非常满意。

詹姆斯偶尔会试着说一些褒奖布拉特的话，但是他做的却是另一套。据一位其他球队的球探说，在二人合作的第一个赛季，他注意到布拉特在一场客场比赛中走到半场对着詹姆斯狂喊，但叫喊毫无用处。于是他回头走到板凳席，把卢派到场边替他传达信息。

说实话，无论布拉特来克利夫兰执教的是一支怎样的球队，他在短时间内需要学习的东西都多到令人发指。球队在他的菜鸟赛季开始不到两个月的时候就打算解雇他，他艰难地撑过了圣诞和新年假期。年末，骑士在主场以80∶103被底特律活塞彻底摧毁，接下来继续输掉了在亚特兰大的比赛。詹姆斯和乐福当晚大部分时间都在更衣室里养伤。新年夜，缺少詹姆斯和乐福的他们在主场以80∶96输给密尔沃基雄鹿，之后布拉特肩上的压力陡增，因为他们输掉了过去五场比赛中的四场，其中还包括一次三连败。

但解雇布拉特并不是个容易的决定。骑士两年间已经炒掉了两名主帅，在短短二十个月的时间里再炒掉第三名主帅的话，这支球队的混乱程度便可想而知。在布拉特承受公众火力的同时，骑士在长达一周多的时间里都没有发声。他们在考虑下一步棋的走法，布拉特的未来也晦暗不明。主帅遭遇围

拐杖，腿伤，合同
HOMECOMING KING

攻，骑士又在新年宣布詹姆斯要用两周的时间来修养膝盖和治疗背伤。詹姆斯从未遭遇过重大的伤病，这次为期两周的休息是他生涯中缺战时间最长的一段——虽然据一位熟人透露，詹姆斯精神上的崩溃程度和他身体的受损程度一样严重。他在宣布回归克利夫兰的那个夏天给自己制定了严格的节食规程，并成功减掉了大约十磅（4.5千克）的体重。可能是因为减重，也可能是因为膝伤和背伤，詹姆斯标志性的爆发力在本赛季消失不见了。他回到了迈阿密的阳光下，接受注射来治疗背痛。

詹姆斯不在，乐福和欧文在第二天合力拿到50分，在客场以91∶87击败了实力欠佳的夏洛特黄蜂。这本是一场平淡无奇的胜利，但在这场球结束之后不久，吉尔伯特就下定了决心。他要留下布拉特。在骑士回到主场之后，格里芬（那个有着媒体公关背景的天才发言人）赶在周日下午对阵达拉斯小牛的比赛之前召开了一个临时新闻发布会。他公开表示支持布拉特，并回击了那些对布拉特的未来心存疑虑的媒体们。

"关于我们教练问题的讨论简直是无稽之谈，根本就没有这回事。我们现在的教练是布拉特，我们今后的教练依然是布拉特，"格里芬故意顿了顿，继续说道，"别在文章里把这写成我们的支持表态，他不需要这些东西，因为这从来就不是个问题，所以不要这么写……我们就像在和披头士乐队同行。我一点都不吃惊，但一些有偏向性的报道总是把事情写得很负面，对此我很失望。还是我们说过的那句老话：这是一个过程，我们将每天继续变得更好。"

格里芬为他并不偏爱的教练送上了一番慷慨激昂的辩护，但是他的球队却依然还是老样子。没有詹姆斯的骑士队在主场被小牛瞬间摧毁，以

蓝图
BLUEPRINT

90：109告负。在这之后是一波可怕的6连败，其中在西部湾区的一系列惨败惹恼了球队的官员们。在格里芬发表力挺布拉特的演说一周后，骑士以84：103被孱弱的国王当头痛击。他们的战绩来到了19胜19负，并且还身处一个5连败的惨境。没过多久，布拉特又被拉到了聚光灯下。在一次赛后新闻发布会上，克利夫兰网的记者乔·瓦尔登问道，为什么有欧文和乐福两名顶级球员在场，球队最近的表现依然如此糟糕。这个问题问得并无差错，但布拉特对瓦尔登进行了猛烈的回击。

"凯文并不算是顶级球员，不是吗？"布拉特回复说。那一刻，仿佛时间凝固了，音乐静止了，我们瞪着惊讶的眼睛面面相觑。就算不是布拉特的本意，这句话也很容易被理解成布拉特认为乐福配不上一份顶薪合约。它太不合时宜了，尤其是乐福曾因顶薪的问题在明尼苏达麻烦缠身，并且正在挣扎着适应周围的新环境。

布拉特对待媒体的态度一直这么强硬。他有一次跟我说，这都是被海外恶毒的媒体们逼出来的。据他说，如果你稍稍示弱，他们就会把你撕得粉碎。在一些比赛日里，主教练要在一天接受记者们的三次访问。所以这个过程会变得冗长无味，问题也都是不断的重复。我们记者都问过一些愚蠢的问题，所有教练也都有过说错话的时候。大多数的教练试图和如影随形的记者朋友们搞好关系，而有一些则选择挑起战争。布拉特看起来永远会选择后一条道路。他的强硬甚至到了骑士的工作人员都摇头惊叹的程度。成功的教练如果表现傲慢，往往不会有什么后果。但当你是一个没有做好准备的教练，当你身陷在一个自己无法掌控的糟糕局面之中时，你的傲慢就是你没有安全感的象征。

拐杖，腿伤，合同
HOMECOMING KING

布拉特当晚的回复与乐福的能力无关，他只是想赶快堵住瓦尔登的嘴，结束这个他不喜欢的问题。但是他对乐福的评价换来了不曾预料的后果。他伤害了自己手下的球星，一个本来就难以融入环境，并且在几个月后就恢复自由身的合同年球员。球队的上层官员们怒火冲天。其中一位在第二天告诉我，布拉特能说出这种话简直是"白痴至极"。布拉特只能试着收拾自己的烂摊子了。

"我的言论不是被误读就是被错误理解了，"他说，"我只是说他现在在我们队里没有拿着一份顶薪合同，因为我们直到赛季结束前都不能和他谈这方面的事情。"

乐福一直坚称他没有受到影响。

"我想知道这句话的语境，"乐福说，"在我知道语境，知道他在说什么之后，我觉得他说得没错。我们现在还不能探讨合同的事，所以我就没放在心上。"

不仅仅是乐福事件让布拉特的这次客场之旅变得异常难挨。詹姆斯在这次客场之行中复出，还在菲尼克斯一次和裁判的理论中将布拉特推回了他的座位；杰克·尼克尔森[1]在骑士做客洛杉矶的比赛中冲着布拉特咆哮，因为他挡住了这位好莱坞巨星的观赛视野；还有就是他尴尬地解释自己为什么在

---

[1] 杰克·尼科尔森（Jack Nicholson），美国著名演员、导演、制片人和编剧，代表作有《飞越疯人院》《尽善尽美》《无间行者》等，他是好莱坞知名的湖人死忠。

蓝图
BLUEPRINT

没有暂停数的时候误叫暂停——这么多事情全都发生在短短的十天之内。在布拉特的第一个赛季里，你常常能看到板凳席上的卢呼叫暂停，这让对手的球探们都惊呆了。因为只有主教练才有权在板凳席呼叫暂停，一位主教练评价说："如果我的助教这么干，我会杀了他。"

但是我们要知道，卢的处境也很尴尬，他从未背着布拉特擅自行动。事实上，他是始终支持布拉特的。虽然突然要和一位对NBA不甚了解的教练合作让他猝不及防，但整支骑士队都对卢的工作颇为赞赏。在加入布拉特的教练组之前，卢和他的导师，也就是快船队主帅道格·里弗斯讨论了这支骑士队的情况。虽然卢的离去会使里弗斯的教练团队出现一个巨大的缺口，但里弗斯依然鼓励卢接下这份工作。因为卢在主帅竞选中输给了布拉特，二人的合作可能会有些尴尬。但里弗斯相信，卢需要离开他才能成长为一名合格的主帅。更别说骑士队给卢开出了联盟薪水最高的助教合同。

"对泰伦来说，我觉得这是最好的选择，"里弗斯说，"我知道他过去之后的处境很艰难，但是我跟他说'讲道理，那儿的情况没那么坏。再怎么糟糕，你们也还是会赢下50场比赛。无论发生什么，你都会收获一个不错的战绩。你需要努力给大卫提供可靠的支持，记住，千万千万不要让别人觉得是你在执教这支球队。'我觉得他在这点上做得不错。"

***

在吉尔伯特宣布力挺布拉特之后，格里芬开始着手修补骑士的阵容。他在2015年1月7日的一宗三队交易中将维特斯送到俄克拉荷马雷霆队，换来了纽约的伊曼·香珀特和J.R.史密斯。

拐杖，腿伤，合同
HOMECOMING KING

"为了让球队变强，我们需要有所行动了。这可能意味着我们要放弃迪昂，因为我们实在不需要多余的持球人了。他和我们实在不搭，"格里芬说，"我们更需要J.R.能提供的东西，因为我们已经有足够的人才可以掌控球权、创造机会。这只是适不适合的问题。很明显，迪昂是不适合我们的那个。"

又回到了重建开始时的那个命题：如果詹姆斯回来了，不是所有人都适合这支新球队。但是他们手中有足够的筹码，可以到别的球队去寻找合适的人选。不考虑其他因素的话，相比史密斯，球队们可能会更偏爱维特斯。因为他给球队带来的包袱更少，他更年轻，而且他身上的新秀合同还没结束。但是论起骑士队需要的人才，明显史密斯更胜一筹，因为他是一个更优秀的投手。

最开始，这笔交易里的关键球员是伊曼·香珀特，一位投篮不甚稳定的外线防守专家。香珀特在2012年对阵热火的季后赛里遭遇了前交叉韧带撕裂，球探们认为他在复出之后不可能保持原来的打法了。为了得到香珀特，骑士队被迫收下了史密斯和他650万美元的合同。尼克斯总经理菲尔·杰克逊正在清理他的阵容，下个赛季拥有球员选项的史密斯当然在他的目标之内。杰克逊不想承担史密斯执行球员选项的风险，所以他宁愿为了甩掉J.R.而放弃香珀特。后者也身处合同的最后一年，他在下个赛季渴望收获一份起薪千万的合约。杰克逊不愿割肉，所以香珀特被交易也在情理之中。

史密斯带来的"包袱"比一架航班能承载的行李还多。在2016-17赛季前，史密斯被联盟停赛的次数多达27场——约等于三分之一个赛季。其中最严重的一次是他在2007年的一次交通肇事。他因为在一个必须停车的路口

蓝图
BLUEPRINT

前违规超车通行，导致自己的SUV被撞翻，同行的朋友在两天后因头部伤势过重而去世。史密斯因此在牢里待了30天，驾照被扣掉，还收获了联盟7场比赛的禁令。除此之外，他还因为携带毒品、场上打架、网络失言而被多次禁赛。究其整个职业生涯，他上缴的罚款约有50万美元之多。但是他擅长投篮，这是骑士队现在最需要的东西。

"我不会接手J.R.，绝无可能，"在交易发生后一天，一位总经理对我说，"香珀特还没有好到让我们接手J.R.的程度，而且差得很远。但是从克利夫兰的角度来看，我是理解的，如果我在他们的管理层里，我可能也会做同样的事情。"

在交易敲定之前，格里芬把这个计划告诉了詹姆斯。史密斯比他要小一岁，但是詹姆斯早就和他相识。在史密斯进入NBA之前的那个夏天，两人曾在一起训练。詹姆斯可不在乎他的那些坏名声，也不在乎其他人怎么看待史密斯。他只知道史密斯是联盟中最优秀的射手之一。所以，听到这笔交易之后，勒布朗一阵狂喜。

"我当时的反应是，'什么？他们会把J.R.打包过来？'"詹姆斯说，"我心想，'好棒，我得到他了，我得到他了。'"

史密斯在2013年收获最佳第六人的奖项，并帮助尼克斯以东部第二的成绩闯入季后赛。他证明了自己可以为一支胜利之师做出贡献。况且，他的防守也没有坊间认为的那么差。别的球队会将他形容成一个需要被正确引导的刺头。如果他所在的球队频频输球，更衣室里又没有一位带头大哥的话，史密斯的存在一定会伤害到他的主队。但是如果他身处一个向上的环境，又有

拐杖，腿伤，合同
HOMECOMING KING

一位强硬的球队领袖在他之上，他便不会惹是生非。在克利夫兰，这些条件全都具备。

"如果J.R.出了什么问题，那肯定是在场下，"一位骑士高管在史密斯首秀前这样说，"迪昂的问题都是在场上。"格里芬的运作还没结束，除了引入香珀特和史密斯之外，他还从雷霆那里收获了一个骑士急缺的首轮选秀权。在这笔交易完成的两天之后，格里芬用这个雷霆的签位加上另一个首轮签换来了掘金队的提莫菲·莫兹戈夫。格里芬在赛季早期就看上了这只7尺1寸（215.9厘米）、275磅（124.7千克）的内线巨兽。他本赛季的薪水只有460万美元，而且还有一年合约在身，这对骑士来说再好不过。他们用格里芬在季前创造的520万交易特例吃下了莫兹戈夫的合同。

用两个首轮签交换莫兹戈夫？听上去像是一笔惊天的溢价交易。在过去几年里，能换来两个首轮选秀权的球员有德怀特·霍华德、史蒂夫·纳什、詹姆斯·哈登、安德烈·伊戈达拉和……莫兹戈夫。其他的几位都称得上是建队基石，而莫兹戈夫从来不是，而且今后也不会成为球队的顶梁柱。骑士需要的是他能填补禁区、保护篮筐的硕大身躯。而且，他的年薪也相对便宜。

为了纸面上好看，格里芬当然愿意把这两笔交易合并为一笔，但是那将违反联盟的规定。他们不得不将它一分为二。骑士从来不把这次运作看成"用两个首轮签换来莫兹戈夫"。在他们的眼里，这是用维特斯和自家的首轮选秀权换来了史密斯、香珀特和莫兹戈夫。毕竟那第二个首轮签是雷霆给的，他们只是把它转交给了丹佛。这是两笔立竿见影的交易，阵容问题很快烟消云散，骑士突然崛起，在史密斯和莫兹戈夫加入之后打出了一波12连胜（香珀特因为肩部脱臼缺席了前几周的骑士比赛）。布拉特，这位从就任第一

蓝图
BLUEPRINT

天起就被舆论轰击的主教练，终于用胜利让他们闭上了嘴。但是，骑士的球员们依然不买他的账。

"归根结底，我们签下大卫时，他本来应该执教的是一支完全不同的骑士队，所以随着时间的推移，他就变得越来越不适合这支球队。"格里芬说，"我与我们的队伍接触频繁，但我看不到任何的责任感。在J.R.史密斯等人来到球队之后，这个问题也没有发生改观，我们只是整体成绩提高了。大家又开开心心地回到赢球的状态，这掩盖了一些问题。这些问题在这个过程中始终存在，并且保留到了季后赛里。"

骑士们即将发现，自2010年以来首次打入季后赛并不是终点。他们的计划即将完成，但接下来的几个月会告诉他们，他们还有很多未做的工作、未解决的问题。

BLUEPRINT

SHOULDERS, SLINGS, AND FIGHTER PILOTS

14

肩伤，悬带，战斗机飞行员

蓝图
BLUEPRINT

　　那天,乐福要和骑士续约的决心还没有半点动摇,也没人在那天能预料到,乐福在克利夫兰的首个赛季很快就要走到终点。杰·克劳德在第四战的首节投出了一个偏得离谱的三分球,拼抢篮板的乐福和凯尔特人的凯利·奥利尼克搅在了一起。奥利尼克眼看争球无望,便索性将乐福的左臂狠狠夹住,压低身子,把乐福往反方向拖了过去。乐福的肩膀瞬间脱臼,他忍着巨大的痛苦抱着胳膊径直跑向了更衣室。骑士全队对奥利尼克怒不可遏,尤其是受伤的乐福。

　　"我认为那是一个低级的动作,"左臂挂在悬带上的乐福赛后这样说,"我百分百确定他是故意的。这不是一个篮球动作。联盟会仔细审核,希望他们能迅速给出一个公正的结果。"

　　乐福为季后赛苦苦等了七年,而第一次的旅程就在四场比赛后戛然而止。乐福很气愤,球场上也剑拔弩张。骑士队似乎把他们的愤怒都宣泄在了杰·克劳德的身上。后者在系列赛的前两场结束后就惹恼过骑士队员。

　　"他们队里没有能吓到我们的人。"克劳德在大比分0∶2落后时这么说。

肩伤，悬带，战斗机飞行员
SHOULDERS, SLINGS, AND FIGHTER PILOTS

当乐福因伤离场之后，骑士全队都想好好打一仗了。肯德里克·帕金斯在挡拆时对着克劳德猛击，而J.R.史密斯在一次篮板卡位时直接将克劳德重拳击倒。他以扭曲的姿势倒在了地板上，还因此扭伤了自己的膝盖。

风波过后，骑士的更衣室里气氛沉重。格里芬沉默地走了进来，他双臂抱胸，脸上露出疲惫的神色。他知道乐福将缺席一定数量的比赛，也猜测史密斯会因为犯规动作遭遇禁赛。骑士队是晋级了，但那个时候没有人拥有绝对的好心情。

史密斯最终因禁赛缺席了东部半决赛对阵芝加哥公牛的前两场比赛。三场战罢，骑士队以1：2落后。然后，骑士队离1：3的绝望边缘只有一步之遥，布拉特差一点就亲手终结了他的克利夫兰生涯，滚回以色列。在第四战的最后一分钟里，詹姆斯·琼斯在发边线球时用光了骑士队最后的两个暂停。德里克·罗斯随后将比分扳到84平。在比赛还剩8.5秒时，布拉特走到场上叫了一个根本不存在的暂停。骑士全体教练组都看到了，但只有泰伦·卢离他足够近，赶在裁判看到之前将他拽了回来。

整个赛季，骑士的板凳席都是大家关注的焦点，卢替代布拉特呼叫暂停也引起了无数讨论。所以现在这出的"卢"救主的好戏就略显讽刺了。如果裁判看到了布拉特的荒谬行为，他们一定会吹罚技术犯规，公牛便会得到一罚一掷的机会。那么，这场比赛就将画上句号，骑士的本赛季可能也就走到这里了。

"我差点毁了比赛，"布拉特事后承认说，"幸好我的队员们抓住了机会。"

蓝图
BLUEPRINT

然而布拉特当天遇到了一件比这次暂停乌龙更为尴尬的事情。詹姆斯在接下来的进攻回合从后场一条龙杀到公牛篮下，但是他的上篮在还有0.8秒时被干扰出界。裁判们需要暂停比赛，去技术台查看录像。这给了没有暂停的布拉特一个布置战术的机会。骑士的队员围绕在布拉特身旁，他说他想让詹姆斯来当界外的发球人。几乎所有的队员都拒绝了这个想法，也包括詹姆斯。

"说实话，我擦掉了原来画的战术，"詹姆斯说，"我对教练说，'把球给我就行了，结局不是打进加时就是我投进绝杀……我不可能到底线去发球的，除非我可以从篮板后面直接把球扔进去。'我跟他讲，'让别人去底线发球，我来接球，其他人拉开。'"

几秒钟之后，詹姆斯投中了压哨绝杀，骑士队将大比分扳成2∶2平。战术板被擦这件事直到第二天都是人们津津乐道的话题。布拉特又要被迫面对这个问题，急于辩护的他给出了一个极为荒谬的比喻：

"在一场比赛中，篮球教练要做出150—200次关键的决定，我认为我们的决策能力只有战斗机飞行员可以相比。"布拉特在球队上下苦不堪言时说出了这番话。他又一次在错误的时间办了错误的事。

骑士在主场赢下了第五场比赛，第六战又要移师芝加哥的联合中心。巧合的是，NBA的联合体测此时正在芝加哥进行。这意味着联盟其他球队都派了人来考察这批即将进入联盟的潜力新秀。在联合体测进行的同时，人们叽叽喳喳地讨论起了布拉特这艰难的一周。几个月前将乐福送到克利夫兰的菲

肩伤，悬带，战斗机飞行员
SHOULDERS, SLINGS, AND FIGHTER PILOTS

利普·桑德斯认为，在那种情况下，让詹姆斯去底线发球简直是天方夜谭。他建议让迈克·米勒——这位很少被重用，但以聪明和精准的发球著称的老将——担任这最后一攻的发球人选。一位在场的经纪人嘲笑着布拉特的"飞行员比喻"。

"哪儿的飞行员？"他问。"马来西亚航空吗？"

尽管骑士用六场比赛淘汰了芝加哥公牛，但他们及其主帅依然要面对媒体和公众的狂轰滥炸。祸不单行，在乐福因肩伤报销之后，欧文又因为膝盖伤势一瘸一拐地走下了场。他在关键的第六战中仅仅出场12分钟。公牛似乎已经接受了他们失败的宿命，他们仍被失去欧文的骑士以94∶73轻取。对于一支曾以1∶2落后，只差一个误叫的暂停就要被扫地出门的球队而言，这真是一次惊人的逆袭。

※※※

在欧文被左膝肌腱炎折磨时，马修·德拉维多瓦挺身而出，帮骑士守住了阵线。德拉维多瓦是2013年的一位落选新秀，以坚韧和顽强著称于联盟。骑士当年有两支首轮签，但结果这位落选新秀反倒成了他们最大的收获。在2013年选秀大会结束之后，克里斯·格兰特长呼一口气，准备休息一阵子。而他的助手特伦特·雷登突然闯了进来，要和格兰特讨论球队应该追求哪个落选新秀，以及他们该怎样组建他们的夏季联赛队伍。当晚，德拉维多瓦的名字第一个出现在了格兰特办公室里的白板上。"我喜欢那个孩子。"格兰特咧嘴笑了出来。

德拉维多瓦是圣玛丽学院出品的一位敢打敢拼的澳大利亚后卫。他在圣

蓝图
BLUEPRINT

玛丽的教练是兰迪·本内特，而当格兰特和布朗在圣地亚哥大学任职时，本内特是那里的助理教练。双方既然是熟人，本内特自然要倾情向骑士推荐他的这位爱徒，这位圣玛丽学院历史得分纪录和助攻纪录的保持者。骑士在试训中特意让德拉维多瓦和更具天赋、运动能力更强的球员对抗。然而，德拉的球队赢下了所有的三对三比赛。于是骑士把两支队伍重组，但结果依然一样，德拉维多瓦的球队还是赢了。

"到最后，"布朗说，"所有这群混蛋都看着德拉，听从他的指挥。德拉是这支队伍的领袖。"费城76人队主帅布雷特·布朗曾经在澳大利亚男篮执教过德拉维多瓦。在德拉被NBA的选秀大会遗弃之前，他还被布朗两次从国家队除名。"在我看来，那和裁掉我没有区别。"德拉维多瓦说。

格兰特和布朗知道德拉维多瓦会大概率落选，因为NBA的球队们总是青睐那些运动能力超群或者上限颇高的球员——也就是有更多成长空间的球员们。这两项条件德拉维多瓦都不具备，但他却拥有一身能帮助球队取胜的坚韧气质。"说到人的性格和基因，这可是德拉维多瓦的优势，"布朗说，"他生在维多利亚港，是一个随性而行的澳洲硬汉，打球时不怎么计算后果。你会喜欢上他那种热衷身体接触的强硬气质。他的球风可能并不好看，他在球场上的打法也有些远古和野蛮。但他是来真的，我喜欢当他的教练。"

然而，骑士队在2014年的交易截止日依然想在控卫位置上有所升级。德拉维多瓦是欧文身后的唯一替补控卫，但格里芬想要的是一个擅长进攻的后场得分手。那时候，如果欧文出现伤病，结果会是毁灭性的，球队会因为一环的瓦解而全盘皆输。所以他们找遍联盟，放眼海外，一直在搜索新的组织者。这次行动无疾而终，他们只能攥紧手里仅剩的德拉维多瓦。但祸兮福之

肩伤，悬带，战斗机飞行员
SHOULDERS, SLINGS, AND FIGHTER PILOTS

所倚，德拉维多瓦在淘汰公牛的那场比赛里出场34分钟，拿到了生涯最高的19分。至于欧文能否在东决对阵亚特兰大老鹰的系列赛中复出，现在还无人知晓。

距离东决还有整整6天，看起来欧文有充足的康复时间来休养他的膝盖。但他依然忧心忡忡。他之前做过一次磁共振检查，结果显示左膝没有结构性损伤。但欧文仍然对这次伤病小心翼翼，这让球队很是头疼。其中暗含的指示就是，骑士希望欧文忍住疼痛，继续比赛。他们不喜欢欧文现在的做法。在对阵老鹰的首场比赛里，一次突破上篮让欧文膝盖的疼痛加剧。他不得不在比赛最后的18分钟里坐了3分钟的冷板凳。欧文缺席了第二场比赛，转而飞到佛罗里达的詹姆斯·安德鲁斯医生那里寻求医疗意见。他得到的答案依然是——没有结构性损伤。

"每个人对疼痛的忍耐度是不一样的，"詹姆斯说，他此时也在和脚踝伤势做着斗争，"我的责任比大家大得多，不仅是这支球队，我是说职业体育里的很多人都没有我这么大的责任。所以我十分看重上场作战的机会，如果我只能发挥出百分之70、60，甚至50，我也觉得我可以帮助我的球队。可如果我发现我的存在不利于球队，那我会乖乖坐在板凳上。只要我能帮到球队，我一定会站到场上。我觉得我的出现就是对球队极大的振奋。"

即使失去了健康的欧文，骑士队仍然快速解决掉了常规赛60胜的老鹰队。这支老鹰似乎过早地用尽了他们的全力。欧文在这轮系列赛中只出场了49分钟，但克利夫兰干净利落地横扫对手，其中包括最后一场118∶88的主场大捷。这场比赛也将骑士队送进了NBA总决赛的门槛。这是他们自2007年以来首次重返总决赛。欧文的伤病加上突然的横扫，让布拉特在这段时间里

蓝图
BLUEPRINT

远离了风口浪尖。NBA分析专家、前总经理伊赛亚·托马斯在这轮系列赛之前曾向我吐槽过布拉特，他甚至认为老鹰会因为教练水平的差异赢下这次东决。"像我们在上一轮系列赛里看到的那样，他的学习进程还没结束，场上的球员都在为他的迷茫买单。"托马斯指的是打公牛时的那次暂停乌龙，和詹姆斯的违令事件。"但是距离连球员都帮不了他的那天还有多久呢？"

这个问题还没有答案，至少现在没有。克利夫兰又闯过了一轮系列赛。骑士球员在更衣室里抱着东部冠军奖杯欢呼雀跃，詹姆斯向詹姆斯·琼斯和迈克·米勒走去，两只胳膊搭在二人的肩膀上。他的左手还拿着一杯香槟酒。"三巨头。"詹姆斯轻轻说道。说罢，他抿了抿甜美的香槟。他们三个静静地站在一起，谁也没说话。这是詹姆斯亲自挑选来和他一起重建球队的两个帮手。他希望两位老将能帮助这套年轻的阵容变得更加训练有素。他们曾在迈阿密携手打进决赛，现在他们又是克利夫兰的争冠队友。

"'感激'是有力量的两个字，"米勒说，"我永远对他心怀感激。"

* * *

这次快速的横扫意味着欧文的膝盖又有了充足的休息时间。从东决结束，到总决赛首战在奥克兰球馆打响，期间有整整9天可供欧文恢复。西部的勇士在常规赛拿到了67胜的骄人战绩。骑士上下在比赛之前极尽示弱之能事，他们对所有记者坚称，欧文现在依然一瘸一拐，他的上场时间将会被限制。

然而，格里芬私下里却对欧文的膝盖问题表示乐观。整个季后赛中，欧文一直被比作一台法拉利跑车。看上去它顶级水平的扭矩给欧文带来了不少

肩伤，悬带，战斗机飞行员
SHOULDERS, SLINGS, AND FIGHTER PILOTS

问题。而且根据骑士官方所说，这次肌腱炎发生的位置在膝盖的后部，是一处十分棘手的位置。因此，欧文在每轮系列赛中都没能发挥全力。而现在，骑士对欧文的完全健康抱有很大希望。

他在第一场比赛中如有神助，砍下23分7板6助攻的全能数据。骑士本有机会在常规时间拿下比赛，但詹姆斯在终场前3.9秒错失了一记跳投绝杀的机会，随后抢下前场篮板的伊曼·香珀特的二次进攻也差之毫厘。勇士助教卢克·沃顿曾经是斯科特率领的那支骑士队的一员，在香珀特补篮出手时，沃顿就站在不远的地方，他确信那个球本应该能进筐的。"我不知道它是怎么滚出去的。"沃顿对我说。

如果香珀特打进了这个球，我们很难说那个系列赛的走向会有怎样的变化。骑士队会以1：0的大比分领先，而更重要的是，他们可能会在接下来的所有比赛中拥有一个健康的欧文。困扰了他整个季后赛的左膝问题，终于在加时赛给了他一个残忍的答案。欧文在突破过程中突然摔倒，看上去他的左膝直接被克莱·汤普森的右膝撞折。欧文在训练师史蒂夫·斯皮罗的搀扶下跛着脚走出了场地，他的痛苦全都写在脸上。在球员通道口，欧文沮丧地将球衣狠狠摔掉。他的这个赛季结束了。如果骑士想要赢下总冠军，他们只有勒布朗一个人可以依赖了。乐福和欧文都已伤退。

欧文的父亲在更衣室里勃然大怒。他和儿子、儿子的经纪人杰夫·韦克斯勒以及骑士的医疗团队在房间里进行了一次私人谈话。几分钟后，德雷德里克愤怒地摔门而出。

"那时候，他们对我们极为不信任，"格里芬后来说，但他拒绝提供更多

蓝图
BLUEPRINT

的细节,"我们需要尽力修补与欧文一方的关系。"

他们更需要尽力去修补球场上的损失。失去了左膀右臂的詹姆斯在那个系列赛中开启了暴走模式。骑士全队化身"街头霸王",他们拖慢了比赛的节奏,用身体接触打得勇士无所适从。他们的所有计划都指向史蒂芬·库里,他们要用"武力"使库里屈服。

库里全场23投仅有5中。在被德拉维多瓦盯防时,他8投全失。在前两轮对阵公牛和老鹰的系列赛结束后,德拉维多瓦在大家心目中成了一个打球很"脏"的家伙。总决赛面对勇士时,他更是使出浑身解数追着库里满场乱跑。詹姆斯拿到39分16个篮板和11次助攻,这是他总决赛生涯的第五个三双。骑士也以95∶93通过加时赛战胜勇士。这是他们自2007年被马刺横扫以来,在总决赛舞台上收获的首场胜利,也是他们队史上的首场总决赛胜利。

"我们就是这么一支强硬的球队,"詹姆斯说,"我们一点儿也不可爱,如果你想看性感、可爱的比赛,去别处看去。我们这儿,全都是真刀真枪。"

詹姆斯决定在这轮系列赛中单独行事,他习惯了一个人统治比赛,也习惯了在战术指导上一意孤行。他在比赛中公然将布拉特布置的战术置之不顾,这让勇士的教练组和球员们吓了一跳。到了6月份,球队之间已经将彼此呼叫的战术摸得相当透彻了。勇士看到布拉特叫了一个战术,然后发现回到场上的詹姆斯根本没有理会,随心所欲地设计着自己的打法。这样的情况贯穿了整个总决赛。詹姆斯决定把命运掌握在自己手里。

肩伤，悬带，战斗机飞行员
SHOULDERS, SLINGS, AND FIGHTER PILOTS

骑士在主场以96：91赢下了第三场比赛，他们惊人地取得了大比分2：1的领先。勒布朗再次天神下凡，狂揽40分。德拉维多瓦也又一次缠住了库里，拼到精疲力竭。他们取胜的法则很简单：盯紧勇士的后卫们。骑士的后卫群被下了死命令，他们绝对不能放空库里和克莱·汤普森。如果有活球要抢，那就让大个子们去抢。这个战术似乎很有用，直到第四节德拉维多瓦用尽了力气，给了库里找到节奏的机会。他单节命中了创造总决赛纪录的5记三分，砍下17分。骑士的管理层有喜有忧，喜的是缺兵少将的他们现在以2：1的大比分领先，而忧的是那个在第四节觉醒的库里，是否会在接下来的比赛中王者归来。

"我觉得我找到了应对他们挡拆防守的方法，甚至还有一些单打的诀窍，"库里在第三战结束之后说，"我要把这种感觉记在脑子里，带到第四场，希望能在下一场的首节就派上用场。"

也说不准是不是巧合，在库里手感热起来的同时，德拉维多瓦突然出了问题。他的腿部严重抽筋，被担架抬离场地。经过了39分钟的折磨，德拉的身子早就跑脱了水。他当晚来到克利夫兰诊所接受治疗，但是此役过后，德拉维多瓦再也没有回到之前的样子。

即便欧文和乐福不在身边，詹姆斯依然带着骑士残阵把健康的勇士拖到了第六场比赛。詹姆斯成为总决赛历史上首位场均得分、篮板、助攻三项数据冠绝两队的球员。虽然他的球队输了，但他有千百个拿到总决赛MVP的理由。上次发生这样的事情还是在1969年，当年杰里·韦斯特的湖人败给了绿衫军，但FMVP被他收入囊中。

蓝图
BLUEPRINT

第四场比赛，勇士队用暴风骤雨般的进攻将骑士埋葬在了他们的主场，将大比分扳成了2∶2。除了这场早早失去悬念的比赛，詹姆斯在总决赛每场比赛的出场时间都超过了45分钟。但他依然孤掌难鸣，勇士队率先赢下四场比赛，拿到了自1975年以来的首个总冠军。和2007年的马刺不同，勇士队是在骑士的主场捧杯夺冠。詹姆斯说，如果骑士输了，他对总决赛MVP也没有丝毫兴趣。然而，他还是差点儿就重现了韦斯特的壮举——最终的投票结果是7∶4，安德烈·伊戈达拉力压詹姆斯，拿到FMVP。考虑到詹姆斯是失败的一方，这个投票分差可以说是很接近了。

我就是这11个投票者中的一员。我当时就职于《阿克伦灯塔日报》，那是詹姆斯家乡的报纸。这意味着我有为詹姆斯投票的责任，至少在骑士球迷心中是这样的。但当这些球迷得知，我最终把票投给了伊戈达拉时，他们疯了。他们在推特上疯狂地艾特我，他们觉得我现在要不然就赶紧辞职，要不然就赶紧自杀，或者两个都做。

当联盟让我参与总决赛MVP的评选时，我就知道接下来要面对怎样的局面了。在我心里，詹姆斯至少得把系列赛拖到第七场。如果总决赛真的打到第七场，无论输赢，詹姆斯永远在我这儿有一票。1969年的韦斯特也是在第七场输的。所以如果詹姆斯也想以败者身份夺得FMVP，他需要将总决赛拖到足够的长度。再者说，我也很难把票投给一个连输三局的球员。

伊戈达拉对这轮系列赛的影响力是显而易见的。当他不在场上时，詹姆斯的投篮命中率达到了44%，骑士在这段时间净胜了勇士30分。而当他回到场上，他能将詹姆斯的命中率限制到38%，有他在的勇士阵容比骑士多得了55分。很简单，如果金州没有伊戈达拉，他们不可能赢下总决赛。在我的眼中，这是非常有价值的衡量标准。

在总决赛落幕之后，詹姆斯的身体、精神、情感都彻底崩溃了。当勇士队在更衣室肆意喷洒上百瓶玛姆纳帕精选香槟时，詹姆斯却连一步都走不动。比赛结束一个小时之后，他还独自靠在更衣柜前，脖子上挂着一条毛巾，毛巾的两端被他紧紧攥在手里。他像是一个精疲力竭的巨人，刚刚被最后一块石头击倒在地。勒布朗在洗漱更衣之后穿过走廊，走到台前坐定。他依然没缓过神来。

"你当然会产生疑问，特别是在现在这种情况下，"詹姆斯说，"我总在问自己，在总决赛输掉，是不是还不如干脆不进季后赛？我不知道，真的不知道……我都开始觉得不进季后赛会更好一些了。"

采访结束，詹姆斯向大家道别，蹒跚地走进了温暖的夏夜。这是他连续打的第五次总决赛，但他输掉了其中的三次，并且已经连续两年未尝胜利。他的总决赛战绩变成了难看的2胜4负，更痛苦的是，克利夫兰这座城市的无冠历史还在继续。强如勒布朗·詹姆斯也没能将他们从五十多年的苦痛中解救出来，至少现在还没有。

BLUEPRINT

POOL VIEWS

15

泳池风光

蓝图
BLUEPRINT

延森·卡普是一名好莱坞的喜剧写手,同时也是一个狂热的篮球迷。那年6月末,就在骑士总决赛失利的几周之后,他应朋友之邀,来到贝弗利山庄的半岛酒店,登上了这座豪华大厦的顶层。那天天气晴好,他惬意地坐在酒店楼顶泳池的旁边,和朋友攀谈着。在卡普旁边有十二间私人小屋,他瞥到詹姆斯正在其中一间屋子里看着信息。卡普后来在一档克利夫兰的广播节目中说,他当时没怎么多想,只是边聊天,边盯着詹姆斯那边的动向。很快,他看到一个身形面容都酷似乐福的男人拿了把椅子,坐在了詹姆斯旁边。这个画面很是令人费解,因为大家并不觉得詹姆斯会亲自出面,把乐福留在克利夫兰。

如众人所想的那样,乐福选择跳出了他最后一年的合同,现在的他已经恢复了自由身。现在,乐福这一年来的情况已经人尽皆知了,他未来要面临的挑战也是无比清晰。乐福和詹姆斯在合作的第一个年头就搞出了这么多的不愉快,尽管凯文已经把留在克利夫兰的打算重复了好几个月,但人们依然不禁要问,他真的撑得住吗?

半岛酒店的泳池有60英尺(18米)长,从那里向外看,便是洛城令人窒息的美丽轮廓。但卡普并没有向外看，真正令他痴痴愣住的是里面这一番景象。卡普走近二人，在乐福拿椅子的时候给他拍了张照片。不知所措的卡普将照片发给了一位友人，希望这位朋友能帮他确认一下乐福的身份。在确认之后，卡普又想了10分钟，决定把这张照片发到推特上。这条推文收到了零星的几次转发，卡普也没想太多。然而，几分钟之后，转发的消息提醒便让他的手机震个不停。这张照片被转发了5000多次，万万没想到，这个夏天的自由市场竟然是被他掀开了帷幕。

我和其他的媒体同仁们后来发现，乐福一直想要和詹姆斯会面，把事情聊清楚。他的主意还是那么笃定——他会回到克利夫兰——但是他和詹姆斯之间的关系必要得到改善。然而，乐福却始终不承认有"最后通牒"这种事。

"说真的，我只是想知道，在他看来，这支球队未来的方向是怎样的，我们想要取得怎样的成绩，"乐福说，"我永远把我们看作一个集体，我们之间从来没说过'你必须要告诉我什么什么'这种话，从来没有。"

他们两个聊了不到一个小时，但乐福已经说完了他想说的话。他兑现了上赛季说过的续约诺言，在自由市场开启的第一天和骑士签下了他们能给出的最大合同——5年1.1亿美元。

他在休赛期保持了极佳的身体状态。整个夏天，他都和骑士的训练师阿历克斯·摩尔一起在犹他州的帕克城训练。摩尔对帕克城这个地方并不陌生。在被格兰特召进骑士之前，他在美国滑雪队当了六年的训练师。在克里斯·格兰特卸任前的几笔人事运作中，他将摩尔请进了骑士的训练团队。他

蓝图
BLUEPRINT

认为美国的医疗水平已经被国际水准甩在身后,球队的训练师们只会在出现伤病之后做出反应,而不懂怎么做提前预防。他们一个个都是捆脚踝、治扭伤的好手,但在伤病预防方面做得还远远不够。格兰特希望摩尔能帮他解决这个问题。

澳大利亚的总人口大约是2400万,和得克萨斯一个州的人口数相当。为了在奥运会中取得好成绩,澳大利亚在运动医学和人体研究上已经成为世界的领军国家。澳大利亚体育学院创立于1981年,它旨在给全国的精英运动员们提供一个训练和学习营养、康复知识的学府圣地。美国有关官员们都承认,国内根本没有像澳大利亚体育学院这样的组织。这也是骑士要专门请来摩尔的原因。2015年夏天,摩尔和乐福一起制订了科学的训练计划。直到今天,他们两个大部分时间依然待在一起,休赛期也是如此。

摩尔在滑雪队的工作经历让他当上了帕克城非正式的市长。接近7000英尺(2133米)的海拔高度简直就是训练的完美地点。他们的训练内容包括冲浪板、瑜伽、爬上9000英尺(2743米)的登山训练,再加上传统的举重练习和踩单车。这些训练除了强身健体之外,还能磨炼意志,锻炼品格。被那次突如其来的肩部撕裂夺走了剩余赛季和骑士队的冠军梦想之后,乐福需要的正是这些。

通常,他们的训练日是这么度过的:简单的拉伸运动,然后是60—90分钟的力量练习,一段恢复练习之后,又是更多的训练内容。场上的篮球训练通常安排在晚上。据摩尔说,在那样的海拔高度连续训练一个月,正常人体内的血红蛋白含量将会升高,这样一来,血液的含氧量也会随之增加。因此,当运动员回到正常海拔之后,他们的身体就能承受更高的训练强度。

泳池风光
POOL VIEWS

离开帕克城的乐福带着生涯的最佳身体状态走进了2015-16赛季。他想要用实力去争取在进攻端更重要的角色。欧文还没从膝盖手术中恢复过来，骑士在前几个月里只能依靠詹姆斯和乐福二人。詹姆斯开始说一些"乐福将成为进攻核心""我们将会紧跟他的脚步"之类的话。

"他会完成一个精彩的赛季，"詹姆斯说，"他将重新回到全明星水准。他是我们的进攻核心。"勒布朗在联盟混了这么多年，身边的队友换了一批又一批，但他从未把队中的另一名球员称作"进攻核心"，也从来不会说出跟在谁身后这种话。他没这样夸赞韦德，没这样夸赞波什，更别提他第一段骑士生涯时的那些队友。詹姆斯真的这样想吗？可能性微乎其微，即使是乐福也知道这不是他的本意。但詹姆斯似乎在传递一个信息："你想要吗？那就给你。"乐福也急切地想证明他真的可以。

"我们都认为我能承担更多的责任，"乐福说，"我现在很舒服，感觉好多了。"

他们在一起的第二个赛季没过多久，骑士的队内人员就终于承认，这两名巨星头一年的合作确实不遂人愿。大病小病——背伤、腿伤和乐福的整体状态——全在2015年找上了乐福，他的身体没有一个零件在正常运转。詹姆斯当然有理由愤怒沮丧。因为这并不是他费力招募来克利夫兰的那个凯文·乐福。

詹姆斯喜欢挑战。骑士队相信，他把乐福当成了自己第二个赛季的挑战计划。他要让乐福找回信心，要让乐福变得更强。这是詹姆斯在场上最常做

蓝图
BLUEPRINT

的事情，他能让队友们更进一步，打出超过他们真实实力的球场表现。而乐福在成为他的队友之前就已经是一个全明星了。

布拉特说："人们可能会忽视他的一个优点，那就是他影响队友的能力。如果他笃定地相信场上的一件事或一个人，那么他就会尽力找到帮助他们的方法，进而使比赛进程发生变化，"他继续强调道，"勒布朗很清楚，这将是一个漫长的赛季，他给队友带来的帮助越多，到赛季末球队的表现就会越好。"

在欧文尚未康复的这段时间，乐福场均能拿到17.3分和10.5个篮板。他投出了44%的命中率。而且，他不再是球队放置在底角用来拉开空间的普通诱饵，他的场均两分出手达到了8次。当欧文在圣诞节前正式回归时，他们的战绩是17胜7负，无论是教练组还是管理层都期待着这支球队在欧文加入之后还能保持这样的胜势。然而，他们暗自担心的事情还是发生了。乐福的数据再次大幅下滑，在欧文回归的第一个月，他的场均得分下降到了13分。在这17场比赛里，他的投篮命中率跌到了38%。很明显，乐福又回到了第三把交椅，将大多数球权交还给了骑士的另两位球星。

但骑士队确实在赢球，而且乐福在夏天签订的长期合同已经将他锁在了克利夫兰，布拉特便不必再绞尽脑汁地思索让乐福恢复数据的办法。他更关心的是骑士队的战绩，这无可厚非。与此同时，詹姆斯关注的焦点转移到了他的全明星控卫身上，他要帮欧文找回比赛状态。这一切的一切，都引出了那个1月初在达拉斯的迷人下午。

***

在达拉斯一片平平常常的土地上陈列着一排毫不起眼的仓库，莫·威廉

泳池风光
POOL VIEWS

姆斯学院就藏在这里。老将威廉姆斯在赛季开始前回到了克利夫兰，和勒布朗再续前缘。小莫不想再花大价钱雇用训练师们在夏季和他一同训练，所以他特意在休赛期的住所旁开辟出了一个体育馆。小莫的日常生活非常忙碌，他有妻子和孩子要照顾，有时候到了深夜才能挤出一些训练的时间。拥有自己的体育馆就意味着他可以随时进来练球。他在2011年建立了这个以自己的名字命名的场馆，现在由他的家人负责设施的全年经营。

"我的朋友们喜欢出去买那些豪车豪宅，我总跟他们说，不如买个体育馆来得划算。"威廉姆斯说，"这样你就可以按照自己的想法打造经营，你可以走我的老路，这是一笔便宜的房产投资，你还收获了自己的训练场地，因为这就是你的工作啊。把钱花在这上面吧。"

这原本只是一笔奢侈的个人消费，但它现在的影响力已经远高于此。威廉姆斯家族赞助了业余体育联合会（AAU）中的数支篮球队。这些篮球队由美国中学生组成，其中不乏朱利叶斯·兰德尔、伊曼纽尔·穆迪埃这样的耀眼新星。比利·普莱斯顿，作为威廉姆斯帐下的新晋学员之一，已经成为全美最顶尖的几名高中球员之一。骑士队来这里训练的时候，他也经常在这里练球。普莱斯顿后来被堪萨斯大学纳入麾下。

小莫在拥有自己的训练馆之后辗转过多支球队，包括快船、爵士、开拓者、森林狼、黄蜂，以及现在的骑士。每当他的主队做客达拉斯打比赛时，他都会邀请全队来到自己的场地训练。2016年1月，在亚拉巴马大学击败克莱姆森大学夺得大学橄榄球冠军之前的几个小时，骑士队乘车来到莱斯顿街，准备进行休息日的加练。当时，在总决赛遭遇膝伤的欧文已经回到场上有将近一个月的时间了。他在负伤之后接受了修复骨折的手术，整整康复了

蓝图
BLUEPRINT

六个月。

去年3月，也就是欧文膝盖骨骨折的三个月之前，他刚刚年满23岁。这可是一件大事，人们23岁那年被称作"乔丹年"，因为这是迈克尔·乔丹球衣上的数字。如果你碰巧是一名NBA球员，而且你的生日碰巧在23号，这一天便更值得纪念了。欧文在庆祝23岁生日时收到了家人朋友们的祝福，他们都说这个"乔丹年"将成为他华彩流金的一年。当欧文拖着膝盖上的石膏躺在床上时，这些祝福就不断在他脑子里盘旋。他读了很多东西，他担心回归之后不能再像以前那样打球。是的，他也回看了他在球场上受伤的一幕。

"我在那一刻就知道自己完了，"他对我说，"我感觉到了。"悲剧发生之后，欧文坐在球场上，试着体会自己右膝的感觉，然后是左膝。他觉得左膝有异样，便告诉了骑士的训练师史蒂夫·斯皮罗，他必须要回到更衣室查看伤情。

欧文说："我一边走着，肾上腺素一边在消退，我瞬间知道了怎么回事。我喊着'就到这儿了，我完了'。"

在遭遇膝伤之前，欧文一直以大心脏著称于联盟。他总是在关键时刻命中那些高难度的上篮。他的第一个制胜绝杀出现在新秀赛季，那时他才只有19岁，教练拜伦·斯科特还开玩笑说他嘴里还有婴儿配方奶粉的味道。那是一场对阵凯尔特人的比赛，欧文绕过瓦莱乔的挡拆，从两名防守人中间分身而过，在迟到的保罗·皮尔斯头顶左手上篮得分。他在比赛还剩2.6秒时绝杀了坐拥主场的绿衫军。欧文的父亲德雷德里克曾是波士顿大学的球星，但儿子的制胜进球让他在看台上兴奋不已，挥舞着自己的拳头。

泳池风光
POOL VIEWS

正如格洛丽亚之于勒布朗，德雷德里克在妻子伊丽莎白去世之后也要同时扮演父亲和母亲的角色。德雷德里克偶然间发现了儿子的篮球天赋，于是他让凯里远离其他的运动，专心把所有精力投入到篮球上面。欧文16岁时首次在一对一斗牛里赢了父亲。他的身体也在这个年纪逐渐成熟，这让他能够完成一些之前做不到的事情。例如滞空更长的时间、左右手的抛投（并且命中）、头部假动作、急停跳投，还有一些低位动作等。

"一切都开始顺利起来，"欧文说，"一旦你有了自信，当你尝试这些动作时，每一个动作都像经过了上百次练习一样熟练。"

然而，欧文当时欠缺的就是自信，这个现在令他引以为傲的东西。在欧文的成长过程中，他可不是一直像现在这样信心十足。欧文承认说，他父亲曾经怕他锻炼不出那种能够摧毁对手的心气。斯科特也曾在欧文的生涯初期有过类似的质疑，他找不到欧文身上的"杀手"基因。斯科特曾经在克里斯·保罗身上看到过这种东西，保罗的杀手气质甚至早在新秀赛季就初露端倪。他是保罗的第一位NBA教练，他曾经打趣说，保罗为了赢下一场比赛，甚至不惜撕开对手的喉咙。他不确定欧文是否也能如此。

"他在四五年后一定会变得很可怕，"斯科特在欧文的第二个赛季行近尾声时说，"当他熟悉了这个联盟，比赛在他眼里会变得异常简单。那将会很恐怖。"

欧文在整个职业生涯里没有摆脱过伤病的纠缠，先是脚趾，然后是肩、手腕，接下来是面部的骨折。他在领袖之路上也是命途多舛。在詹姆斯远走

蓝图
BLUEPRINT

迈阿密之后，骑士队让他挑起了球队沉重的担子。他是个不爱传球的控卫，几乎所有人都觉得他是个球权霸主——就连他的队友们也这么想。欧文坚称他只是为了赢球做好自己该做的事。但是当詹姆斯回到家乡，他最早教欧文去做的事情之一，就是怎样成为一名优秀的组织者。

在决定回到克利夫兰之后，勒布朗开始着手翻看欧文的比赛录像。他知道欧文是一个年轻有为的孩子，但关于他在球场上的好恶，他还知之甚少。录像可能无法反映一名球员的性格，但一名控球后卫能给他的队友带来多大的帮助，可在视频里记录得清清楚楚。詹姆斯认为，在这一点上，欧文做得不是很好。这也是勒布朗在和欧文合作初期喜欢把球控制在自己手上的原因。他想让欧文知道一个NBA水准的控球后卫应该是什么样子，他想把何时攻击、何时传球的判断能力传授给欧文。

"我想让他知道，除了单打独斗以外，他可以为那些不能单独创造机会的球员提供帮助，成为一名优秀的组织者对我们这个团队来说意义非凡。"詹姆斯说，"没错，如果他愿意的话，他有能力突破两三个人的防守。"在提到二人合作的首个赛季时，詹姆斯说："我一切表现的前提是，我要让这些球员，尤其是凯里，领悟到给队友创造机会的重要性，一定要让你的队友参与到比赛里来。他是个好学的孩子，虽然有时候很顽固。这不出我所料，年轻人都这样。"

此刻，欧文正在小莫的球馆里拍着篮球，时不时地出手几次。而詹姆斯在悄无声息地给他上着另一门课。骑士队从总决赛的阴影里走了出来，带着缺少欧文和伊曼·香珀特的阵容打出了17胜7负的开赛战绩。香珀特在训练营开始之前右手手腕受伤，因此缺席了新赛季的前六周比赛。欧文在12月20日

泳池风光
POOL VIEWS

对阵费城76人的比赛中正式复出。

在正式复出前后，欧文总是单独加练很长时间。他想找回曾经的手感和节奏。詹姆斯有时候会和他一起留在训练场上。这天，当欧文在三分线、底角、侧翼……场上的各个位置频频出手时，威廉姆斯在一旁赞不绝口地夸着自己的训练馆：足够的办公空间、齐全的洗衣服务，再加上少见的小型休息室。

可是这里单单没有洗澡的地方。所以，在欧文和詹姆斯加练的同时，其余满身臭汗的骑士球员只得在边线和看台上苦苦等待。随着时间一分一秒地流逝，等了快一个小时的球员们开始失去了耐心。新秀萨沙·考恩率先把气愤的情绪摆在了脸上。安德森·瓦莱乔注意到了考恩的情绪，他开始嘲笑起这个菜鸟。

"他还不明白，"瓦莱乔和我开玩笑说，"这就是和勒布朗在一起的生活。有时候你必须要等。"

然而在二十分钟之后，瓦莱乔也笑不出来了。现在他也被这两人惹恼了。乐福正摆弄着他的手机，助理教练们在商量着今天的晚饭，而场上的詹欧二人丝毫没有要走的意思。他们继续着自己的投篮练习。

"他不走我是不会走的，"詹姆斯对我说，"也就是说只要他还在这里投篮，我就不会离开，绝对不会，这他也知道。"

詹姆斯当然察觉到了队友和教练们的不耐烦，但他并不在乎。他们的投

蓝图
BLUEPRINT

篮训练拖得太久，到最后，当时还是布拉特首席助教的泰伦·卢怒气冲冲地返回球馆，对着刚要结束训练的二人喊道："快走！你们俩太他妈不尊重人了！"詹姆斯轻笑了几声，让他不要在媒体前失了风度。其实，当时场边的记者算上我也没几个人。

"他们可以把我们扔在这儿啊，又不用非得等我们。"詹姆斯后来对我说，"我们认识路。"

勒布朗所做的事都自有他的道理。他想让队友们看看，骑士队里这两名最大牌的球星是怎样刻苦训练的。这些人越生气，这个教训就能记得越牢靠。

"归根结底，到了比赛的最后关头，球肯定是在我们的手里，"詹姆斯对我说，"我们必须信任彼此，我们的队友也必须信任我们。如果这些人总能看到我们不知疲倦地训练，那么他们将给予我们更大的信心。我们也将带领他们走向胜利。"

他说得对。161天后，在NBA总决赛第七场的最后一分钟，欧文持球在手。

BLUEPRINT

CHRISTMAS MOURNING

16

圣诞之殇

蓝图
BLUEPRINT

　　NBA记者的工作从来都是喜忧参半的，既有满载而归的成功时刻，也少不了白忙一场的心酸瞬间。外人眼中的我们总是出入着高档酒店，享受着酒店集团最高级别的会员待遇。而在这光鲜表面的背后，却是年复一年跟随球队，80多场比赛的舟车劳顿四处奔走；是在一个又一个的凌晨四点，被酒店的叫醒服务唤醒，赶赴另一座城市；是每场比赛前匆匆咽下几口球馆提供的，通常不怎么可口的食物果腹（大多是意大利面或油炸食品之类，廉价且便于大量加工的食品）；是因为生怕错过某个重要事件，即便见缝插针地合眼小憩也免不了提心吊胆。更为严苛的是：我们的手机必须时刻保持畅通，不合时宜的没电关机极有可能让我们丢掉饭碗——我仍记得有年秋天的一个晚上，我的手机在我和家人外出就餐时没电了。而此后我用完餐付完账单，回到车里为孩子们系好安全带，再给手机插上电源，直到手机重新开机——就在上述这短暂却又漫长的20分钟里，特里斯坦·汤普森结束了与球队的僵持，签下了一份为期五年的新合同。而我，自然而然成了最后一个知晓此事的记者。

　　棒球运动向来是我的挚爱，但作为一位丈夫以及三个孩子的父亲，要成为一名棒球随队记者却有着我负担不起的代价。棒球赛季漫长而密集的日

圣诞之殇
CHRISTMAS MOURNING

程（季前训练营长达45天、整季比赛多达162场）可以说是私生活的头号杀手，相比NBA有过之而无不及。起码作为一个NBA记者，在每年夏天的大多数时间，我还能陪在放假在家的孩子们身边。现阶段的我已经能够稳妥地完成手头大学橄榄球以及NBA的报道工作，但家庭最终成为我安于现状不再激进地试图投身棒球媒体行业的原因——在家庭与工作之间做出选择从来都不是一件易事。同样，大卫·布拉特也始终面临着这个难题：布拉特是一个大家庭的一家之主，他与妻子一共养育了四个子女。但他却一直很难抽出时间来陪伴家人，接连的工作变动让布拉特辗转往复于以色列、俄罗斯、意大利以及土耳其之间。与此同时，他的妻儿却一直留在以色列生活——即便在布拉特接过骑士教鞭后，这种情况也没有得到改变。

2015年的圣诞节，我选择留在家中，亲眼看着孩子们拆开圣诞礼物，因此缺席了球队与勇士在金州进行的圣诞大战。第二天，我来到了波特兰重新与球队汇合，他们将在那里迎战此次西海岸客场之旅的第二个对手开拓者队。归队不久，我便明显地感觉到球队内部出现了问题。队员们对前一晚败走奥克兰的方式大为光火，并将矛头指向了布拉特。理查德·杰弗森在整个圣诞夜都没有捞到一分钟的上场时间，这令队内的老将们感到沮丧。布拉特极端的执教方式引起了球员们的不满，他们认为布拉特过于注重赛果，不计代价地将每一场比赛都当作总决赛的抢七大战来对待，从而忽略了球队作为整体的稳定性和延续性建设。

"布拉特正在失去球员们的信任。"在对开拓者的比赛当晚有人对我这么说。然而在我看来，即使布拉特带队打出19胜8负，暂居东部头名的优秀战绩，他都从未真正赢得过球员们的信任：有一股反叛的情绪始终在球队内部滋长。骑士在对开拓者的那场比赛中打出了整个赛季少有的糟糕表现：詹姆

蓝图
BLUEPRINT

斯在场上意兴阑珊，对攻防两端都显得心不在焉，大部分时间他都仅仅只是在做毫无强度的折返跑。反倒是缺少了明星球员达米安·利拉德的开拓者队攻得势如破竹，让骑士队在第一节比赛结束时就陷入了12∶34的巨大落后。直到比赛终场的哨声响起，骑士都不曾将比分迫近——这支坐拥全联盟罕有高薪阵容的东部豪强最终以76∶105的大比分落败。

"开拓者把我们痛扁了一顿。"布拉特在赛后发表了陈词滥调式的总结。

相比之下詹姆斯则直接了许多，他透露队内的部分球员正因为球队并不稳定的轮换而感到沮丧。

"在赛季的头两个月，我们已经建立了一定的化学反应。每个人都知道谁更适合出场比赛，轮换也相对固定。但是布拉特却突然打破常规，要让一切重新再来，"詹姆斯表示，"这让大伙丢掉了节奏，好些人的心里没底，根本不知道自己有没有机会上场。整个队伍一下乱了套。"

也正因为如此，在骑士球员们眼中，战绩开始变得一文不值：他们受够了自己的教练，每个人都在赢球时保持缄默，而一旦球队失利，他们就都将罪责归咎到布拉特身上。另外，布拉特始终无法在詹姆斯面前树立权威也同样是个问题。此刻充斥着骑士更衣室的尽是负面情绪，圣诞节本该拥有的欢乐气氛早已荡然无存。

而今事态的发展出乎了所有人的预料，某个资深线人在那晚的比赛中向我抛出了一个问题："管理层会炒掉布拉特吗？"对此我无法作答。在比赛结

圣诞之殇
CHRISTMAS MOURNING

束后，我见到了大卫·格里芬 —— 这位骑士队总经理当时正环抱着双臂，一个人站在客队更衣室的角落。

我率先开口打破了沉默："伙计们好像都挺不满意的。"格里芬点头默认。接着，我开始更深入地谈起球队内部将帅不和，球员们正对布拉特群起而攻之的情况，对此格里芬也一样没有否认。但当我顺水推舟地抛出最终问题：布拉特是否会被炒时，格里芬仍旧给予了否定答案。

话虽如此，但布拉特的下课终究只是时间问题——那仅仅取决于格里芬何时说服泰伦·卢接过骑士队的教鞭。球队在12月就开始了和卢的接触，而卢在第一时间谢绝了球队后，拨通了他的导师道格·里弗斯的电话，道出了自己拒绝管理层的理由。

"人们不知道早在卢明确拒绝球队前的一个月，骑士就和他展开了讨论，"里弗斯透露，"然后他打给我说，'我不会接手这份工作。这会让我看起来太不堪了。我忠于大卫。'"

泰伦·卢的拒绝让骑士管理层无计可施，只能继续由着布拉特带领球队蹒跚前行。这种情况并不常见，确实如此，但与布拉特相关的事情都不常见。没有一个教练曾在球队占据分区头名的情况下被解雇。不过虽然骑士战胜了不少鱼腩球队，但在豪门之间的强强对话中十分挣扎。骑士在惨败开拓者那晚之后取得了一波8连胜，客场造访圣城挑战马刺的比赛，最终止住了他们的连胜步伐。紧接着那场失利，骑士又将在当地时间1月18日迎来一场万众瞩目的焦点战役——在圣诞大战中将他们斩于马下的勇士这一次将到访克利夫兰。虽然勇士刚刚在两天前的比赛中输给了活塞，但这并不影响他们踏

蓝图
BLUEPRINT

上速贷中心球馆的地板时，依然手握着37胜4负的傲人战绩——库里更是在赛前大发议论，表示希望当自己再一次走进速贷中心的客场更衣室时，还能够闻到勇士去年夺冠狂欢时开启的数百瓶香槟遗留下来的气味。这番言论让詹姆斯大为恼火，他甚至在心中暗暗准备好了反击的说辞，可令他感到失望的是，没有人就此事在赛前的新闻发布会向他发问。而当晚最终令人失望的赛果，也使得詹姆斯这份事先准备好的慷慨陈词胎死腹中。

勇士摧枯拉朽地以132：98的大比分击溃了骑士。后者整场比赛都不曾展示出有想要与勇士抗争的雄心壮志和与之相符的努力。这场本该是火星撞地球的激烈对决，在骑士球员们眼中似乎仅仅只是漫漫82场常规赛中的普通一场，根本不值得为之拼尽全力。与此同时，勇士又在防守端展现出了令人无法忽略的统治表现：他们在禁区内封死了骑士球员的传切路线，又在侧翼死盯三分手。束手无策的骑士只能由詹姆斯与欧文轮流单打，徒劳无功地一次次冲击勇士的防线。第四节开场后不久勇士就取得了43分的超大领先——这是詹姆斯在长达12年的职业生涯里面对的最大落后分差。

"勇士在我们的地盘上给了我们当头一棒。"欧文在赛后说道。

詹姆斯的批评更加一针见血。我曾在赛前尝试与詹姆斯讨论骑士与勇士在当季总决赛再次遭遇的可能性。詹姆斯做出的回应先是错愕地摇头，然后大喊，坦言在1月中旬考虑6月的事情是"荒唐"和"愚蠢"的。在担心总决赛之前，骑士有太多问题需要解决。几个小时后，勇士让这些问题全暴露了。

"我们都想在面对联盟顶级强队时发挥出色，但今晚的我们没有做到这点，"詹姆斯评价道，"目前我们面对西部前两名球队的战绩是0胜3负，对此

圣诞之殇
CHRISTMAS MOURNING

我们需要好好反省。"

惨败勇士的沉痛打击最终促使骑士管理层下定决心，即便泰伦·卢在当时仍不愿松口答应接过球队教鞭，就算他们不得不再去物色其他教练人选，布拉特的下课也仍然变成势在必行的第一要务。不过在那之前，格里芬再一次尝试着拨通了里弗斯的电话，将这项球队内部的重要决定告诉了泰伦·卢的重要导师，他希望借助着里弗斯的影响力，让管理层心中球队最理想的教练人选在最后时刻回心转意。

"这帮人的小算盘还不是路人皆知？"即便没有直言不讳地点破，里弗斯仍然知道格里芬的这通电话意欲何为，"我接起电话，格里芬的声音传了出来，'告诉你个大新闻，我们要把布拉特给炒了。'这世界上应该没有哪个白痴会听不懂他们想要暗示我做些什么了吧？"

两天之后，仍然执掌着骑士帅印的布拉特带队击败了当季表现糟糕的篮网。这场胜利同样没有能够在骑士的更衣室里注入哪怕一丝的欢愉与活力，大卫·格里芬受够这样的场面了。

"队伍的心已经散了，"格里芬低语，"这样的情况再多持续一分一秒都是对球队的伤害。"

战胜篮网后的那场主场比赛，骑士将在速贷中心面对里弗斯带领的洛杉矶快船。不过在此之前，里弗斯就已经知晓了骑士管理层的决定和布拉特即将下课的命运。

蓝图
BLUEPRINT

快船队的教头透露："我一直还挺欣赏布拉特的，所以那场比赛对于早就知道内情的我来说是场艰难的战役。"即使如此，别无选择的里弗斯最终还是如骑士管理层所愿那般——成功说服了泰伦·卢接受骑士主教练一职。

"你必须接手布拉特的工作，"这位导师这样告诉卢，"管理层已经决心不论对错都要把布拉特炒掉。所以就算你不代替布拉特，同样会有别人代替他的位置。所以别犹豫了，这份工作就应该是属于你的，放手去干吧。"

于是在骑士击败快船后的第二天，骑士官方宣布了一个足以震惊全联盟的消息——球队解雇了带队占据东部头名，打出30胜11负的现主教练大卫·布拉特，他的继任者将是泰伦·卢。

"难以想象联盟中居然发生了这种事情，"达拉斯小牛队的主教练兼教练工会主席里克·卡莱尔率先发表了评论，"布拉特是个好人，他也带队打出了不错的表现，他的遭遇让人感到非常失落。"

同时，格雷格·波波维奇、斯坦·范甘迪等另外几名教练也纷纷对骑士管理层表示了谴责。很快，不论是真心实意，还是刻意表现追随大流，教练圈内掀起了一股集体批判骑士的浪潮。甚至有好些个上赛季布拉特初来NBA时私下对其诋毁与攻击的教练，都表现得义愤填膺，对布拉特表示同情。

"这家伙到底在干什么？"一位对手球队的主教练在布拉特上任第一周问我，当时布拉特在执教的第二场比赛赛前，颇为得意地吹嘘起自己是如何训斥手下弟子的。布拉特怪异的举止、与媒体独特的互动方式，还有他令人困扰的排兵布阵和暂停使用，都在过去的一年半让他的同行们倍感惊讶和不

圣诞之殇
CHRISTMAS MOURNING

适。现在，不管怎样，他们都站在他那边。布拉特终究在上赛季带队打进了总决赛，并且在今年又一次占据东部头名的位置。如果他被解雇，那这些主帅没有一个是安全的。

"最终我们的球队在那年的季后赛里爆发了，他们完美地克服了逆境。有时候我甚至不禁思考，是不是布拉特和团队之前产生的磨合问题也在某种程度上给球队带来了历练，让他们在困境中成长，"格里芬在事后回忆道，"我们是一支志在夺冠的球队，既有詹姆斯这样的历史最佳球员，也同样拥有欧文和乐福这种充满天赋的好孩子。这样一支球队注定需要一位个性鲜明、手腕硬派的家伙来掌舵，我只能说布拉特不是合适的那个人。"

事实也证明，泰伦·卢才是格里芬最需要的人选。

**

泰伦·卢出生在密苏里州圣路易斯西北约110英里（177千米）的一座名叫墨西哥的小城里。从球员生涯的早年开始，卢便会在每年的独立日回到家乡，自掏腰包举办一场以华丽烟火表演作为压轴大戏，时长一整天的派对活动。

卢会在派对那天租下整个城市的泳池供孩子们尽情游乐，同样也会请来布鲁斯乐队奏乐，他还会买下大量的热狗和汉堡等食物，来者不拒地与本地人甚至外乡人共享。墨西哥这座城市曾以出产大豆闻名，这儿的人们骄傲地把家乡称作"大豆之都"，甚至还会在每年夏天举办"大豆节"。不过在生物柴油炼制业取代大豆种植成为这座城市主要产业的当下，显而易见，泰伦·卢就是墨西哥的新骄傲。

蓝图
BLUEPRINT

在长达11年的球员生涯里，泰伦·卢曾效力过7支不同的球队。这个身高不足6英尺（1.82米）的家伙，始终在场上运用智慧和勇气弥补着自己身高的劣势，兢兢业业地担任球队替补控球后卫的角色。开始教练生涯后，卢剃掉了球员时期标志性的地垄沟发型，真诚而充满魅力的微笑成为他的新名片。

"卢对于比赛有着快人一步的敏锐嗅觉，"助理教练拉里·德鲁这样评论，"比赛进行时整个教练团队都坐在场边，只有当出现某些固定的情况时，我们才能知道接下去球队有哪些进攻选择。但是卢不一样，他能提前预判出即将发生的情况，事先提供四五种不同选择，这样的人很难得。他们很难得。"

卢初入联盟时曾在湖人队出任替补控卫。在某天的队内训练临近尾声时，正在肘区防守的他精准地对科比的底线突破做出了预判，快速到位并且给科比送上了一记钉板大帽。德文·乔治也借此机会反击上篮得手，帮助卢所在的一方取得了胜利。这件事让争强好胜的科比颇为恼怒。

"科比的第一反应是跑过来和我干架，"卢回忆称，"不过冷静了一下之后他大概觉得那样不对，就提出来要和我单挑，我很干脆地拒绝了他，'我才不和你单挑呢。'结果从此以后，科比在每天的训练里都会疯狂针对我。每一天，太疯狂了。"

道格·里弗斯与泰伦·卢结缘于奥兰多：在短暂地执教了卢一个赛季后，里弗斯便发现了卢身上的教练潜质。他对卢发出了邀请，希望后者能够

圣诞之殇
CHRISTMAS MOURNING

在退役后直接加入自己的教练组工作。五年之后，卢如约而至。而时光荏苒，卢在里弗斯手下一干又是一个五年，随后他便遭到了骑士管理层的挖角，加入球队成为布拉特的头号助理教练。他在骑士的主要职责是帮助这位来自欧洲的名帅适应NBA。但所有内部人士都心照不宣：一旦布拉特水土不服，与骑士磨合失败，卢将是接过骑士帅印的头号备选方案。

现在就是启动备选方案的时刻：泰伦·卢原本就在球员之间有着不错的威望，而这一次由"头号助理教练"晋升为"主教练"的身份变化，让他成为骑士这支争冠之师名副其实的头号掌舵人。"我觉得我们也不会失去太多，"格里芬对于这次球队内部的重要人事变动发表了总结陈词，"我反倒有种强烈的预感，球队能够在关键的领域取得一些突破性的进展。"

格里芬所指的关键领域便是主帅在球队中的威信。不论在公共场合或私下，布拉特都从未在詹姆斯的面前竖立起权威。最夸张的要数一场比赛后，在自己办公室洗完澡的布拉特，全身上下仅挂着一条毛巾就来到詹姆斯面前。"拜托啊教练，咱们能不这样讲话吗！"詹姆斯抗拒地表示，而这话显然被布拉特当作了耳旁风。两人简短的交流过后，顶着张黑脸的詹姆斯找到了好兄弟特里斯坦·汤普森。"那家伙光着膀子和我聊了半天！"

而泰伦·卢不一样，他在联盟中广受尊重，有着良好的声誉。每当他踏入一座球馆，都会有不同的现役或退役球员上前和他问好。这些举动也潜移默化地帮助卢在詹姆斯心中建立起了良好的形象。在来到骑士工作的头几天，泰伦·卢便严厉地批评了骑士球员们在夏天身材走样，并特意警告骑士队内三巨头对外界评价少操闲心，专注赢球才是正事。

蓝图
BLUEPRINT

"只要能赢球，每个人都会受到赞誉，"这是泰伦·卢的理论，"队伍里还有不少年轻人，你们可得以身作则，给他们树立榜样。"

泰伦·卢也一样严于律己，本着负责到底的态度努力为詹姆斯建立榜样。他在观看录像复盘的环节中，毫无避讳地指出了詹姆斯在球队败给热火的客场比赛里，和韦德在场上大谈特谈的不恰举动。甚至早在担任助理教练期间，卢就因为詹姆斯在小莫（莫·威廉姆斯）的私人训练馆中停留过久而造成球队等待的事件，对他大加斥责。

然而人无完人，泰伦·卢一样也免不了做出一些错误决策——他力求围绕着乐福打造球队进攻体系，却始终收效甚微。欧文的伤愈复出更是进一步削弱了乐福在进攻端的存在感。就连原本一直支持卢的詹姆斯，也渐渐闭口不再提起要以乐福作为进攻核心。季后赛开始前一周，骑士在复活节的周末以95∶104输给了篮网。这让危机再一次出现在球队管理层面前——开除布拉特的决定早就让格里芬成为众矢之的，他想知道自己是否会在赛季末被解雇。

外界也在一时之间流言四起：有消息称如果骑士不能在本赛季打入总决赛，球队管理层就会再一次遭到清洗：格里芬将对解雇布拉特的事件负全责，并和泰伦·卢一起拎包走人。接手两人工作的则会是汤姆·锡伯杜，他将身兼球队主席以及主教练的职位，全面掌控骑士并直接向球队老板吉尔伯特汇报。这种说法可不是毫无根据——吉尔伯特对锡伯杜注重防守的执教风格青睐有加早已不是什么秘密，骑士在雇用布拉特前本打算先与锡伯杜接触，但因公牛的拒绝而作罢。结果那赛季一结束，公牛就与锡伯杜分道扬镳，各走一方了。

圣诞之殇
CHRISTMAS MOURNING

输给篮网的那天晚上对骑士内部是漫长的一夜。泰伦·卢毫不客气地批评乐福，告诉他要打得像个全明星。乐福整场得到11分12个篮板。但他出手14球，仅有5次成功将球送入篮筐，5次三分线外的尝试更是无一命中。卢受够了乐福在场上对大局无关痛痒的表现。他想让乐福更有攻击性，更坚决地要球。格里芬如此欣赏的那个"匪徒"卢爆发了。他要求乐福自信地投篮，别再犹豫。

"你他妈的是个坏蛋！"卢告诉乐福，"就这么打。"

乐福用实际行动回应了泰伦·卢的要求：在常规赛最后的9场比赛中，他交出了一纸场均18.9分外加9.9个篮板的成绩单，三分命中率更是高达46%。骑士在这个赛季中段沉痛革新的最终结果，是泰伦·卢带队半个赛季，拿到了27胜14负的战绩，比布拉特少赢了3场。不过这样微小的代价，与全队上下重拾争冠心气的巨大收获相比，完全可以忽略不计。而泰伦·卢，也将在接下来更为重要的季后赛中，给出他教练生涯最为高光的表现。

BLUEPRINT

GAMBLING MAN

17
赌徒

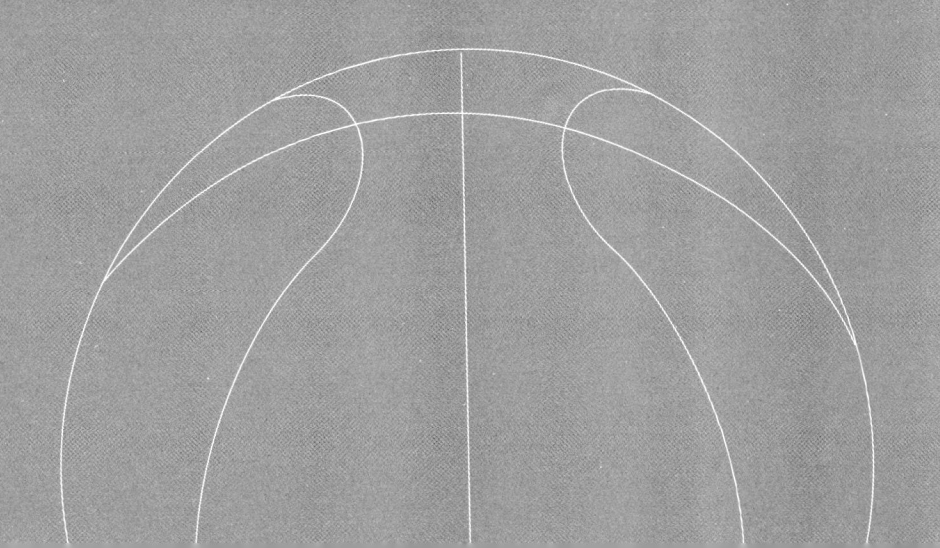

蓝图
BLUEPRINT

泰伦·卢是个烟酒不沾的行为模范,如果非要在他身上找出什么恶习,那就是赌博。他喜欢拉斯维加斯的赌桌,经常在夏季联赛甚至全明星赛期间出现在那里。这有助于解释为什么取代布拉特成为主教练后,他这么快就把赌注下到自己身上。麦克·布朗在他五年长约的第一年就遭到了吉尔伯特的解雇;而布拉特的四年合约最终也仅仅履行了不到一半的时间。而卢不满意骑士提供的薪水,没有与球队签约。他执教球队,但没有签一份新合同。一部分原因是金钱,另一部分原因是不想给人留下他背着布拉特私下签约的印象。所以他把赌注押在自己和一支以57胜25负结束赛季的球队身上,这个成绩在东部排名第一。他利用季后赛的机会进一步证明自己的价值。

卢比许多人更相信自己。知名体育网站"体育新闻"(Sporting News,TSN)在季后赛开始前列出了一份榜单,给即将带队出战的16名主帅排了排座次。泰伦·卢在这份榜单里位列第十四,仅仅领先同为新秀主帅的雷霆教练比利·多诺万和火箭代理主教练比克斯塔夫。这对向来自信过人的卢而言无疑是种巨大的冒犯。更让人啼笑皆非的是:卢阴差阳错地把我误认为是这份榜单的作者,他自顾自地开始了抗议:榜单发布不久后的某天,卢在媒体群访结束后径直走到了记者群末尾的我身边,沉肩给我了一撞,随

赌徒
GAMBLING MAN

后死盯着我，嘴里念念有词地喊着："第十四啊兄弟。"当时的我根本就不知道那份榜单的存在，因此即使对卢所说的"第十四"一头雾水，我还是把他这一系列神神叨叨的行为解读成一次和平时没什么两样的小玩笑，压根没放在心里。直到几天后，当卢在他的办公室门口，隔着球场再一次冲我大喊，并用手指摆出"十四"的手势时，我才意识到可能是哪里出现了问题。

"真有你的啊，都把我排到所有教练的第十四名了！"卢用接近咆哮的方式解开了我的困扰。恍然大悟的我哭笑不得，只得赶忙向他解释：那份榜单的作者可不是我。"还装，他都告诉我了！"谁知道卢仍不依不饶，并把手指向了他的助教达蒙·琼斯——后者当即否认了这项指控。事实上，泰伦·卢压根没必要对这份榜单过于纠结，他很快就证明了自己有着远超第十四名的实力：卢的球队在季后赛的前两轮分别击败了活塞和老鹰，而带领这两支球队的斯坦·范甘迪和麦克·布登霍尔泽都是联盟公认的出色教练。

在骑士眼里，第一轮季后赛要面对的活塞是个不容小觑的对手。向来重攻轻守的欧文，将在防守端面对雷吉·杰克逊和安德烈·德拉蒙德之间娴熟的挡拆配合；而马库斯·莫里斯这种小快灵的大前锋也一直让乐福感到头痛。

系列赛第一场，并不擅长远投的活塞队上半场就扔进了10记三分。随着雷吉·布洛克再一次三分命中，活塞在第四节开始后一分钟便取得了83∶76的领先。不安的情绪在速贷中心球馆中蔓延开来，眼前这幕对于主场球迷来说何其熟悉：8年前，正是这个叫作斯坦·范甘迪的男人，带领着魔术队，凭借一套一大四小的阵容，在2008-2009赛季的分区决赛硬生生投垮了骑士，间接造成了詹姆斯的出走。而现在，他只需要再将领先优势保持11分钟，就能成功复制当年的神奇，率领活塞在骑士的主场爆冷，拿到1∶0的领先。

蓝图
BLUEPRINT

在这事关骑士整季存亡的关键时刻，泰伦·卢当机立断，通过暂停布置，他在比赛还剩11分04秒时换上了一套小个阵容：几乎打满整个第三节、在第四节开头获得短暂休息的詹姆斯重新上场，担任了大前锋的角色，乐福则被推上了中锋位置。骑士队就此爆发：他们在比赛还有两分钟不到时追平了比分，继而趁势反超，最终以106∶101守住了主场。两队教练战术层面的博弈，同样也以泰伦·卢的完胜告终。卢果决的临场布置，扭转了整场比赛，乃至整个系列赛的走向，堪称神来之笔。而范甘迪或许只有在一旁反省的份，他需要检讨自己为何要在最后阶段弃用新秀斯坦利·约翰逊，坚持把效率低下的托拜厄斯·哈里斯留在场上。

"我在赛后的第一反应就是检讨自己，要如何排兵布阵，才能做得更好，赢下比赛，"范甘迪在赛后总结，"球队的唯一目标就是赢球，从来都不是保守地缩小差距或少输当赢。对于今晚的失利，我个人需要承担大部分责任。"

在整个系列赛中，活塞队的19岁新秀斯坦利·约翰逊有着不少让人印象深刻的表现。但相比之下，他在场外的言行更为惹眼：在系列赛第二场活塞再次负于骑士的比赛后，约翰逊直接向詹姆斯发起了挑衅。

"詹姆斯的嘴里总是念念有词。不止他一个人，整支骑士队都是，就像是板凳席上的拉拉队队长一样，"约翰逊抱怨称，"每当你靠近骑士的替补席，就能听到那帮人在你耳边窃窃私语，搞得像他们自己也在场上比赛一样。明明骑士队里能打得上球的就那么7、8个人，我真是搞不懂了，剩下那些家伙有什么好瞎叨叨的。我劝他们最好管住嘴巴。"

赌徒
GAMBLING MAN

在战况异常激烈的季后赛里，詹姆斯没少碰见过诸如此类的挑衅——迪肖恩·史蒂文森曾经怒骂詹姆斯是个水货和演员，结果他所在的奇才连续两年都在首轮被骑士淘汰出局；兰斯·史蒂芬森甚至直接在比赛中朝着詹姆斯的耳朵吹气，这样出格的举动，换来的也仅仅是詹姆斯的一记白眼和无奈的摇头。詹姆斯早就对这样试图扯上自己制造话题的行为司空见惯了。他的应对方法极其简单高效：直接无视就好。

"有什么事直接场上解决，"这是詹姆斯的最终回应，"整天在场外叽叽歪歪到底有什么意义呢？"

当范甘迪正因为既要替约翰逊的言论辩护，又得劝说弟子保持冷静而忙得焦头烂额时，泰伦·卢则以对阵容的灵活调度和独到的战术布置给外界留下了深刻印象。系列赛第一场比赛，当第一节还剩1.6秒时，卢在暂停后将詹姆斯与J. R. 史密斯重新换回场上，进行一次掷界外球配合，这揭示了接下来要发生的事情。詹姆斯上篮让骑士队领先，卢设计了许多成功的界外球战术，这只是开始。暂停后的战术，或者简称ATOs（After Time-outs），在季后赛中十分关键。

泰伦·卢的笔记本内，通过文字、涂鸦等不同方式，记录了他球员生涯至今的大量所看所学，其中不乏许多现成的ATOs战术。但卢明白，在连续进行了两场博弈后，再把同样的ATOs战术搬上台面肯定是不会起作用的。于是预测范甘迪将在防守端如何变化，并对此做出应对保留先手，成为系列赛第三场的关键突破点。开赛前十分钟，卢叫来拉里·德鲁就此问题进行讨论："我们需要想个一击致命的战术出来。"三个小时后，卢口中的"致命一击"呈现在了球场上——骑士在比赛收官阶段的一次暂停后，出其不意地互

蓝图
BLUEPRINT

换了詹姆斯和乐福的场上位置，帮助欧文命中关键三分，让骑士拿下了系列赛大比分3∶0的领先。

当时距离比赛结束还有45秒，场上比分95∶90，骑士手握5分领先优势。暂停后，泰伦·卢派遣德拉维多瓦站在左侧底角发球，投篮执行者欧文首先出现在肘区，背对开球方向，佯装和乐福进行挡拆配合。这种布置使得高大、更慢的托拜厄斯·哈里斯不得不错位防守欧文。欧文随即轻巧转身，利用速度优势迅速将哈里斯甩开跑到右侧底角，接德拉维多瓦横跨球场的精准传球命中三分，浇灭了活塞在那场比赛乃至整个系列赛翻盘的最后希望。

"比赛开始前没多久我们才想出那个战术，结果居然起到了一锤定音的效果，真是没想到啊！"泰伦·卢说。

与去年季后赛首轮骑士对阵凯尔特人的系列赛情况相同，每当骑士拿下一场胜利，活塞就会在下一场比赛制造比先前更为激烈的身体对抗。在裁判看不见的角度，詹姆斯的肩颈和躯干部位，成了活塞球员们铁肘的重点照顾区域。德拉蒙德和莫里斯更是轮流对詹姆斯使出擒抱和掌掴等非常规动作，甚至在第二场比赛的某个回合，两人还在同一时间对詹姆斯进行了击打。战至系列赛第四场，遭殃的对象则换成了乐福：马库斯·莫里斯在错位对上乐福时，用手拽住了后者的右臂，使劲向后朝着反关节角度拉拽，最后还把乐福一把推倒在地。这让乐福在赛后的更衣室里大发雷霆。

"这家伙是想把我也废了吧。"乐福指着不久前才手术修复的左肩。马库斯·莫里斯早在系列赛第一场完赛时，就扬言要给乐福点颜色看看。最终，他用这组和奥利尼克一样毫无职业道德的动作，变相实践了他的诺言。

赌徒
GAMBLING MAN

但对活塞而言，即使再出格的举动也无济于事了：骑士最终在第四场比赛中以100∶98将他们横扫，昂首挺进季后赛第二轮。

"我们有承受压力前行的能力，"泰伦·卢说，"整个赛季我们都在反复面对这种情况：试图在对手给我们带来冲击时仍旧昂首挺胸，避免用没必要的小动作回击。对活塞的每一场比赛都相当棘手，但我们仍可以专注于比赛本身，不断保持前进。这也是队伍目前最大的进步：在逆境中保持冷静，不轻言放弃。"

***

除了极高的战术素养，泰伦·卢还在当年的季后赛中展示了出色的临场调度能力：首轮系列赛，他的五小阵容让活塞猝不及防。而次轮面对老鹰，卢又祭出了一套不同以往的大个阵容。上一年东部决赛，在乐福因伤缺席而欧文只间歇出战两场比赛的情况下，骑士仍对老鹰完成横扫。所以在骑士人员齐整、手风正顺的现在，老鹰取胜的机会非常渺茫。

新英格兰爱国者队教练比尔·比利切克是泰伦·卢在凯尔特人担任助理教练时期的老相识。虽说涉足的体育项目不同，但同为教练，两人都颇为擅长限制对手发挥他们的长处。泰伦·卢总能找到方法让别的球队在与骑士的较量中感到别扭。每当遇上勇士，后卫们会得到明确的指示：不论发生什么，永远都要死盯库里。1/2球的争夺？没你的事！管好库里就行！让队友去抢吧！马利斯·斯贝茨在侧翼得到空位？没你的事！管好库里就行！让队友去补位吧！而每次在系列赛中对上老鹰，对于凯尔·科沃尔，卢几乎都会采取与上述对待库里相同的方式。

蓝图
BLUEPRINT

虽说科沃尔和库里对各自球队的战术意义无法相提并论——库里是整个金州勇士队的发动机，而科沃尔单纯只是老鹰队内最为出色的射手。但要因此就放任科沃尔在转换进攻中随意发挥，他那精准的三分必定会让你付出代价。科沃尔在常规赛有着40%的三分命中率，而在季后赛首轮老鹰与凯尔特人的六场激战中，他的三分命中率激增至55%；在和骑士的较量中，科沃尔仍保持了50%的投篮准确度。但由于骑士针对性的布防，科沃尔在四场比赛中仅有一场成功完成两次以上的三分出手——和上个赛季一样，骑士成功从老鹰的武器库里删除了"科沃尔的三分"这一选项。

"骑士的防守策略就是针对科沃尔，"老鹰教练布登霍尔泽总结说，"很多时候骑士宁愿留给别的球员机会，也要不惜代价地派出两到三人对科沃尔进行包夹。这反倒不是件坏事，我们要充分利用这样的机会，给骑士带来麻烦。"

但在解决了最大的隐患科沃尔后，骑士压根无惧老鹰其他球员带来的挑战：丹尼斯·施罗德在系列赛第一场就打出了职业生涯和季后赛的最佳表现，投进5记三分砍下27分。但这并未影响骑士以104：93拿下系列赛开门红。

那个赛季，骑士和勇士在三分线外的表现都十分亮眼。季后赛甚至一度成了两队隔空斗法的舞台：骑士先是在首轮对活塞的第二场比赛里命中20个三分，追平原先由勇士保持的球队单场三分命中纪录。而仅隔四天，勇士就用单场21记三分命中的表现予以了回应。这让一直没能找到好方法限制骑士外线射手群的老鹰遭了殃：次轮第二场比赛，老鹰的倒霉蛋们只能眼巴巴地望着对手命中25个三分，让骑士在收割胜利的同时又一次刷新了纪录。

赌徒
GAMBLING MAN

"接下去又该轮到他们出招了,"乐福在赛后甚至轻松地调侃起了勇士,"说实话我们没有刻意和勇士较劲,进行'在你们最擅长的三分领域击败你们'的心理战。球队只是习惯了一上场就全力以赴。"

骑士就此成为当时在季后赛里命中三分最多的球队。创造纪录的那一晚他们手感极佳:J.R.史密斯命中了7记三分,其中还包括一次在摔出场外之前,转身单脚起跳的高难度出手。詹姆斯也同样命中4记三分。就连球队的吉祥物月亮狗,也在中场休息的娱乐环节中,只用一次尝试,就投中了背筐中场三分——只不过就算这样的事实摆在眼前,詹姆斯仍然坚称骑士并不是一支以三分立命的球队。

"我们可不想被外界贴上三分大队的标签,"詹姆斯解释说,"准确的形容应该是:'骑士是一支擅长各种进攻方式的球队,其中三分较为突出。'老实说,球队射手群的出色发挥的确是过去几场比赛我们取胜的关键,但我们也不能忘了,球队还有其他各种各样的进攻选择。"

稍微了解泰伦·卢的水平,就能知道把他排在教练榜单第十四名的做法纯属无稽之谈,但真的要和斯坦·范甘迪、布登霍尔泽这样的名帅比起来,泰伦·卢的底气就没那么足了。老鹰教练麦克·布登霍尔泽是2014–15赛季的NBA最佳教练,他师从格雷格·波波维奇,继承了马刺主帅注重防守、强调转移球的战术理念。好在季后赛终究不是比拼谁的名头更加响亮的战场,对阵老鹰,泰伦·卢又一次在球队教练的博弈中上演了"逆袭"的戏码。

季后赛首轮,卢用精彩的ATOs战术和出其不意的小个阵容让范甘迪吃了大亏。而第二轮面对布登霍尔泽,泰伦·卢又拿出了新招——一套老鹰从

蓝图
BLUEPRINT

未预料到的阵容：钱宁·弗莱和凯文·乐福从来都不以防守见长，因此出于对球队内线保护的考量，卢很少将两人同时安排上场，整个常规赛直到季后赛次轮第三场，弗莱和乐福总共在球场上一起出现过9次，合计时长38分钟。

但当次轮第三场比赛进行到第四节，骑士面对85：91的落后时，卢选择了让詹姆斯下场休息，破天荒地安排弗莱和乐福同时出场搭配欧文。这一奇招使骑士在进攻端打开了突破口，弗莱和欧文包办了骑士全队第四节的前14分，并带领球队在终场时以121：108拿下胜利，让系列赛总比分变成了3：0。这场比赛的胜利，让骑士在最近10次和老鹰的交手中收获全胜，也让老鹰全队在身心两方面节节败退，彻底失去了和骑士对抗的信心。

"没想到骑士会用那一手，"老鹰中锋霍福德这样评论弗莱和乐福的同时出场，"那成为比赛的转折点。"

系列赛第四场，骑士也不出意外地收获胜利，再次对老鹰完成横扫。整个次轮，骑士投进了77个三分球，成为在7场4胜制的系列赛中，完成横扫并投入三分最多的球队。而两轮系列赛战罢，只用最少比赛场次（8场）解决战斗的骑士，却命中了所有季后赛球队中最多的134个三分。分区决赛拉开大幕后，势如破竹的骑士又在主场轻松连下两城，合计净胜猛龙50分，取得东部决赛2：0的大比分领先——詹姆斯似乎距离连续第六年的总决赛出场近在咫尺。

"在系列赛结束前我们是不会放弃的，只要还有一线生机，我们就会战斗到底，"主教练德韦恩·凯西在猛龙第二场以89：102落败后表示，"都打到这个地步了，哪里还有主动投降的道理？0：2落后又能说明什么，系列赛可

赌徒
GAMBLING MAN

是7场定胜负的！"

泰伦·卢和骑士在季后赛开局后豪取10场连胜，让卢以1个胜场的优势，超越了在1981-82赛季执教湖人的帕特·莱利，刷新了新秀教练带队首次征战季后赛的连胜纪录。在"有心人"詹姆斯的事先组织下，骑士球员们在新纪录诞生当晚进行了一番"别开生面"的庆祝。在第二个主场战胜猛龙后，泰伦·卢照例来到了更衣室对比赛做总结，并就球队稍后的安排做出了指示：全队要在凌晨1点准时登机飞往多伦多，录像复盘会在入住酒店后进行。就在卢完成了上述例行公事准备转身离开时，只听詹姆斯一句"恭喜啦卢指导！"以此为号的骑士球员们便纷纷掏出了事先准备好的水瓶，拧开瓶盖，一股脑地把泰伦·卢淋成了落汤鸡。

"教练工作让我在很多时候得不到充分的休息，"泰伦·卢坦白，"我时常夜不能寐，挖空心思地钻研ATOs战术，猜测场上会有哪些情况发生，又该做出哪些与之对应的安排。不过看看这个新纪录，之前所做的一切都值了。"

除了悉心钻研战术，手握2：0领先的骑士队也憧憬着再次打入总决赛。但正如凯西先前所说的那样，猛龙并不会手举白旗，让骑士轻松过关。做客多伦多，连续两场失利终止了骑士在季后赛中的连胜，也让系列赛的大比分在回到克利夫兰时，变成了2：2平。不过这件事，似乎并没有给骑士的球员们造成太大的影响。

"不要太担心，"理查德·杰弗森轻松地表示，"一切尽在掌控中。"

蓝图
BLUEPRINT

***

在球队先前的10场连胜里，乐福表现很出色。但客场连战猛龙，骑士总共输掉了21分。乐福在这两场比赛中出手23次，仅命中5球，三分球也仅仅只有11投3中，这让一直处于话题中心的他再次成为外界重点批评的对象。

东部决赛第三场和第四场之间休息日的晚上，我和几名媒体同行事先约定在多伦多一家名为"真运动"的运动主题酒吧碰头，通过那儿的39英寸大电视观看雷霆与勇士队的西部决赛第三场。而在到达酒吧后，我们发现了以詹姆斯、乐福、邓台·琼斯为首的部分骑士球员居然承包了酒吧的一片地方，在和我们仅一墙之隔的位置同样观看这场比赛。而在这场雷霆以133∶105大胜勇士的比赛下半场，出现了颇具争议的一幕：德拉蒙德·格林在一次突破进攻中，大幅度抬起右腿，踢向了史蒂芬·亚当斯的裆部。这是同样的场景第二次出现在那轮系列赛了，联盟在赛后会对此事做出怎样的定夺瞬间成了所有人的焦点。

就在当天早些时候，联盟对邓台·琼斯在东部决赛第三场做出的，和格林动作相似，击打猛龙中锋比永博裆部的行为，追加了禁赛一场的处罚。而一心复仇的骑士球员们，却并不希望格林遭到同样的处罚，从而让缺兵少将影响勇士晋级总决赛。好在事情的发展正如他们所愿，联盟在赛后将格林的动作从一次普通犯规升级到了2级恶意犯规，但没有追加禁赛处罚。即便如此，对格林个人而言，那次犯规仍旧成为点燃定时炸弹的引线——如果在季后赛中再被吹罚一次恶意犯规，满足条件的格林将自动被联盟禁赛一场。

随着东部决赛再次移师，第五场战役即将在克利夫兰打响。弗莱在赛前鼓励起了乐福，他安慰乐福在高强度的季后赛出现低潮并不是什么稀罕事，

赌徒
GAMBLING MAN

更重要的是调整心态,再次打出侵略性才能帮助球队取胜。这番话语显然让乐福十分受用,他在随后上场的24分钟内砍下25分,帮助球队赢了球,重新在系列赛建立了优势。这场比赛116:78的终场比分,也刷新了骑士刚刚在8天前对阵猛龙时创造的纪录,让单场38分的巨大分差成为骑士队史季后赛最大屠杀。至此,在东部决赛于速贷中心球馆进行的三场比赛里,骑士总共赢下了88分。

"我得感谢弗莱对我的信任,要是没有他鼓励我,我可打不出这样的表现。"乐福在赛后倾诉。

在詹姆斯辉煌的季后赛生涯中,他还从未在球队率先赢下三场的情况下输掉任何一个系列赛。就目前的情况来看,这一次对阵猛龙也不会成为例外:总决赛的大门正缓缓地向着骑士敞开。

东部决赛第六场的詹姆斯表现神勇,他在前三节仅仅休息了一分钟时间,全场砍下33分,收获了当年季后赛的个人第一个30+。比赛大局已定后,卢在终场前三分钟提早把詹姆斯换下了场,确保他获得充分的休息,以便在赛后接受队友和对手致意——这是詹姆斯连续第六年成功打入总决赛,也是继比尔·拉塞尔1956-57至1965-66赛季间连续10次打入总决赛后的最长纪录。

詹姆斯在回归骑士时曾表示队内三巨头将带领球队前进。正如他所言,在送走猛龙的比赛里,欧文、乐福、詹姆斯三人总计拿下了83分、27个篮板外加19次助攻,成功带领球队连续第二年杀入总决赛。而除了三巨头的出色发挥,泰伦·卢的功劳更加不容忽视——在教练生涯的第一次季后赛之旅

蓝图
BLUEPRINT

中，面对着合约未签、前途未卜压力的泰伦·卢一边用灵活的阵容调配与对手周旋，一边用多样的战术让球队在关键时刻频频取分。凯文·乐福更是在他的调教下恢复到了往日全明星的水准。虽然途中免不了曲折，但卢最终还是证明了，那份将他列在第十四位的教练排行，是一次无比可笑的轻视。

获得东部冠军后，卢畅快地吐露了心声："目前的成绩来之不易，我在赛季中突然接手球队，当时的情况非常棘手，我并没有充足的训练和准备时间来为球队贴上属于我的个人标签，但我和教练组还是憋着一口气，抱着'作为一个团队，我们要上下一心共同进退，把球队带出好成绩'的心态，铆足劲拼到了最后。"

说回詹姆斯，东部冠军从来都不是一项值得他驻足思考的荣誉。每当被问及对于那些各种各样名目繁多的奖项和荣誉的看法，詹姆斯似乎总能给出千篇一律的回答：他表示自己很荣幸地可以一直拥有出色的队友，并为两支出色的球队效力。自己老了以后，一定会抽出时间，坐着摇椅喝着酒，和老友们一起回味这段美妙时光。但是，在那个时刻来临之前，詹姆斯显然都不会停下脚步。

在加航中心的客场更衣室内，找不到香槟的骑士球员们就像为泰伦·卢庆祝教练生涯里程碑时一样，以水和冰桶代替酒，用互相倾倒泼洒的方式来庆祝拿下东部冠军。对像理查德·杰弗森这样的老将而言，这一刻显得更加意义非凡——在职业生涯的头两年，杰弗森曾连续代表新泽西篮网队打入总决赛，却都与奥布莱恩杯失之交臂。而时隔13年，他将重新踏上总决赛的舞台，对那座两次求而不得的奖杯发起新的冲击。

赌徒
GAMBLING MAN

杰弗森与骑士的结合可以说是机缘巧合：在得知德安德鲁·乔丹即将加盟的消息后，上赛季原本效力于达拉斯小牛的杰弗森曾一度答应与球队续约。但随着小乔丹引进计划的流产，小乔丹爽约选择留在快船后，深知球队竞争力会因此大减的小牛老板库班慷慨地允许了杰弗森不必再遵照口头约定进行续约，可以按照个人意愿另寻下家。最终，本着选择拥有最大夺冠希望的球队加盟的原则，35岁高龄的杰弗森选择了骑士。

"骑士是我效力过天赋最为出众的球队，他们还不缺化学反应，"杰弗森表示，"虽然我长着一张扑克脸，但我可以很负责任地说，时隔13年再次站到总决赛的门前，这感觉实在太棒了。如果你们真想看到我泪流满面的场面，那么你们最好祈祷骑士可以再赢四场吧。"

东部冠军的奖励是一座银制的篮球形奖杯。骑士球员们轮流将她抱在怀中或举过头顶，以此来表达心中的喜悦。而在J.R.史密斯最终折腾够了这座奖杯，出发去洗澡换衣之前，这个满身刺青的三分手小心翼翼地把奖杯放到了自己的更衣柜顶部。

"别心急，很快我就会带着奥布莱恩杯回来陪你。"随后传来的，是这样一句低语。

BLUEPRINT

GO WEST AND
STRANGLE THE
MEDIA

18

向西，扼住媒体的咽喉

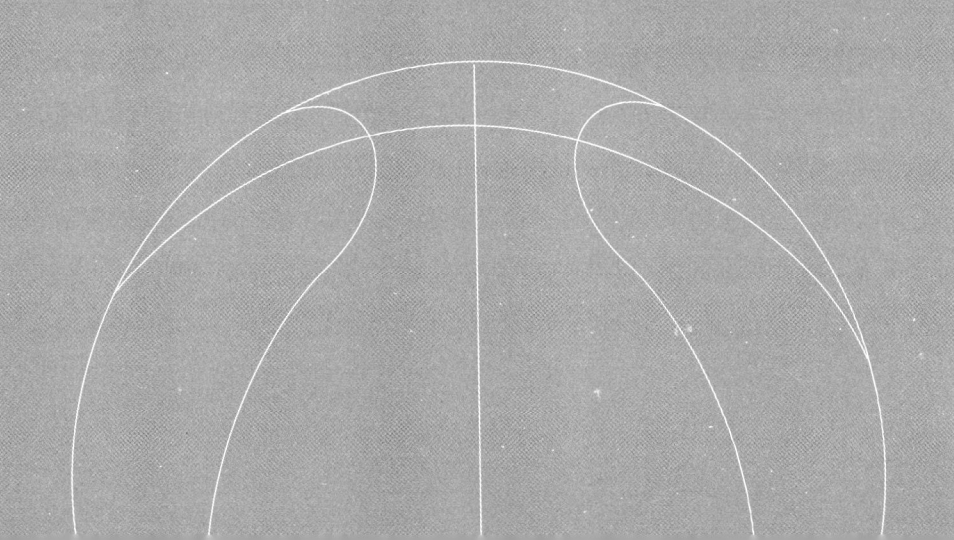

蓝图
BLUEPRINT

1964年，是克利夫兰体育史中，上一个有球队捧回冠军的年份：克利夫兰布朗队在那年的NFL决赛里击败了巴尔的摩小马队。那场比赛的见证者中，大多数如今已不在这个人世了。可一旦你向剩下那几位早已须发皆白的老人提起那场比赛，他们便会立刻难掩激动、绘声绘色地向你讲起弗兰克·莱恩是如何用一个精准的长传球找到格雷·柯林斯，让后者达阵得分的——这也情有可原，毕竟在那之后的记忆中，克利夫兰体育带给他们的只有无尽的苦涩和伤痛：从1980年"红，右，88"的战术；到1987和1988年连续遭遇著名的"那一攻"和"那次掉球"；到乔斯·梅萨和埃尔韦；再到去年NBA总决赛，乐福和欧文因伤缺阵。克利夫兰似乎遭到了诅咒——每当有球队代表这座城市向冠军奖杯发出冲击时，最终都逃不过失败的厄运。

但对于出生在亚利桑那州的理查德·杰弗森来说，克利夫兰的悲惨遭遇从不是他关心的对象：当"红，右，88"战术导致布朗队输球时，6个月大的杰弗森仍未开始学步；而当梅萨的败投发生时，17岁的杰弗森才刚刚拿到驾照。诅咒的言论从未让他感到忌讳，与之相反，为了拿下总冠军，就算对手是势头正盛，在西部决赛1∶3落后却完成大逆转的勇士，他也义无反顾。

向西，扼住媒体的咽喉
GO WEST AND STRANGLE THE MEDIA

"这对我毫无意义，"杰弗森谈到克利夫兰冠军荒。"我不是对克利夫兰市不敬。我们奋战是为了我们的伙伴。我们奋战是为了我们的家人。我们奋战是为了那些信任我们的人，我们也很高兴在克利夫兰奋战。我们很高兴为和我们一样渴望的球迷奋战。人们说，'你是为球迷而战吗？'这就像，'伙计，我一生都在奋战。我在亚利桑那长大，不了解克利夫兰的历史。'是的，成为其中的一部分太棒了，为和我们一样渴望的球迷奋战太棒了。但是最重要的是，当你陷入战斗，当你和伙伴并肩，把他从地上拉起来，这是我们真正为之战斗的东西。我们为家人奋战。我们为自己奋战。我们为我们的队友奋战。"

在2015年总决赛中，詹姆斯凭着一己之力带队率先取得了2：1领先，最终和勇士大战六场才败下阵来。因此在过去的12个月中，整个克利夫兰都不断地思考着同一个问题：如果去年詹姆斯能获得更多帮助，如果乐福和欧文没有受伤缺席，那么2015年的总决赛会以怎样的结局收场？大多数人认为，即便没有三巨头齐聚，只要三人中的两人可以健康上场，那么骑士就能战胜勇士，在去年就结束克城50年的冠军荒。现在，骑士即将与勇士在总决赛再度会面。勇士在常规赛里取得了创NBA新纪录的73胜9负战绩，但这并不足以让骑士犹豫退却。库里在季后赛早些时候受到过膝伤的侵扰，总体并无大碍。因此，建立在两队阵容都相对健康的前提下，骑士拥有了全力迎战勇士、再次终结诅咒的机会。能否顺利实现这一壮举，眼下乐福却成了骑士队内最令人担忧的环节。

乐福在骑士第二个赛季的表现比第一年好了许多，在泰伦·卢代替布拉特后，他更是迎来了爆发。成功确立队内战术地位后，在球场上创造空间对乐福来说显得轻而易举。他在常规赛表现得顺风顺水，季后赛前三轮，即使

蓝图
BLUEPRINT

算上两份在多伦多交出的糟糕成绩单，乐福仍然拿出了场均17.3分外加9.6个篮板的出色数据。事实证明，在面对联盟中的28支球队时，乐福都是一种颇具威慑力的武器。唯一的例外，正是骑士的总决赛对手——勇士队。在对位防守时，德拉蒙德·格林始终让乐福感到头疼，即便卢能调整，让乐福在防守端对上博古特从而避开格林。可一旦勇士派出由库里、汤普森、伊戈达拉、巴恩斯和格林组成的死亡五小阵容，乐福还是避不开要应对他的苦主。

面对这个问题，骑士管理层早在三个月前就开始了苦思：上个赛季，和乐福相似，有着重攻轻守技术特点的前全明星球员大卫·李，成了勇士在总决赛里派出的板凳奇兵。前两场比赛没有获得出场机会的李，在第三和第四场比赛成了科尔放出的变招。"如果今年还在总决赛碰上勇士，乐福可能会担任大卫·李那样的角色。"一位球员管理层人士曾在3月向我透露。

在去年凭着一波三连胜逆转夺走奥布莱恩杯后，再次在总决赛对上骑士，勇士首先在主场连续收获了两场胜利。库里和汤普森在第一场里都没有打出上佳表现，但勇士队的替补们却用45：10的得分完爆了骑士的替补群——前骑士球员利文斯顿更是为勇士独得20分，这是他本赛季第一次拿到队内最高分，给了骑士致命一击。

2012-13赛季的下半程，遭到火箭和奇才先后裁员的利文斯顿曾短暂为骑士效力，并在40场比赛中打出了不错的表现。但骑士并没有因此将他纳入球队未来规划中，反而签下了同位置的贾莱特·杰克——这在后来被证明是个极其愚蠢的决定——为了能在詹姆斯回归时为他提供顶薪合同，骑士不得不搭上一个首轮选秀权和年轻中锋泰勒·泽勒才顺利将杰克的大合同送走；利文斯顿也在总决赛让骑士头痛不已，而且不止他一人。

向西，扼住媒体的咽喉
GO WEST AND STRANGLE THE MEDIA

总决赛第二场，库里依旧没有打出亮眼表现。前两场比赛，库里总共才得到29分，这是他摆脱膝伤困扰后，在决赛前的9场季后赛里得到的单场平均分。泰伦·卢和骑士一贯秉承着宁愿让勇士的其他球员爆发，也要冻结库里的原则，那么以77∶110在甲骨文球馆再次吞下惨败，只能让他们感到心服口服的同时倍感尴尬——在他们身上，勇士创造了总决赛前两场最大净胜分纪录：48分。单纯就是太快、太长、太强让骑士上下疲于奔命。有几名勇士的随队记者甚至公然发表了对骑士的嘲讽：他们声称总决赛的强度让人看不上眼，远没有刚刚结束的西部决赛精彩。

"我们在所有数据上都遭到了压制，"第二场赛后詹姆斯看着数据统计说，"我们遭遇的是一场完败，1/2球的争抢我们输了，持球回合的数量上我们输了，二次进攻数量上我们也输了。他们漂亮地打败了我们。"

更令人担忧的是乐福的健康：他在第二场卡位争抢篮板时被哈里森·巴恩斯肘击了后脑，出现了脑震荡的情况，并确定将缺席总决赛第三场。上个赛季，在乐福和欧文同时缺阵的情况下，骑士仍在甲骨文球馆拿到了一场胜利，可眼下球队阵容齐整，骑士非但没能拿下一个客场，甚至在比赛中都未曾展现出半点能赢球的气势，这让回到主场前的他们陷入了深深的沮丧之中。

"下面这个主场不容有失！"詹姆斯谈到第三场比赛时说，"一旦在总决赛0∶3落后，就压根不会有翻盘的机会了，更别提我们的对手是一支常规赛拿下73胜9负的怪物球队。我们都明白，现在就是球队生死存亡的时刻！"

蓝图
BLUEPRINT

乐福的缺席迫使泰伦·卢对骑士的首发阵容做出了调整：总决赛第三场，卢让理查德·杰弗森担任球队先发小前锋，并把詹姆斯推上了四号位，把防守在上一场比赛得到28分、7个篮板外加5次助攻的德拉蒙德·格林的任务交给了队内头号巨星。在赛前的球员通道内，詹姆斯把队友们聚集到一起，他的指示很简单。

"跟着我干翻勇士！"他说。第三场比赛开场仅2分半，骑士便一扫系列赛先前的颓靡，用暴风骤雨般的强攻打出了一波9∶0的小高潮，迫使科尔叫停。在赛前奏响国歌时发出怒吼后，詹姆斯在那个暂停中，再一次用同样的方式宣告了他取胜的决心。整场比赛詹姆斯拿下32分、7个篮板外加6次助攻，帮助骑士120∶90战胜了对手，送给勇士在当年季后赛的最大失利。同时在防守端，詹姆斯也成功地冻结了格林，让格林仅仅8投2中得到6分——只要再赢一场，骑士就可以重新和勇士站到同一起跑线。

但就像骑士在东部决赛面对客场连败时一样，总决赛中的这场失利丝毫没有撼动勇士众将的信心。

"骑士球员们拿出了一副绝地求生、背水一战的架势，"德拉蒙德·格林评论说，"相比之下我们的确太放松了，这好歹也是总决赛嘛。"

总决赛第四场开打前，乐福伤愈归队的消息引发了外界对球队阵容的猜测。这个问题很快得到了解答：泰伦·卢将詹姆斯在防守端对格林的限制视作骑士上一场乃至整个系列赛取胜的关键，他第四场排出的首发阵容和上一场别无二致：同管理层在3月份的预料一样，乐福在总决赛被视作了奇兵。这也是他在最近六个赛季中，第一次坐上替补席。

向西，扼住媒体的咽喉
GO WEST AND STRANGLE THE MEDIA

但同样的阵容，却没有起到同样的效果：第四场比赛，反而换成勇士在防守端向骑士发难，他们在挡拆防守中贯彻了"一换到底"的方针，让大个球员紧盯持球的詹姆斯和欧文，使这两人在弧顶徒劳无功地运球却始终找不到传球机会。勇士的这一举措轻松地瓦解了骑士的进攻体系，他们在第四节收割比赛，以108：97拿下胜利，取下系列赛大比分3：1的领先。乐福的发挥成为无足轻重的一环，因为整个下半场，詹姆斯和欧文两个人就包揽了全队38次投篮中的33次。

赛后我见到詹姆斯时，他正双脚泡着冰水，全身裹着毛巾，静静地坐在更衣室内。他并非不知道，从未有球队在总决赛1：3落后的情况下完成翻盘；他也并非不知道，勇士在整个赛季都没有经历过三连败。事实上，勇士上一次遭遇三连败要追溯到280场比赛之前的2013年11月。这些信息似乎已经对詹姆斯和克利夫兰的再一次夺冠尝试宣判了死刑。

我不知道为什么他整场比赛总共出战了46分钟，并不断向勇士内线发起冲击，但最终只得到了4次罚球机会？无法在受到侵犯时制造犯规走上罚球线是詹姆斯长久以来最大的困扰之一。在这个问题上，前骑士主教练布拉特和现任教练卢都同詹姆斯站在同一阵线。

"詹姆斯就是后卫和前锋位置上的奥尼尔，"卢在季后赛刚开始时就表示，"他有着无与伦比的身体条件。当他冲击篮下，对手跳到他身上，那就是犯规，但他得不到哨子。以前我们总调侃沙克，说一些犯规对他无足轻重。奥尼尔说，'听着，要是我打你一下，你的感觉和你打我时我的感觉是一样的。和我有多高大无关，感觉是一样的。'我以前从未这样想过。这就

蓝图
BLUEPRINT

是詹姆斯的感受。"

詹姆斯本人同样对总决赛第四场的判罚尺度感到愤怒，他在更衣室里私下向我透露了这样的观点——他在第一节比赛的某次上篮时，遭到了当时已经身背一次犯规的库里的侵犯，后者击打了他的前臂却逃过了判罚。如果那次犯规吹了，库里就得早早坐上替补席，整场比赛的走向也会因此发生改变。我意识到这并不是件小事，于是我询问詹姆斯是否愿意在一会儿的赛后发布会也谈谈对判罚尺度的看法。精明的詹姆斯瞬间就识破了我的意图，他笑着告诉我说："在赛后发布会提什么样的问题都是你作为记者的自由，但过会儿我冲完澡、换上正装、坐到媒体面前，肯定就冷静下来了。我可不能保证给你满意的回答。"即便如此，我依旧坚持了我的意见——赛后发布会上，就裁判尺度向詹姆斯发问。

"似乎一整年的判罚尺度都是这样，"詹姆斯如此回答我，"这场比赛我总共打了46分钟，不断冲击篮筐，结果才得到了4次罚球机会。这是整个赛季的缩影：我总是遭到侵犯，但裁判也总是视而不见。至少从我个人角度出发，我已经不知道要怎么改变才能得到罚球了。可我别无选择，我注定要身先士卒，用侵略性为球队做出表率，扯开足以让球队射手们发挥的空间。只能说我们现在的处境艰难。"

从球员生涯开始，泰伦·卢就不喜欢对裁判尺度评头论足，发表过多抱怨。在成为主教练后，卢保持了这个习惯，就算面对媒体的刻意引导，他还是对相关话题三缄其口。可这一次赛后，卢却破例批评了裁判——他直言詹姆斯遭受了不公待遇，也因此收到了联盟开出的25000美元罚单。

向西，扼住媒体的咽喉
GO WEST AND STRANGLE THE MEDIA

"詹姆斯就是没哨子，"卢说，"除了威斯布鲁克之外，詹姆斯是联盟中另一个时刻不停冲击篮筐的球员。但是我早说了，他没有得到公平的待遇和判罚，单纯因为他天赋过人就对他遭到的犯规视而不见，简直就是个天大的笑话！"

此刻骑士的更衣室内一片死寂。下一场比赛将移师金州进行，最近4次做客甲骨文球馆，骑士未尝胜绩；而从2015总决赛算起的最近9场对决内，骑士也仅仅赢下了一场比赛。如果将骑士比作一名身患重疾的病人，那么此刻，他的病危通知书已经摆在面前，就连墓志铭都已提前写好——赢下总冠军是他唯一的生路，但这条出路却是一条狭窄而隐秘的小径。在NBA总决赛的66年历史中，没有一位先行者在面对和骑士相同的情况时，走到这条小径的终点，而如果联盟依旧不改变尺度，进行公正的判罚，骑士的最终结局，也将一样是倒在这条小径上。

***

第四场比赛临近结束时，詹姆斯和格林在中场附近纠缠在一起，格林倒地。詹姆斯有很多种方式绕过格林，但他选择了最直接的——从格林头上跨过去。他跨越格林的画面成为这一系列赛留给人们的恒久印象之一。詹姆斯事后说他只是想回到比赛，并一直坚持这种说法，但被激怒的勇士球员相信他是想让格林失去理智——格林确实失去理智了。格林一跃而起，朝着詹姆斯怒骂"婊子"，并在季后赛里第三次击打了对手的裆部。詹姆斯不满的不只是格林的辱骂。

"我在比赛中一直很冷静。我对此很满意，但从他嘴里说出的某些话有点过界了，"詹姆斯说，"作为一个自豪的人，作为拥有三个孩子和家庭的

蓝图
BLUEPRINT

有尊严的男人，那种性质的东西，那种过界的东西，他在那儿说了出来，就是这样。"

格林近两次攻击对手档部的行为引发了大量争议。对于脚踢亚当斯，大多数职业球员都认定那是一次非常规动作，而网友却因为动作发生在进攻当中，无法揣测格林是刻意还是无心为之，对此发生了激烈争论，谁都无法为事件定性；但对于击打詹姆斯，所有人的意见就基本统一了——那是格林对于蒙受詹姆斯胯下之辱的报复。勇士已经在当年的常规赛创造了73胜9负的历史最佳战绩，如果再赢一场顺利捧起总冠军奖杯，那么毫无疑问，他们将成就NBA历史上最为成功的赛季。而因为前一次动作，任何赛后追加的恶意犯规或技术犯规都会使格林自动禁赛，将会直接导致勇士损失重要战力——在如此特殊的时间节点和背景下，联盟如何处理格林第四场总决赛的动作就显得尤为敏感。在詹姆斯看来，格林的两次行为没有本质区别，这一次也不会遭到禁赛处罚。但事实很快证明，詹姆斯的看法错了。

第五场总决赛开打前一天，勇士全队在当天训练临近结束时获知了一条让他们震惊的消息：NBA官方宣布，德拉蒙德·格林在第四场比赛中的动作，将被追加一次一级恶意犯规，他将因此自动停赛一场。怒不可遏的勇士球员纷纷将矛头指向了詹姆斯，他们认为一切都是骑士巨星自编自导自演的大戏，格林跌入了詹姆斯最初设计好的陷阱。

"我一向觉得NBA是成年人的联盟。球场上不时会有些难听的话、过激的动作，但我老早就习惯了，压根不会往心里去，"克莱·汤普森，勇士队中最直言不讳的人说，"显然人拥有感情，而人的感情即使听到一个脏字也会受伤。我猜他的感情受到了伤害。"

向西，扼住媒体的咽喉
GO WEST AND STRANGLE THE MEDIA

那个周日，勇士队先进行训练，然后接受媒体采访。后到的骑士队先接受媒体采访再训练。对汤普森称四次MVP是懦夫，詹姆斯感到难以置信。

"哦，我的天呐，"詹姆斯说，"做到最好太难了，我已经努力13年了。继续做到最好太难了，我打算再接着做。今天结束的时候，我们必须让自己能在明晚打得更好。如果我们不能，他们将拿下两连冠。"

詹姆斯的话不无道理，但是现在，已经没人关心他的言论了——欢乐的气氛正在奥克兰蔓延——即使格林将被禁赛一场，勇士队仍旧认定他们已经提前拿下了总冠军，接下来的第五场比赛只是走走形式。他们满脑子装着的都是该如何庆祝胜利，想着终于能填补去年在客场捧杯的遗憾，打算在甲骨文球馆用奥布莱恩杯点燃主场球迷的激情。詹姆斯原本就不怎么光彩的2胜4负的总决赛战绩，在他们看来已经变成了更加黯淡的2胜5负。不过，这样的氛围反倒让勇士管理层杰里·韦斯特十分反感，他在2011年和詹姆斯成为朋友。

在2011年的总决赛落败后，两次向奥布莱恩杯发出冲击都以失败告终，詹姆斯倍感迷茫，他第一次拨通了韦斯特的电话——身为NBA Logo的原型，杰里·韦斯特是联盟历史上毫无疑问的顶尖巨星，但要说杰里·韦斯特生涯中的败笔，那必然是他总决赛的战绩：作为湖人球员，韦斯特始终无法率队推翻由比尔·拉塞尔建立的凯尔特人王朝，他9次出战总决赛，但只有1次拿下胜利——最为讽刺的是，在1969年的总决赛中，韦斯特成为NBA历史上唯一一个失败方的总决赛最有价值球员。这却让同样在总决赛屡战屡败的詹姆斯将韦斯特引为知己，两人成为互相倾诉苦恼的对象。而现在，即使站在和詹姆斯相反的立场，韦斯特依旧毫无忌讳地挺身而出，替他遭受不公正的批评来发言辩护。

蓝图
BLUEPRINT

"这是最可笑的事情。如果我是詹姆斯肯定早就回击了。太可笑了。他一人肩负着整个球队。"韦斯特愤怒地斥责。

的确,詹姆斯作为球队领袖的表现无可挑剔:2007年东部决赛,是詹姆斯在天王山之战的双加时中连得25分,用包揽球队最后30分中29分的表现,帮助球队以109:107击败活塞打入总决赛;而上个赛季,同样是詹姆斯带领着骑士残阵,无畏地和勇士对抗。如果非要吹毛求疵,詹姆斯在2011年总决赛的表现的确不甚理想——但与连续6年打入总决赛的稳定发挥相比,那一年的表现失常仍旧不值一提。

"你们有过真正看好詹姆斯和他的骑士吗?"韦斯特自问自答,"从来没有。零次。是吧?这对他太不公平了。我不想听起来像特朗普,但是我很难相信有些人无法意识到他的伟大。这对我来说难以置信。这家伙什么都做到了。他就像是把瑞士军刀一样全面!他什么都做到了,而且有着无与伦比的好胜心。老实说我希望人们让他自己安静一会儿。"

如果詹姆斯真会为了总决赛的战绩烦恼,那一定不是因为外界的流言蜚语,而是他本人单纯地讨厌失败。

"有时我和儿子玩H-O-R-S-E投篮游戏❶输了,我都会懊恼半天,"詹

---

❶ 玩家按一定顺序在特定位置以特定方式投篮,其他人跟进,不成功者得到一个字母H,以此类推,得到全部H、O、R、S、E的玩家出局。

姆斯表示，"但那些记者媒体说什么，却从来不是让我烦心的理由。我到现在已经7次打进了总决赛，超过了我职业生涯的一半年份，你知道有很多人直到退役都没摸过总决赛的地板。所以总决赛的战绩有那么重要吗？我反正觉得不重要，等我退役了，一切自然会有定论。现在没什么好自寻烦恼乱想的。"

但并不是所有人都能对同样的情况泰然处之：骑士总经理大卫·格里芬就在球队输掉第四场的那一夜辗转难眠。如果骑士再输一场，就将把格里芬在总决赛之前付出的所有辛劳变成没有意义的无用功——克利夫兰的无冠诅咒将会继续延续，詹姆斯的总决赛战绩更会沦为大多数人的笑柄。早在詹姆斯回归骑士之初，格里芬就感到了莫大的压力：他能理解詹姆斯迫切的渴望，明白这位联盟顶尖巨星想在职业生涯壮年为家乡带回一座冠军。一想到骑士在总决赛正以1∶3的大比分落后，而勇士整季都没有经历过三场连败，格里芬的心情就充满了绝望和悲痛。但仅用一夜，格里芬就彻底调整过来，扭转了心态。

"我们一定会赢的，"格里芬在第二天起床后激动地告诉妻子梅瑞狄斯，"想想球队之前所做的一切吧！不都是些打破纪录、创造历史的事情嘛！现在的绝境就是另一个绝妙的机会。你知道人们怎么说，'为什么不是我们？''这支队伍，还有别的出路吗？'"

这个想法让格里芬越想越激动，他在匆匆洗完澡后一刻不停地跑出了家门，开车飞奔至办公室，坐到办公桌前，向球队上下所有人发送了一封鼓舞人心的邮件："我认为这一切将显示我们在奥克兰的第五场胜利，随后主场的第六场胜利，以及在奥克兰史诗般第七场比赛的最终胜利有多么伟大。对你们来说，这是梦想更是现实。这是就要发生的事情。"

蓝图
BLUEPRINT

在准备飞赴加州进行总决赛第五场比赛前，球队登机时，詹姆斯在机舱内站着把这封邮件默念给自己。

"我所写的每一句话都发自肺腑，"格里芬慷慨激昂地表示，"让我们去实现这一切吧！"

***

对整个季后赛中不断出现的对手的挑衅，詹姆斯一直都给出了强硬的回复。与之相比，他对汤普森在第五场比赛前嘲讽的回应就显得弱势了许多。这让汤普森接收到了错误的信号，变本加厉地挑衅：在发表了那番"NBA是成年人的联盟"言论后，汤普森又在转发队友斯贝茨的推特时附上了一个奶瓶的表情符号，借此暗讽詹姆斯——当然，勇士在总决赛的3∶1领先让汤普森具备了这样耀武扬威的资本。

"格林的禁赛使得事态升级，令总决赛第五场充满了火药味，也放大了我那封邮件的效果。如果勇士在第五场比赛输球，那一定会对他们的士气产生重大打击。"格里芬后来总结说。

禁赛指令不允许德拉蒙德·格林在总决赛第五场比赛进行时踏入甲骨文球馆。为此，勇士将格林安排在了距甲骨文球馆仅有一街之隔的奥克兰运动家队主场包厢内。一旦勇士在那晚夺冠，格林就会在赛后第一时间向联盟总裁亚当·萧华申请特批，以便在获得许可后几分钟内就能由当地警察护送回甲骨文球馆，与球队一起庆祝。

向西，扼住媒体的咽喉
GO WEST AND STRANGLE THE MEDIA

这一停赛改变了系列赛的走势。不仅是骑士获得了需要的良机，勇士也犯了致命的错误，激怒了比赛中最好的球员。詹姆斯的总体表现非常出色：他平均得到24.8分、11个篮板和8.3次助攻，但场均失误近6次，系列赛的3分命中率只有31%。他在总决赛中并没有发挥最佳水平。这种情况就要改变了。

几天来，骑士队念叨着无论如何他们在第五场比赛后也要回克利夫兰。为什么不和勇士队坐一架飞机回去呢？詹姆斯随后砍下41分、16个篮板，同时还送出了7个助攻，骑士队在第五场比赛中以112∶97击败了勇士队，让总决赛又延长了一天。大部分人都被汤普森的言论迷惑了，但第五场比赛赛前训练时，詹姆斯穿上了一件印有WWE（世界摔角娱乐）图标的T恤。讽刺的意思很明显：愿意的话就来埋葬我们，不过我们还没死呢。欧文也同样砍下了41分，和詹姆斯一同创造了NBA总决赛历史首次同队两名球员拿到40+的纪录。骑士队确实飞回克利夫兰了。现在勇士队和他们一起回去了。

总决赛第六场，对于骑士来说志在必得，因为即使在第四场落败后的绝境，骑士球员们仍坚持着一个信念：如果他们能在客场拿下第五战，那第六场在主场的比赛必定不成问题，总决赛将会被拖入抢七大战。但对勇士而言，这场本就在计划外的比赛连同新的问题一起出现了——格林将在下一场比赛解禁复出，但球队首发中锋博古特却在第五场总决赛中左膝受伤，直接导致赛季报销。

"格林禁赛的最直接影响，是增加了我们在第五场比赛的获胜概率。也间接影响了后面的比赛，"格里芬这样说道，"总决赛向来都是一轮持久的拉锯战，所以任何人的缺席都会产生重大影响。格林的禁赛就消耗了球队原本预留的体能储备，让勇士在第六、第七场后继乏力。"

蓝图
BLUEPRINT

***

和先前的每场季后赛一样，詹姆斯在总决赛第六场赛前再次把骑士球员们聚集在球员通道内，这一次，他下达了一条前所未有的简单指令：保持专注，保持团结。

骑士以115∶101赢下第六场，将总决赛拖入了抢七大战。他们在第一节比赛就以31∶11确立了优势。勇士单节11分的糟糕表现，也造就了24秒进攻时期总决赛史上单节最低得分的尴尬纪录。詹姆斯再次打出41分、11次助攻外加8个篮板的统治级表现。下半场，他更是在自己连得18分后，又用助攻帮助球队连续拿下27分。

同一场比赛，库里拿到30分，并在第四节一度用他精准的投篮让勇士看到了迫近比分的希望。但在终场前4分22秒，一次颇有争议的吹罚让库里领到第六次个人犯规，提前犯满毕业。下场后他怒不可遏地从嘴里掏出牙套扔向观众席，并意外地砸到了骑士球队小老板内特·福布斯儿子的肩膀。即使库里很快恢复了冷静并立即为此道歉，但他的失控举动仍旧成了当时勇士全队的缩影，系列赛被拖入抢七大战让球队处在崩溃的边缘——就在这个创造了73胜光辉历史的赛季，他们同样也有可能被钉上耻辱柱：历史上头一次在总决赛取得3∶1领先后遭到翻盘。

BLUEPRINT

SEVEN

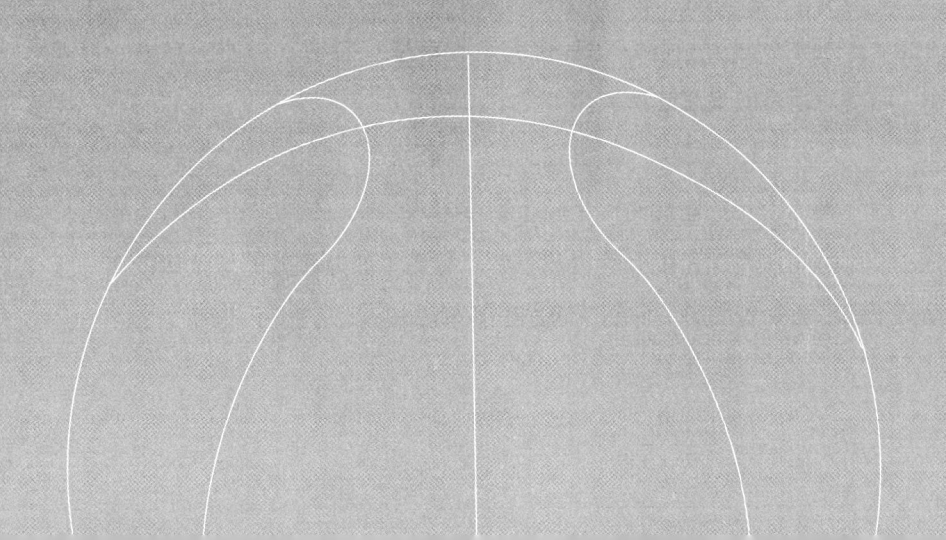

19
第七场

蓝图
BLUEPRINT

  2010年是詹姆斯回归前最后一次代表骑士向总冠军发起冲击的年份，在那年拿下东部冠军的凯尔特人队内，发生过这样一件轶事：绿军教头道格·里弗斯有充足的信心带队冲出东部，于是2009年12月27日凯尔特人在斯台普斯球馆输给洛杉矶快船的比赛后，里弗斯将队内球员、教练组成员乃至训练师聚集到一起，向其中每个人都索要了100美元现钞。随后，他把收到的2600美元现钞装进信封，小心翼翼地封好，叫来球馆安保人员，把除了助理教练凯文·伊斯门之外的所有人都赶出了更衣室。紧接着，里弗斯和伊斯门通力合作，在斯台普斯球馆客队更衣室的天花板上找到了一块没有线缆和管道通过、旁人难以找到的空间，并把信封藏匿其中。当球队再次聚到一起时，里弗斯发表了以下声明：

  "你们的钱就在这座球馆！这间更衣室里！想把它们要回来吗？很简单，打进总决赛回来拿就是了！"

  凯尔特人当年的东部对手是骑士和魔术等强队，因此在大多数人眼里，绿军并不是总决赛席位的强有力竞争者。然而里弗斯和他的球队却以实际行动打了那些质疑者的脸，他们成功冲出了东部。

第七场
SEVEN

"我得告诉你,我们到那儿参加第一场总决赛的时候,球队大巴一停,所有人都火急火燎地冲到更衣室找钱去了。不过钱藏得那么隐蔽,他们肯定是找不到的,所以我也没什么可急的,就慢悠悠地走在后头,"里弗斯回忆说,"结果等我到了更衣室,眼前的混乱可把我吓了一跳,那帮家伙把所有地方都翻了个底朝天。我并不知道有没有人成功地发现了藏钱的地点,但我还是保持着镇定的模样,重击了先前那块天花板,然后所有人都看到更衣室里下起了钱雨,那场面太震撼了!"

泰伦·卢在当里弗斯助理教练的第一年亲历了那震撼的一幕。而在2016年总决赛第五场骑士客胜勇士后,身处加州另一座球馆的客队更衣室内,此时已经身为主帅的卢决定故伎重演恩师的套路:一张又一张百元大钞被交到卢的手中——如果某位工作人员身上没有现钞,则由一名球员为其代付。得来的巨款被藏匿在了甲骨文球馆教练办公室的天花板内。和六年前的凯尔特人一样,骑士将士们也只有重新回到客场才能把钱取回——对他们来说,这意味着必须要把总决赛拖入抢七大战。骑士成功地做到了这点,系列赛重回奥克兰。而在决定着克利夫兰是否能终结52年冠军荒的重要比赛开场前,里弗斯同样给了卢的赛前发言一些灵感。

"我告诉卢要向球员们展示未来,让球员坚信能打破城市诅咒实现梦想,这点非常重要。当球员们有了对梦想的憧憬和实现梦想的专注,那打赢第七场就会变为整个过程中理所应当的一环,就会顺其自然地发生。"里弗斯透露说。

除了向球员们展示未来,卢也分享了过去的宝贵经验。在抢七大战的前一天,卢带着拉里·德鲁、达蒙·琼斯、詹姆斯·波西等一众助教和部分球

蓝图
BLUEPRINT

队工作人员,来到了位于甲骨文球馆以北20英里(32千米)、I-580公路上的庞德圣昆廷州立监狱。这座监狱是卢近年来经常到访的地点,那里关押着他的父亲罗纳德·坎普——在因毒品交易被捕入狱前,坎普是密苏里州小有名气的街球手。

在执教生涯最重要的一场比赛前夕,卢在圣昆廷的院子里散步。蜂鸣器响起,大门打开,来访的骑士队成员突然被罪犯包围。卢毫无畏惧地在强奸犯、杀人犯中间投篮。监狱长告诉他,75%的囚犯再也不会犯罪,但之前的罪行却注定他们一生都将被困于此。卢在第七场比赛前把队员们聚集在更衣室,告诉他们自己的行程,并提醒他们中的任何一个都可能在其中一间牢房里。

泰伦·卢说:"我们中的大多数和那些犯人成长于相似的环境,命运有着一夜改变的可能:或许是在车里被查出毒品,又或许是在街头斗殴时不小心打死了某人,然后被关进监狱。但我们没有,我们站在了这里!"

是的,命运的确会一夜改变,但也同样有可能是朝着积极的方向。

骑士经理大卫·格里芬一向是爱与和平论的支持者,因此在为建立现有阵容支付了接近一亿的巨额支票后,球队内部仍充满动荡和矛盾的结果,这并不是他在最初期望见到的。但也正是在换帅风波、媒体苛责詹姆斯等一系列事件中,球队展现出的团结和坚韧最终改变了格里芬,让他依旧保持乐观,充满着希望。

在大比分1∶3落后,第五场决定生死的关键战开赛前,我在甲骨文球馆嘈杂的客队更衣室外见到了格里芬,问他对这场比赛是否保持乐观。格里芬

第七场
SEVEN

盯着电话头也没抬。

"只有1：3落后反超这样荡气回肠、前无古人的方式，才配得上终结克利夫兰的冠军荒。"这是格里芬对第五场比赛的看法。

我在观看骑士拿下系列赛第五场的同时思考着这次短暂的交流。但对于没能拿下这个主场的勇士来说，随后又输掉第六场客场比赛，球队主将库里甚至出现了失控扔掉牙套的行为。重回奥克兰时，迎接勇士的并不是夺冠游行的人潮，而是计划之外的抢七大战。这使球队心态发生了扭转，在一周前还振奋人心的3：1领先现在却成了沉重的心理负担。

"球队原本打算在第五场就结束系列赛的，"德拉蒙德·格林在抢七大战赛前表示，"球迷、球员，每个人都希望总决赛在那场结束，但现实情况和理想背道而驰。"

"我们能把比赛拖进抢七肯定出乎了大多数人的预料，但是不被看好又如何呢？"詹姆斯则微笑着述说同一件事，"我总是说：'这世界并非每天都会遇见称心如意的顺境，你需要时刻准备好披荆斩棘向前奋进才能达成目标。'我们已经做好准备干点特别的事情。"

抢七大战的上半场战罢，勇士以49：42领先骑士，德拉蒙德·格林在进攻端予取予求，他在上半场拿到22分，5次三分出手无一偏出。曾在对阵老鹰时创下季后赛单场25个三分纪录的骑士却在上半场三分14投仅有1中，詹姆斯在拿下12分、7个篮板、5次助攻之外，也出现了4次失误。如果在接下来的24分钟里，骑士不能反超比分，那克利夫兰的球迷们将再次体验心碎的

蓝图
BLUEPRINT

滋味，城市的冠军荒也将延长至53年。

连续两场砍下41分，帮助球队把总决赛拖入抢七大战，骑士却仍在半场时陷入落后，这让早就精疲力尽的詹姆斯怒不可遏，他失控、抱怨，朝队友和教练发泄着心中的怒火。卢却在此刻站了出来，用不容置疑的口气向詹姆斯咆哮："你才需要打得更好点！你自己都抱怨打不好！那球队还谈什么赢球？还做什么创造历史的美梦！"——卢没有辜负格里芬的期望，在决定骑士命运的关键时刻，他没有畏缩，挺身而出挑战詹姆斯，提醒这位巨星别忘了他原本的职责。

和充满戏剧性的整个系列赛一样，抢七大战的第四节也有着过山车般跌宕起伏的剧情：由于体能临近达到极限，库里原本精准的背后传球，变成了让汤普森鞭长莫及的出界失误；勇士建立在速度和空间创造基础上的动态进攻体系，同样在关键回合出现了问题——在汤普森突破吸引四人包夹防守送出传球后，接球的哈里森·巴恩斯投丢了45°空位三分——场上比分在距离第四节结束还有4分40秒变成了89:89平，但之后两队在进攻端同时哑火：决定生死的最后一分钟来临前，场上居然出现了近4分钟的得分荒。

勇士球星库里在当赛季创造了两项前无古人的纪录：单赛季投入400个三分和全票当选最有价值球员。他的常规赛三分命中率高达48%，季后赛面对严防死守，这项数据也仅仅下跌了3个百分点。但在抢七大战第四节还剩4分06秒时，即使在弧顶被骑士漏防置于空位，有着充分调整时间出手的库里依旧投丢了这记三分球：球磕着前沿弹出了篮筐。

格里芬解雇布拉特并把这份工作交给卢时，相信卢会在最关键的时刻

第七场
SEVEN

让他的球星负起责任。"你要打得更好点！"卢在半场休息时对詹姆斯大吼。"如果我们想赢，你就要更好。你的地位正命悬一线！"

詹姆斯精疲力竭，怒火中烧。他向队友和教练发泄。他在比赛中连续拿下41分，只是为了让骑士来到这一刻，更衣室里的所有人也一样卖力，卢选他说事。卢知道自己在做什么。

不过骑士队的情况也好不到哪儿去。比赛依然是89平，詹姆斯在三分线往里一点的地方错过了一个有干扰的投篮，这是篮球比赛中效率最低的一种投篮方式。他们把球运来运去，希望制造他错位单打费斯图斯·埃泽利或者库里的机会。即使战术成功，也没什么用。詹姆斯在库里头上又错失了一次投篮，接下来一投被补防的伊戈达拉封盖。

在比赛还有1分51秒时，勇士一度看到了打破僵局的可能：利用欧文投失的抛射，伊戈达拉在禁区抓到篮板后立刻发动快攻。这次快速的攻防转换让后场仅留J.R.史密斯一人的骑士措手不及，当伊戈达拉把球带过半场，并传球给一同快下的库里时，只有詹姆斯仍在库里身后穷追不舍。快攻二打一，球经由库里之手再次回到伊戈达拉怀中后，场上的骑士球员们看似已无力回天，无法阻止伊戈达拉的上篮了。

这一幕令克利夫兰的球迷们感到窒息，勇士似乎就要在他们眼前拿到领先并一举抢走总冠军，这样的场景对于他们而言再熟悉不过了：他们曾见证了希普的传球在端区遭到抄截；见证了拜纳在三码线上掉球；见证了梅萨在世界大赛抢七中败投；见证了乔丹在克雷格·伊洛头顶投入绝杀。如今，在由他们心碎声音谱写成的悲曲中，即将添上新的篇章。

蓝图
BLUEPRINT

就在这千钧一发之时，在伊戈达拉从篮筐右侧起跳出手的同时，詹姆斯从球场左侧全力加速赶到，沿着底线纵身一跃，高高跳起将伊戈达拉的投篮钉在了篮板上——只用了1/8秒。这是詹姆斯辉煌职业生涯的决定性时刻之一。

ESPN体育科学节目在事后对詹姆斯的盖帽进行了严谨分析：如果詹姆斯的右手未能先于篮板接触伊戈达拉的投篮，那他的封盖将变为干扰球，勇士依然两分到手；在伊戈达拉接到库里击地传球上篮前，詹姆斯仍距离他2.1米，但在随后J.R.史密斯的防守对伊戈达拉造成的0.15秒干扰时间内，詹姆斯完成了加速至32公里/小时、追击、起跳达到3.5米高度等一系列动作，最终成功封盖。飞翔的23号是止血带，止住了52年的伤口和悲痛。为了庆祝一个重要的体育赛事冠军，克利夫兰已经等了52年。现在骑士队只差一分。这就是詹姆斯回家的原因。这就是卢在中场休息时恳求他变得更好的原因。

那次盖帽后，两队MVP球员詹姆斯和库里又各自投丢了一次投篮。在双方主将手感冰冷的情况下，执行关键一投的重任落到了欧文身上。季后赛战至总决赛第七场，泰伦·卢战术本上的神奇ATOs战术早已被挖空用尽，因此，骑士的关键球战术变得无比简单粗暴：詹姆斯首先在界外开球，把球交给进攻执行者欧文，J.R.史密斯在欧文得球后立刻上前掩护，迫使库里在换位后一对一单防欧文。库里与欧文对位的局面形成后，骑士快速拉开了球场空间，J.R.史密斯扯动到和欧文相反的球场另一端侧翼，乐福、詹姆斯和杰弗森则统统挤在底线，这一切只有一个目的：禁止任何勇士球员和库里换位防守欧文，给予欧文最大的发挥空间单挑库里。

第七场
SEVEN

24岁的欧文在抢七大战前已经投入过6次绝杀终结比赛，命中的关键球更是不计其数，这让电视战术解说弗雷德·麦克劳德给了欧文"第四节先生"的绰号。根据联盟统计，欧文在当赛季与凯文·杜兰特并列，成为比赛关键时刻（比赛剩余时间少于24秒，两队分差小于3分时）得分最多的球员。而早在职业生涯第二年，欧文就曾领跑过联盟比赛焦灼时刻（比赛最后5分钟，两队分差小于6分的情况下）得分榜，职业生涯此项数据总和在现役球员中也仅次于詹姆斯和杜兰特，位列联盟第三。

"欧文很特别，他非常特别，全明星都不足以描述他的水平，他可比全明星强多了，"詹姆斯在赛季早期欧文膝盖手术回归后评论，"我对欧文的未来有很大的期望，如果他一直像现在一样打球，他能在这个联盟做出一些完全不同的事情。我脑袋里知道他会变成什么样。"

比赛进入倒计时，欧文接詹姆斯传球后运球到右侧45°侧翼。在J.R.史密斯掩护挡住汤普森，迫使库里换防前，球经由欧文之手6次撞击地板。面对库里单防，欧文先是稍稍运球后撤调整，接着又向前迫近，在来到他的投射舒适区后，他连续两次胯下运球，一次体前变向，一次试探步停顿，在比赛剩余55秒时，欧文终于迎着库里起跳，投出了终结克利夫兰52年诅咒的一球。

联盟中最好的球员在最重要的时刻出手最多。赢下第六场比赛后，欧文几乎没有睡觉。他清醒地躺在床上，脑子里走马灯一样设想每一种可能的情景。这是他第一次参加抢七大战，像詹姆斯·琼斯或勒布朗这样第七场老兵的建议帮助非常大。但是如果詹姆斯真像队友们一直坚持的那样，能未卜先知，那么1月份他就在莫·威廉姆斯的达拉斯体育馆证明了这一点。

蓝图
BLUEPRINT

"在比赛的最后时刻，球会到我们手里。"詹姆斯说。"我们必须相互信任，我们的队友必须能够信任我们……然后我们必须为他们做到。"

唰！

随着欧文这记并不擅长的左脚单腿起跳干拔三分出手，空心入网的声音在此刻如此悦耳动听，骑士也在抢七大战还剩不足一分钟的时候，获得了领先优势。

阻止勇士最后一次反扑进攻的防守重任，在骑士其他两位巨头詹姆斯和欧文此前分别用盖帽和三分帮助过球队后，意料之外也情理之中地落到了乐福身上。因为其不擅防守的技术特点，乐福在球队教练几经纠结后还是在总决赛被摆上了替补席；同样是因为球队教练组"一换到底"的防守策略，在抢七大战最为关键的时刻，反而是乐福迎来了职业生涯最为重大的一次防守考验。

在伊戈达拉和格林连续两次制造掩护后，乐福被迫面对库里——骑士场上最为薄弱的防守环节就此暴露在联盟史上最出色射手面前。双方第一轮的较量以乐福的胜出告终：在库里施展了一系列左突、右晃、体前变向、后撤步运球等娴熟的控球技术后，乐福的严防死守并没有漏出一丝可乘之机，这使得库里只能把球回传给格林，稍作调整后重新接球再次尝试——在极短的时间内库里第二次在乐福眼前展示了眼花缭乱的运球晃动，但和先前一样，乐福全神贯注地跟随着库里的每一个动作忽左忽右，完全没有给他留出一点空间。

第七场
SEVEN

在整个季后赛里，即使在大比分输球后，乐福也一直在赛后采访中展示出坚定的信念，他常说："如果球队碰到了一球定生死的时刻，那么毫无疑问，我们会赢。"

24秒进攻时间逐渐进入倒数，乐福丝毫不让、紧紧死贴着库里，无计可施的库里只能仓皇出手，投丢了这记最后的三分球——乐福赢了下他所说的生死回合。

詹姆斯这样夸赞乐福："乐福在今年的季后赛经历了很多，先是脑震荡伤停，回来后又被放在替补席上，最后在第七场做出那样的回应，那才是真男人。他们在最不利的时刻回击。"

比赛终场哨声的响起，宣告了骑士的胜利。詹姆斯在赛后与乐福紧紧拥抱，随后跪倒在球场上无声抽泣——回归以来，为了给同样出生在阿克伦的孩子们带来更好的生活，也为了让家乡人民再次品尝冠军的滋味，詹姆斯用一己之力把骑士扛在肩上。如今他终于卸下了这副重担，再也无法控制自己的詹姆斯，以手握拳重击着速贷中心球馆的地板，发泄着积压已久的情绪。而在季后赛期间，泰伦·卢的母亲与祖母都因癌症发作而无法到场观赛，卢一边压抑着内心对家人健康的担忧，一边坚持执教直到球队打完夺冠的每一场比赛，此刻的卢也终于获得了喘息的机会，他静坐在替补席上，蒙着毛巾暗自落泪。

詹姆斯在抢七大战拿下了三双数据：27分、11个篮板、11次助攻。他在总决赛最后三场交出的场均36.3分、11.7个篮板外加9.7助攻数据，更让他毫

蓝图
BLUEPRINT

无争议地全票当选总决赛最有价值球员。这已经是詹姆斯第三次站上NBA最高领奖台并捧起奥布莱恩杯了，但这一回的意义显然和前两次大不相同。2015他输掉了比赛，差点成为MVP，但这一次他是所有人一致的选择。

"我们在面对着历史最佳球队时陷入了1：3落后，大多数人们都不看好我们，甚至等着我们出局看笑话。但这反而坚定了我们的信念，自始至终我都信任着我的球队，逆境反而使我们变得更加渴望冠军。这不就是我回来的最初目的吗？我回家了。"詹姆斯慷慨激昂地表示。

这一刻，将献给那些代表克利夫兰冲击冠军时跌倒的前辈，献给何塞·梅萨，献给克雷格·伊洛，献给布莱恩·希普，献给洛基·科拉维托，献给伯尼·科萨尔，献给艾伯特·贝尔，献给欧内斯特·拜纳；也将献给那些曾经的夺冠诅咒代名词，献给"那一攻"，献给"那一投"，献给"那次掉球"；更将被献给整座城市的历史，献给被烧毁的球衣，献给石油燃烧的凯霍加河，献给蓝领工人和铁锈带。克利夫兰——是的，克利夫兰——再一次成为冠军之城！

BLUEPRINT

LARRY

20

拉里·奥布莱恩杯

蓝图
BLUEPRINT

在骑士夺冠后酒气冲天的更衣室里,最引人注目的当属正抱着一个硕大香槟酒瓶的球队副主席杰夫·科恩——2014年詹姆斯回归时,酩悦香槟集团赠与骑士老板丹·吉尔伯特、小老板内特·福布斯、副主席杰夫·科恩每人一瓶足有三升、印有各自名字的专属香槟。

"这宝贝我可藏了两年了,别急着在这么一时半会儿就打开了!"科恩抱怨着把香槟带出了更衣室。在回俄亥俄前,骑士全队会先从奥克兰飞到拉斯维加斯狂欢一场,科恩打算把这瓶珍藏的宝贝留到那趟航班上慢慢享用。是的,拉斯维加斯。放眼全美,没有第二片土地比赌城更适合在打破诅咒后进行庆祝了——更重要的是,拉斯维加斯好像是一切的起点:两年前,詹姆斯就是在那儿做出了回归家乡、为骑士效力的决定。

骑士队摘下欧文选秀权那天晚上,我和科恩被关在选秀保密屋里。时光荏苒,1862天之后,是欧文,而不是詹姆斯,投中了那晚最重要的一球,终结了克利夫兰52年的冠军荒。但引导他们的人是詹姆斯。

"想想这座城市,想想北俄亥俄体育迷在过去50多年里经历的那些不堪

拉里·奥布莱恩杯
LARRY

回首的记忆：拜纳的掉球、埃尔韦的99码推进、梅萨的败投，还有我在2007和2015分别两次带领骑士打进总决赛，却分别以被横扫和2∶4输球收场。面对这些，这座城市却没有放弃我们。不论是布朗队的、还是印第安人队的，又或者骑士队的球迷，他们每一位都至死不渝，始终支持着我们。所以这座冠军是献给整个克利夫兰的，是属于所有球迷的。"詹姆斯说道。

夺冠也令J.R.史密斯——这位职业生涯一直被外界视为球队毒瘤的铁汉获得了深深的救赎感，他在领奖台上抑制不住情绪，泪流满面。J.R.还特意提起了家人，并感谢家人在他收获恶名、受到禁赛和罚款处罚时，依旧不离不弃地陪伴在他身边。

"我的生命中经历了许多黑暗时刻，是家人的陪伴让我度过了这些难关，"J.R.史密斯声泪俱下地说，"不论我的选择是对是错，家人们都没放弃我，他们在与我争执、朝我咆哮、向我喊叫的同时又给我温暖、给我拥抱、为我落泪，从来不曾离开。"

因为J.R.史密斯过往的种种劣迹，骑士制服组曾一度犹豫不决，纠结是否要同尼克斯交易换来J.R.。是詹姆斯的担保给了史密斯的加盟一锤定音的效果。詹姆斯告诉格里芬：大胆把J.R.史密斯交易来吧，我会对他负责。作为回报，J.R.史密斯帮助詹姆斯拿到了他职业生涯的第三枚总冠军戒指，使詹姆斯的总冠军数达到了篮球之神乔丹的一半。也正是通过这次总决赛中力挽狂澜，带领骑士逆转局势的表现，詹姆斯证明了他仍是当今联盟最具统治力的球员。

"詹姆斯是现役联盟最强球员这件事已经不用争论了吧？"科恩表示说，"之前总有人说詹姆斯已经过了巅峰，比不上库里。但现在不会再有相关的

蓝图
BLUEPRINT

疑惑了吧？斯蒂芬是个伟大的球员，但勒布朗仍是世界上最伟大的球员。"

总决赛开打前，詹姆斯·琼斯冒出了一个用拼图记录夺冠过程的想法：骑士特地制作了一副有着奥布莱恩杯形状，由16小块组成的拼图——代表为了夺得总冠军，骑士需要拿下16场胜利的含义。16小块中的15块由球队大名单上的15位球员各自保管，每当球队在季后赛中拿下一场胜利，就由一名球员拼上一块。在总决赛第三场乐福缺席而骑士取胜的比赛后，詹姆斯将拼图的机会让给了乐福，他希望用这一行为表达球队上下一心的态度，是其他球员代替乐福赢下了比赛。而随着骑士赢下抢七大战，冠军拼图中形似俄亥俄州地图、由球队教练泰伦·卢保存的最后一块也被摆放到了正确位置。拼图完成，是时候庆祝了。

在多次见证了大城市球队夺冠，整座城市被庆祝人潮中出现的犯罪、暴力、纵火等行为搅得一团糟的情况后，我曾自嘲说，要是50多年未见冠军的克利夫兰捧起奖杯，那城市肯定会从地图上消失，坠入伊利湖。但在抢七大战胜利后，那些来到速贷中心通过外墙大屏幕看球，一度挤满了球馆外连接进步球场和速贷中心广场的球迷，却用平静而有序的方式进行着庆祝，显示出克利夫兰的与众不同。这是一次和平而热情的聚会。

在拉斯维加斯尽兴狂欢后的第二天中午，骑士球员们乘坐包机回到了克利夫兰。在机场迎接这群宿醉城市英雄们的，是早已等候多时的数千骑士球迷。随着舱门打开，骑士球员们陆续现身，詹姆斯压轴登场，他把拉里·奥布莱恩杯高高举过头顶，让惊叫的人群好好看清这座NBA总冠军奖杯的模样。飞往克利夫兰的航班和市内的旅馆酒店被迅速预订一空，在经历了52年的冠军荒后，不论是现居别处的克利夫兰本地人，还是世界各地单纯凑热闹的游客，没有谁愿意错过盛大的夺冠游行。

拉里·奥布莱恩杯
LARRY

应对庞大的人群，市政官员们不得不提醒所有人选择公共交通出行并提早到达现场。夺冠游行计划在11点开始，为此城市的巴士和铁路在早上7点就开始运营，并且增开了上百个班次。即使如此，克利夫兰的公共交通还是没能逃过瘫痪的命运，如果在那天9点从克利夫兰机场搭乘地铁赶往市中心，这段旅途将会花上5个小时的时间。路线规划、舞台搭建，夺冠游行的每一处细节都经过了市政官员和球队管理层的反复商讨和仔细琢磨，不容出现任何微小的错误——双方在距离活动开始前几天才想起要采购临时性的移动厕所，其重要性不亚于最后一场比赛中詹姆斯对伊格达拉的封盖，险些酿成大错。

克利夫兰市中心涌入了接近100万的游行参与者，这个数字差不多是克利夫兰常住人口39万的三倍。航拍角度下的城市人口密度看起来令人窒息，以速贷球馆为中心，人潮向南和向北分别延伸了差不多2.5公里和1.7公里。为了能够获得更好的视角来一睹城市英雄们的英姿，更有球迷爬到了威拉德公园里全世界最大、足有8.5米高、刻着"自由"字样的橡胶图章雕塑上面。

激情澎湃的人潮让克利夫兰警察们将大量时间花费在把路障放回原位、督促游客回到封锁线后等琐事上，推迟了游行的开始时间。游行正式开始后，秩序依旧难以得到维持，凭着警察们一步步开道，游行车队才得以缓缓前进——按原计划本能在1小时内就能走完的2.5公里游行路线最终足足花费了4个小时。但这并没有影响球员们的兴致，热情的球迷们反而让骑士众将变成了见人就挥手和击掌的人来疯：J.R.史密斯、伊曼·香珀特、莫·威廉姆斯全程赤裸着上身撒欢；乐福则身披两条WWE金腰带，耀武扬威地抽着雪茄；在车队经过速贷中心球馆对面10层楼高的巨幅詹姆斯海报时，詹姆斯本人更是站得笔直，伸开双臂，还原了海报上的经典动作，为这个全城狂欢大日子留下了最为经典的一幕。

蓝图
BLUEPRINT

詹姆斯用长达16分钟的脱稿演讲将游行气氛推到了顶点，他对14名队友依次表示了感谢，赞扬了特里斯坦·汤普森的坚韧（汤普森保持着NBA最长连续出场纪录）、乐福的适应力，还有欧文的出色潜力："当我赛季早些时候说欧文能成为联盟最佳控卫甚至竞争MVP时，这小子以为我只是想搞条大新闻，"詹姆斯笑着说，"但是看看他在总决赛里面的表现，是不是觉得我的话很有道理？这小子现在才24岁！前途不可限量！"演讲中，詹姆斯更是不顾电视转播，放飞着自我，妙语频出："实不相瞒，到现在我都以为活在梦里，感觉下一秒就会醒来回到现实：重新面对总决赛第四场，吼上一句'哇靠，我们怎么还是1∶2大比分落后！'"

游行最后，詹姆斯和橄榄球名人堂成员吉姆·布朗——两代克利夫兰体育的代表人物共同举起了拉里·奥布莱恩杯。这一幕让丹·吉尔伯特感触良多，在2005年买下骑士队并放出目标夺冠的豪言壮语时，吉尔伯特不曾预料途中会有那么多曲折——球队教练和总经理几度换人，队中巨星去而复返，同样不曾预料兑现诺言要花上10年的光阴。在这个所有人都知道没有超级巨星就无法夺冠的联盟，吉尔伯特的球队在困境中开辟出了荣耀之路：他们千方百计地从南海岸带回詹姆斯，用选秀权摘下并培养欧文，通过交易在詹姆斯回归后第一时间交易得到乐福组成三巨头，找来合适的角色球员，一举组建了冠军之师。

如今一切尘埃落定，诺言得以兑现，庆祝了冠军，游行顺利结束。詹姆斯走下舞台，瞥见角落里的我。他转身竖起大拇指示意，随后走向不朽的伟大。他依然怀抱着拉里·奥布莱恩杯。他也许永远不会放手。他也没必要放手。

BLUEPRINT

EPILOGUE

后记

蓝图
BLUEPRINT

    距离客场夺冠已经过去了15天，勒布朗·詹姆斯正在西班牙享受着他惬意的国庆假期。就如晴天霹雳一般，凯文·杜兰特突然宣布和金州勇士签下了合约。这意味着一支在2015-16赛季豪取73胜的球队签下了可能是联盟第二强的篮球运动员。

    与此同时，丹·吉尔伯特反而在忙着收紧腰包。为了这座奥布莱恩杯，他在薪水和奢侈税上投入了1.61亿美元。根据消息人士透露，他在上赛季总计亏损了约5000万美元。不过没关系，这点儿钱他还是付得起的。《福布斯》杂志的数据显示，截止至2017年春天，吉尔伯特的净资产约为59亿美元，比他2016年秋季的资产整整多了13亿美元。他也顺理成章地变成了密歇根州最富有的人。不过，当其他球队对这套冠军阵容中的球员发起攻势时，吉尔伯特又攥着钞票发起了愁。

    在2015-16赛季开始之前，骑士队本有机会用一纸3年1000万的合同将德拉维多瓦锁在阵中。但他们当时手握德拉维多瓦的球队选项，底气十足的骑士队决定让他背着1年110万美元的薪水再打一年，等到明年的自由市场再敲定合同。谁也没想到，夺冠之后的德拉维多瓦收到了雄鹿队4年3800万的

后记
EPILOGUE

报价。虽然骑士有匹配这份合约的权利，但奢侈税的压力让他们束手无策。错失和德拉维多瓦签下长约的良机，又眼睁睁看着这个搏命的澳大利亚人远赴密尔沃基，骑士队这一再的失误给多灾多难的2016-17赛季埋下了伏笔。

德拉维多瓦去了雄鹿，中锋提莫菲·莫兹戈夫则在自由市场被洛杉矶湖人队签下。在训练营开营前的一天，莫·威廉姆斯向总经理大卫·格里芬透露了退役的决定。赛季还没开始，骑士队的问题就已经堆积成山。小莫和德拉维多瓦的离去让凯里·欧文身后的控卫位置空空荡荡。骑士队卫冕之路的艰难程度将会远超他们的想象，而这一切还只是个开始。

然而，迟来的庆祝还是要做的。10月，骑士队在主场举行了总冠军戒指的颁发仪式。那是一个无比欢腾的夜晚，因为就在街的对面，印第安人队和芝加哥小熊的美国职棒大联盟（MLB）世界大赛❶首回合正在上演。这个52年间在职业体育里颗粒无收的城市，现在有了五个月里连夺两冠的机会。市中心热闹非凡——附近很多地方的停车费都飙到了110美元（约为正常价格的5倍）——速贷球馆里面的气氛也是火爆异常，骑士队和纽约尼克斯队的赛季揭幕战即将打响。

J.R.史密斯在戒指颁发仪式上哭了，这像是他的风格。就连詹姆斯也在讲话后抹了抹眼泪。凯里·欧文跑到场下和父亲拥抱，将总冠军戒指献给了他。

---

❶ 芝加哥小熊队和克利夫兰印第安人队在2016年的世界大赛相遇，小熊队在第七场锁定冠军。

蓝图
BLUEPRINT

"我们有着非常，非常独特的关系，我们之间深厚的感情仿佛超越了生命本身。"欧文说，"我多年来蓄积的感情在那一刻达到了顶点。从我的孩童时期开始，他就一直在为我做出牺牲，他所做的一切不仅是为了让我每天有球可打，还是想让我明白，篮球和生活是不可分割的，反之亦然。他让我知道了怎样在每一天变成更好的自己。能把这枚冠军戒指献给他，我的心里无比满足。他骄傲的样子让我很开心。"

然而，詹姆斯将在接下来的八个月里体验到他经历过的最怪异的赛季。史密斯和球队的合同纠纷拖到了季前赛，他也迟迟没有归队。可敲定合同后的史密斯又在圣诞节前完成了拇指手术，等他下一次站在球场时已经是次年3月了。在史密斯复出的几周前，凯文·乐福遭遇了膝伤，在未来的一个月内无法上场。在这个常规赛赛季，骑士球员因为伤病、轮休和其他理由合计缺席了186场比赛，排名联盟第六。即便是主教练泰伦·卢也没能躲过这波伤病潮，阵阵袭来的晕眩让他缺席了一段时间。

"这是一个怪异的赛季，我大概从来没经历过比这更奇怪的赛季了，你从我们场上的化学反应和队友感情就能看出来。"詹姆斯在3月份时说，"从教练组到球员，我们的人员一直在更迭变动，我们的伤病太多了。"

12月时，克里斯·安德森因右膝前十字韧带撕裂赛季报销；钱宁·弗莱的父母在一个月内相继离世，如此沉重的打击让他不得不放下手头的工作；3月，骑士队签下了安德鲁·博古特，但他的克利夫兰生涯仅仅持续了不到一分钟就宣告结束。他在骑士首秀的第58秒撞上了热火队的奥卡罗·怀特，左腿胫骨骨折，不幸赛季报销。格里芬在这个赛季的大部分时间里都忙于寻找

后记
EPILOGUE

一个合适的内线和一个替补控卫，可是他搜寻的速度竟赶不上骑士球员倒下的速度。

格里芬个人认为，本赛季的骑士阵容要比去年的夺冠阵容更有实力。他一度觉得这支骑士的天赋足以赢下70场比赛。可事与愿违，他们以51胜31负的成绩告别了常规赛，甚至连东部头名的席位都没能保住。

他们在12月初做客芝加哥时遭遇了迎头痛击。他们在禁区内丢掉了78分，也收下了自泰伦·卢上任以来的首个三连败。芝加哥小熊队在世界大赛抢七战上的胜利让印第安人队与冠军失之交臂，也让詹姆斯当晚穿着一身小熊队的球衣走进了联合中心——他与好友德怀恩·韦德有一个赌约，谁的主队输了，谁就要穿上对面球队的球衣。詹姆斯愿赌服输，但在输球之后，他满面愁容地走出了球馆。

"我们必须尽快走出蜜月期，"詹姆斯说，"你必须每晚像一个一无所有的人一样去奋斗。上赛季是上赛季，在拿完戒指之后，那一页已经翻过去了。现在是一个崭新的赛季，所有球队都在追击我们，是时候拿出真本事了。"

詹姆斯的这些话只是热热身，在1月签下神射手凯尔·科沃尔之后，詹姆斯趁机说出了球队需要另一个控卫的心声。几周之后，我问勒布朗为什么给科沃尔传球的次数要比给其他人的多得多。他耸了耸肩。

"除了我，谁还能给他传球呢？"詹姆斯说。

骑士和勇士每天都在留意着彼此的一举一动。在詹姆斯为队友们例行举

蓝图
BLUEPRINT

办的万圣节派对上,他将刻有勇士球员名字的墓碑形饼干分发给大家食用,就连架子鼓上都黏着讽刺勇士的"3∶1领先"的印花。尽管如此,詹姆斯还是对西海岸那支天赋满满的阵容充满敬意,尤其是羡慕那里从来不缺既能投篮,也能运球和传球的球员。勇士上下都是能组织策应的人才,而骑士队只有詹姆斯和欧文可以仰仗。

在1月末一次前往新奥尔良的客场之旅中,詹姆斯终于忍不住了。关于球队低效的表现,他私下里已经抱怨了好几周。他们今天又输给了孱弱的鹈鹕,而且在上半场就落后了22分。这是骑士队近七场比赛里的第五次失利,詹姆斯已经三年没有体验过2胜5负的短期战绩了。他一肚子的苦水在赛后倾泻而出。

"从我个人角度来看,我们并不比去年强,我们是一支头重脚轻的队伍,"詹姆斯说,"我只是希望我们作为一支球队不要轻易自满。要知道,达成目标是件很难的事。希望我们不要过早满足。"

在这15分钟里,詹姆斯大部分时间都在阐述着心中的愤懑,但他澄清说,自己并非对格里芬组建阵容的工作感到不满。

"我对管理层没有意见,"他说,"我当面跟格里芬谈过,所以我今天不是借你们的口把这事儿记录下来。我总能见到格里芬。我有一个特点,就是如果我想说什么事,我一定会当面跟你说。我们真他妈的需要一个组织者。"

詹姆斯的公开抱怨让格里芬很生气。即便詹姆斯说了自己的言论与总经

后记
EPILOGUE

理无关，格里芬依然做出了回击。他说，自满的不是管理层，而是底下那些球员。

"我认为说'球队自满'是有误导性质的，"格里芬说，"我们球队将目标定得清清楚楚，我们只想夺冠，没有第二条路可走。其他的结果我们都无法接受，也从来就没有接受过。但是你要说'球员的自满'，我倒是见了不少。"

一个月之后，格里芬找到了他想要的控卫，也是球队一直所缺的组织者。达拉斯小牛队买断了只剩数周合约的德隆·威廉姆斯，让他去寻找一支争冠球队。德隆毫不犹豫地选择了克利夫兰。此时的他是一个五次入选全明星的32岁老将，纸面上看来，他的确是骑士所需的理想拼图。虽然他可能变不回当年的样子，但德隆依然能够执行挡拆，命中远投，而且骑士队只需要他每场打15到20分钟的比赛。然而，这最终被证明是一笔失败的签约，德隆始终没能适应好这个替补控卫的角色。

在德隆加入之前，骑士真正的替补控卫其实是勒布朗。卢教练在这个位置上试过德安德烈·利金斯、乔丹·麦克雷和新秀凯·费尔德。但在这三个人里，只有费尔德是个纯控卫，而经验上的欠缺让他无法给予球队真正的帮助。让詹姆斯成为欧文下场后的主要控球人是卢的策略，他也因此需要处理随之而来的许多问题。詹姆斯37.8分钟的场均出场时间是联盟最高，人们惊愕于他的神奇，也对他的身体倍感忧虑。詹姆斯始终坚称自己感觉良好，打这么长的时间是自己所愿。他的训练师迈克·曼歇斯也竭尽所能。卢教练欣然应允，继续将詹姆斯留在了场上。

但这是有代价的。骑士队很少训练，有时候连续几个星期，除了比赛日

蓝图
BLUEPRINT

早晨的投篮练习，就再没别的集训。卢也时而让詹姆斯轮休，搞得联盟很不开心。常规赛季结束时，詹姆斯一共缺席了八场比赛，他的总上场时间仅比去年多了85分钟。

骑士队还在别处做了妥协。之前，詹姆斯通常要负责盯防对面的当家球星。但这种状态无法再持续下去了，泰伦·卢要求勒布朗在进攻端去做的事情太多，以至于他不得不卸下詹姆斯的防守任务，让他去防守威胁更小的球员，以便为进攻端留些力气。这些因素，再加上卢为了准备季后赛藏了不少更好的战术，使得骑士队的防守急速恶化。他们会习惯性地痛失好局，球员们在防守端不断犯错，常常表现得心不在焉。这支球队实在是太容易分心走神，毫不掩饰自己在比赛中慵懒的态度。

骑士队在冠军赛季的防守效率（每百回合失分）排名联盟第9位，但是在2016-17赛季，他们一路下滑到了第21位。

为什么这个数据如此重要？自2001年的湖人以来，没有一只冠军之师的防守效率排在联盟十名开外。有趣的是，卢恰巧是那支湖人队的替补后卫。那支湖人和现在的骑士倒是有很多相似之处，他们同样背负着卫冕的希望，同样在赛季中甩不掉自满和伤病的难题。卢承诺说，情况会在季后赛发生改观。在某一段时间，他的承诺真的兑现了。

骑士队在常规赛行将结束时彻底崩盘。他们输掉了最后的四场比赛，将东部头号种子的位置和主场优势拱手让给了凯尔特人。这意味着骑士将在客场开启东决的征程。但是球队上下没人觉得凯尔特人有机会将他们淘汰出局，所以他们也不是特别担心。

后记
EPILOGUE

骑士赢下了季后赛的前十场比赛，和上个赛季一样，他们将前两轮的对手全部横扫。借助卢复杂的"攻势战术"，骑士的防守在季后赛有了长足的进步。他们很少在常规赛启用这套战术。简单来说，卢只想限制住对手阵中的头号球星。他们会派出两名防守人包夹持球的球星，迫使他们将球分出。这套办法让骑士队在首轮缠住了步行者的保罗·乔治，在东部半决赛打垮了德马尔·德罗赞和他的多伦多猛龙。

步行者本有机会绝杀骑士，拿到首轮首场的胜利，但C.J.迈尔斯的空位跳投不幸偏出篮筐。接下来，他们又搞砸了季后赛历史上最大的半场领先优势。骑士队从25分的大坑中爬出，在印第安纳拿到了第三战的胜利。但是，骑士似乎从每一场季后赛的胜利中汲取了力量。虽然他们的主场被凯尔特人在第三场攻陷，不败金身告破，但骑士依然用五场就解决了绿军——和球队中大多数人预料的一样。

詹姆斯在淘汰凯尔特人的第五场比赛里超越迈克尔·乔丹，成为NBA季后赛的历史得分王。他连续第七年的总决赛之旅变成了对篮球之神的最高敬意。

"我的名字能和历史上最伟大的篮球运动员出现在一起，那感觉太棒了，"詹姆斯说，"我小时候基本将乔丹做的事情全模仿了个遍。我在年龄没到时就开始做后仰跳投，我会特意穿个护腿，然后把上面的一部分卷起来，露出里面的红色内衬。我喜欢白色的袜子，外面再穿一双红黑配色的鞋。我会穿短版的球裤，这样你们就能看到里面的衬裤。虽然我没剃成乔丹那样的光头，但我也差不多快成那样了。除此以外，我几乎做了迈克所做的一切。我甚至也会像他那样，把护腕戴到前臂的位置。没错，迈克做的事我全都做了。"

蓝图
BLUEPRINT

现在，詹姆斯在这位传奇的引领下又站上了总决赛的舞台。他想拿下第四座总冠军奖杯，在追逐乔丹六冠的路上更进一步。但勒布朗面前站着的仍是那支不可一世的金州勇士，他们以场均16.2分的分差如风卷残云一般击溃了西部的所有对手。在杜兰特加入之后，这支球队在季后赛中变得无比强大，即便史蒂夫·科尔由于健康原因在首轮比赛就离开了队伍，他们的脚步也丝毫没有减缓。勇士在代理教头麦克·布朗的指挥下轻松拿到了12场胜利——是的，就是那个骑士三年前炒掉的布朗，那个让初出茅庐的詹姆斯重视防守的布朗，那个让丹·吉尔伯特到2020年都还要支付离职金的布朗。

除了布朗，勇士队拥有的还有很多很多。他们可能是有史以来最有天赋的球队。勇士队在过去的一整年都在计划对克利夫兰的复仇行动，他们经受了"3∶1惨遭翻盘"的嘲讽，听闻了詹姆斯的万圣节恶作剧，还在圣诞大战上又一次被欧文致命一击，让骑士队拿到了一场足以载入史册的精彩胜利。勇士队的怒火一触即发。

"如果从东部走出来的是克利夫兰，那我想要摧毁他们，"心直口快的勇士前锋德拉蒙德·格林在10月这样说道，"我们没有别的选择。但是我知道要走到那一步需要经历很多阶段，可一旦我们在总决赛相遇，我想要彻底击垮他们。"

格林终于迎来了这个机会，勇士队也没有让他失望。骑士队暗自希望这9天的休息会打乱金州的节奏，但事与愿违，勇士队在第三节打了骑士一波33∶20，以113∶91全场比分赢下了总决赛的揭幕战，也将他们季后赛的总战绩改写为13胜0负。骑士队在第二场比赛让勇士犯下了20次失误，但后者依然轰下132分，以19分的极大优势守住了主场。骑士上下都知道球队现在

后记
EPILOGUE

身陷险境，而杜兰特就是最大的原因。

"无论是从他们常规赛的表现还是从季后赛的表现来看，去年的这支球队都在历史最佳的行列里面。突然，他们在休赛期又签下了一个（杜兰特那样的）火力超猛、篮球智商超高的球星，这就是最主要的问题。"詹姆斯说，"没什么借口可找，事实就是这样。我们必须要找到对抗他们的方法，这将是一个艰巨的挑战。但这就是最主要的问题。"

骑士队带着0∶2的大比分回到克利夫兰，卢指导要被迫做出调整。球队最近在防守端的不专注让他很是苦恼，球员们总是三心二意，后门大开，被底线球员切入篮下。骑士的防守会坚持个20秒钟，然后在回合的最后几秒变成一盘散沙。卢一直不敢将那套"攻势战术"拿出来，虽然这个办法在对阵东部球队时起了大作用，但勇士队的强大和全能让卢不敢出手。他们的投手太多，贸然包夹会显得过于冒险，尤其是在面对他们的首发阵容时。然而，卢已经被逼到了无路可走的境地。

第三场比赛开始之前，走在通向骑士更衣室的路上，卢对我说他将启用两名球员去包夹持球的史蒂芬·库里或者凯文·杜兰特，以迫使他们将球传出。

"我们总要尝试点儿什么，"卢说，"我们不会坐以待毙。"

骑士在总决赛第三场的表现堪称赛季最佳。詹姆斯砍下39分，欧文得到了38分。在比赛还剩3分09秒时，在前两场表现挣扎的史密斯投进了一记三分，帮助克利夫兰以113∶107领先对手。可这竟是骑士今晚的最后一分了。

蓝图
BLUEPRINT

在第二场回归的科尔安抚球员们说，詹姆斯和欧文总会累垮的。他们两个今晚分别出场了46和44分钟。科尔的判断是正确的，詹姆斯和欧文在比赛末段露出了疲态。詹姆斯的最后一个运动战进球停留在了第四节的第6分55秒，而欧文的截止在了第四节的5分29秒。骑士队最后的七次投篮全部失准，勇士队以118：113攻克了速贷中心。詹姆斯和骑士队打出了最漂亮的一拳，但依然功亏一篑。

"早在系列赛开始之前，我们就知道要面对一个怎样的对手。我在东决结束的时候就说，我们要为一个重量级的敌人做好准备。他们可能拥有我在职业生涯中见过的最凶猛的火力。我和很多伟大的球队交过手，但没有一个队的进攻实力能与他们相比，"詹姆斯在第三场的失利之后坦白说，"所以即便在你状态火热的夜晚，你也得拿出最顶级的表现。为了胜利，我们今晚已经打出了足够多的好配合，但很遗憾，他们还是比我们多了那么几个。"

只差一场，勇士就能成为NBA历史上唯一一支在季后赛不败的球队。只差一场，勇士就可以再一次将香槟喷洒在速贷中心客场更衣室的每个角落——这正是他们在2015年庆祝夺冠的地方。詹姆斯在第四战前一天接受采访时，表现得就像是一个不得不向命运屈服的男人，一个知道球队实力不济的超级明星。当被问到勇士这样的强队签下杜兰特是否公平时，詹姆斯毫不犹豫地说：

"这公不公平？我不在乎。我是说，这是件好事，这对联盟来说是件好事。看看我们的收视率，看看涌入联盟的大笔注资。球迷们能享受比赛，热爱比赛，我有什么资格评价这事公不公平呢？我的对手是谁有什么关系吗？无论是我要面对四个名人堂成员——像我之前说的，勇士队拥有格林、克

后记
EPILOGUE

莱、库里和杜兰特——还是两三个，我都会一如既往地期待这场对决。球队们签下了怎样的球员，不应该由我来评价它公不公平。纽约洋基队在20世纪90年代一次次地引进强援公平吗？牛仔队签下迪昂·桑德斯[1]公不公平？听着，这种事总会发生，这是职业体育。如果你有机会签下最强的球员，并且条件允许，那就放手去做。有什么好顾虑的呢？如果我当老板的话，我会想签下每一个人。"

骑士队避免了被横扫的命运。在令人绝望的第三战结束不到48小时之后，骑士队在詹姆斯和欧文的带领下重新找回了力量。詹姆斯拿到了31分10篮板11助攻的三双，欧文砍下了40分。骑士以137:116将勇士队踩在了脚下。"3:1被翻盘"的笑话又被翻了出来，只不过这次笑容少了很多底气，因为这支勇士已经今非昔比。上个赛季，他们可没有杜兰特。

杜兰特在第五战里得到39分，帮助勇士以129:120完成了复仇，拿到了三年内的第二冠。杜兰特当选总决赛MVP，而完成总决赛历史首次场均三双的詹姆斯只得悻悻回家。2015年，在骑士被勇士淘汰之后，裹着一块毛巾的詹姆斯将头深埋起来，在更衣室里孤坐了近一个小时。然而这一次，他迅速沐浴更衣，在勇士的香槟酒还未开启之前就坐上了采访席。勒布朗似乎一直都知道，自己没有足够的力量去掀翻这支焕然一新的金州勇士，尽管他在赛后采访时拒绝承认。

---

[1] 迪昂·桑德斯（Deion Sanders），美国著名橄榄球运动员和棒球运动员，在1995年9月9日和达拉斯牛仔队签下了一份天价合同。

蓝图
BLUEPRINT

"在这五场比赛里，我每一场都竭尽了全力。所以就我而言，我没什么理由把头低下，"詹姆斯说，"我不需要回头审视我有哪些做错的地方，或者有哪些应该做得更好的地方。我在总决赛的五场比赛里奉献了我的一切，虽然结果不遂人愿……只是我的时机还没到而已。"

总决赛的失利又一次将格里芬抛到了风口浪尖。在奥布莱恩杯到手之后，冠军教头卢以5年3500万美元的高价合同留在骑士，成为历史上薪资最高的几位教练之一。像J.R.史密斯、特里斯坦·汤普森、凯文·乐福和伊曼·香珀特这样的骑士老臣都拿到了续约，而格里芬所等待的美元却迟迟没有来到。很少有人理解，甚至很少有人知道，本赛季的格里芬正身处合同的最后一年。

当多伦多的马赛·乌杰里和勇士的鲍勃·迈尔斯只剩两年合约时，球队老板都会很快献上新的续约合同将这些能干的总经理保留下来。但这种事在克利夫兰没有发生，吉尔伯特在赛季中与格里芬谈话时，丝毫没有透露出挽留的意愿。

董事会的变动已经让吉尔伯特忙得焦头烂额。他与合作伙伴杰夫·科恩和内特·福布斯从大学起就是好友，可是最近却发生了争执。科恩和吉尔伯特在一个骑士以外的商业项目上闹翻了脸，随着科恩的退出，在帮助詹姆斯重回克利夫兰一事上起了大作用的福布斯也决定从骑士离开。

与此同时，格里芬给老板列出了自己的签约要求。他需要涨薪，并且要在球队事务上掌握更多的话语权。他在多个私人场合说过，如果一些条件不被满足，他是不会回归骑士的。骑士队在6月12日结束了他们的这个赛季，

后记
EPILOGUE

四天后，格里芬和吉尔伯特进入了续约合同的讨论阶段。吉尔伯特被格里芬提出的一些要求吓到了，这让他直接取消了周日第二次会面的安排。在这段时间里，格里芬继续在总经理的岗位上工作着，为球队寻觅着可以升级阵容的交易方案。

周一，吉尔伯特打电话让格里芬到速贷中心来进行第二次会谈。去年的今天，数以百万计的球迷涌入克利夫兰市中心，和骑士队一起沐浴在冠军游行的喜悦里。而现在，格里芬正在开往球馆的车上期待着一份续约合同。但他的愿望落空了，吉尔伯特说他们的合作到此为止。也就是说，格里芬在这份合约还剩11天时遭到了解雇。他的副手特伦特·雷登也同他一道被扫地出门。

雷登的合同也即将在年底到期。按照惯例，他本应成为格里芬的继任者。当丹尼·费里在2010年离开时，克里斯·格兰特被提拔上任；而当格兰特被炒掉时，他后面的格里芬又成功上位。当年，雷登被格兰特直接从大学拉到骑士来做实习生，在随后的11年里，他换了不少岗位，但始终是骑士阵中的一分子。雷登是个极有天赋的人才，在实习生阶段，他就因为出色的工作表现被骑士派出去考察比赛。要知道，从来没有实习生能得到这样的提拔。他一路干到了副总经理的位置，可是在33岁这年却被骑士队赶了出去。没人知道雷登究竟做错了什么，不过他一直没和吉尔伯特搞好关系，倒是一件值得品味的事情。

格里芬的卸任标志着2017年夏季巨变的开始。7月上旬，欧文向骑士高层请求交易。虽然他的合同到2019年才正式到期，但羽翼渐丰的他已经厌倦了在勒布朗的阴影下成长。他想得到独当一面的机会，想拥有一支属于自己的球队。权力这个果子就是如此的诱人。没有一成不变的事情，在NBA里更

蓝图
BLUEPRINT

是如此。格兰特、格里芬和欧文在推动骑士夺冠的道路上各自扮演了不同的角色,然而在2017-18赛季的大幕拉开之时,这些人全都不见了。

欧文被交易到了波士顿凯尔特人,科比·阿尔特曼被从第三把手的位置升职为总经理,接手格里芬的工作。现在,聚光灯重新回到了詹姆斯的身上,毕竟这些光线从未从他身边离开太远。詹姆斯信守了为家乡夺冠的誓言,到2018年的夏天,他又将成为一名自由球员。在遥远的某个地方,另一支球队正在勾画着一张新的蓝图……

BLUEPRINT

ACKNOWLEDGMENTS

致谢

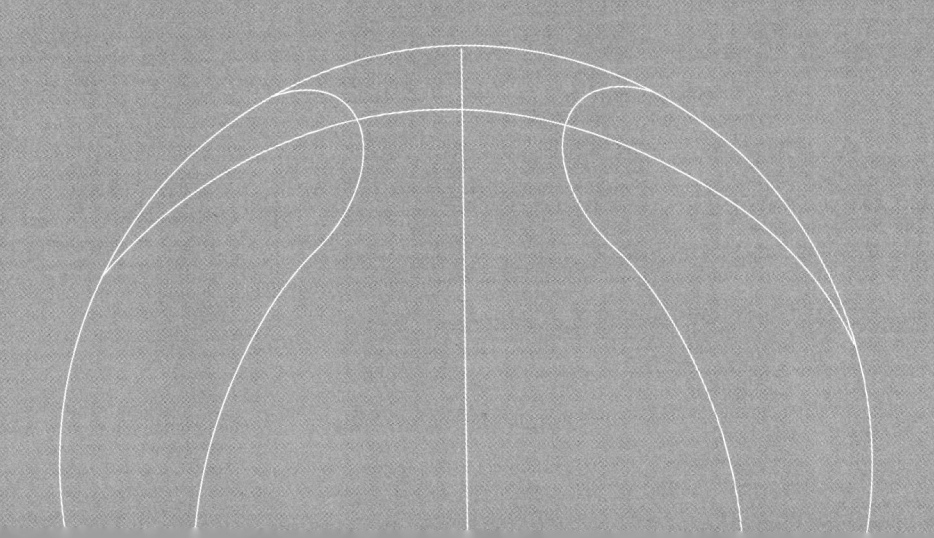

蓝图
BLUEPRINT

如果勒布朗·詹姆斯没有回到克利夫兰，没有为这座城市带来一座总冠军，那么本书的写作将永远不会完成。所以首先我要感谢勒布朗，他是这个时代最易接触的超级巨星。无论赛前赛后，无论在克利夫兰的更衣室还是在西海岸的球员通道，勒布朗永远会给我们这些随队采访的记者留出时间。对此我深表感激。

特别要感谢克里斯·格兰特先生毫无保留的分享，是他的指引让我按图索骥，完成了本书的写作。我要向以下这些为骑士效力或曾经效力的管理层人员表示感谢：丹尼·费里、大卫·格里芬、特伦特·雷登、科比·阿尔特曼、扎伊德鲁纳斯·伊尔戈斯卡斯和布洛克·艾勒；还有骑士的教练们：泰伦·卢、大卫·布拉特、麦克·布朗和拜伦·斯科特；以及骑士的媒体公关人员：泰德·卡珀、B.J.埃文斯、杰夫·沙弗、萨拉·杰米森、切罗姆·欧文斯和阿丽莎·杜姆布罗斯基。

我还要感谢这些为骑士效力或者曾经效力过的球员们：凯文·乐福、凯里·欧文、理查德·杰弗森、钱宁·弗莱、马修·德拉维多瓦、J.R.史密斯、伊曼·香珀特、安德森·瓦莱乔、特里斯坦·汤普森、泰勒·泽勒、布

致谢
ACKNOWLEDGMENTS

兰登·海伍德和迪昂·维特斯。

感谢我的经纪人布丽吉特·麦吉为我找到了这份工作。这本书的内容一直存在于我的脑海里，但布里吉特给了我一个可以成书的机会。感谢企鹅兰登书屋的编辑吉尔·施瓦茨曼和她的同事们，感谢你们对这份书稿里每一个字词的谨慎校对。你们忍受了我这样一个在赛季期间经常联系不上的麻烦作者，再次表示谢意。

感谢乔·瓦尔登、戴夫·麦克梅纳明和乔·加布里埃尔这些同行作者们。跟你们在一起的每一天我都像过周末一样开心。我要向之前和现在的同事们致谢：玛丽·施密特·博伊尔、鲍勃·芬南、克里斯·海恩斯、布莱恩·温霍斯特、瑞秋·尼克尔斯和李·詹金斯。是你们让我的人生充满欢声笑语和美妙回忆。感谢布鲁斯·胡利，你让我变成了一个更好的记者。

阿历克斯、AJ、艾娃，我的孩子们。很抱歉我无法经常回家。这份工作让我不得不去往地球的各个角落。你们要知道，爸爸在外面非常想念你们。也许有一天，你们会原谅我错过了你们那么多的生日派对。感谢我的妻子阿莱西娅，你在我去工作时独自撑起了这个家。我爱你们。